吴越国政治研究

何勇强 著

吴越历史文化丛书
基础研究

杭州出版社

图书在版编目（CIP）数据

吴越国政治研究 / 何勇强著 . -- 杭州 : 杭州出版社，2024. 9. --（吴越历史文化丛书）. -- ISBN 978-7-5565-2522-5

Ⅰ . D691.21

中国国家版本馆 CIP 数据核字第 2024RB7391 号

WUYUEGUO ZHENGZHI YANJIU

吴越国政治研究

何勇强　著

策划编辑　杨清华
责任编辑　祁睿一
封面设计　王立超
美术编辑　卢晓明
责任印务　姚　霖
出版发行　杭州出版社（杭州市西湖文化广场32号6楼）
电话：0571—87997719　邮编：310014
网址：www.hzcbs.com
印　　刷　浙江全能工艺美术印刷有限公司
经　　销　新华书店
开　　本　710mm × 1000mm　1/16
印　　张　20.25
字　　数　308千
版 印 次　2024年9月第1版　2024年9月第1次印刷
书　　号　ISBN 978-7-5565-2522-5
定　　价　78.00元

武肃王钱镠像

唐昭宗赐钱镠铁券

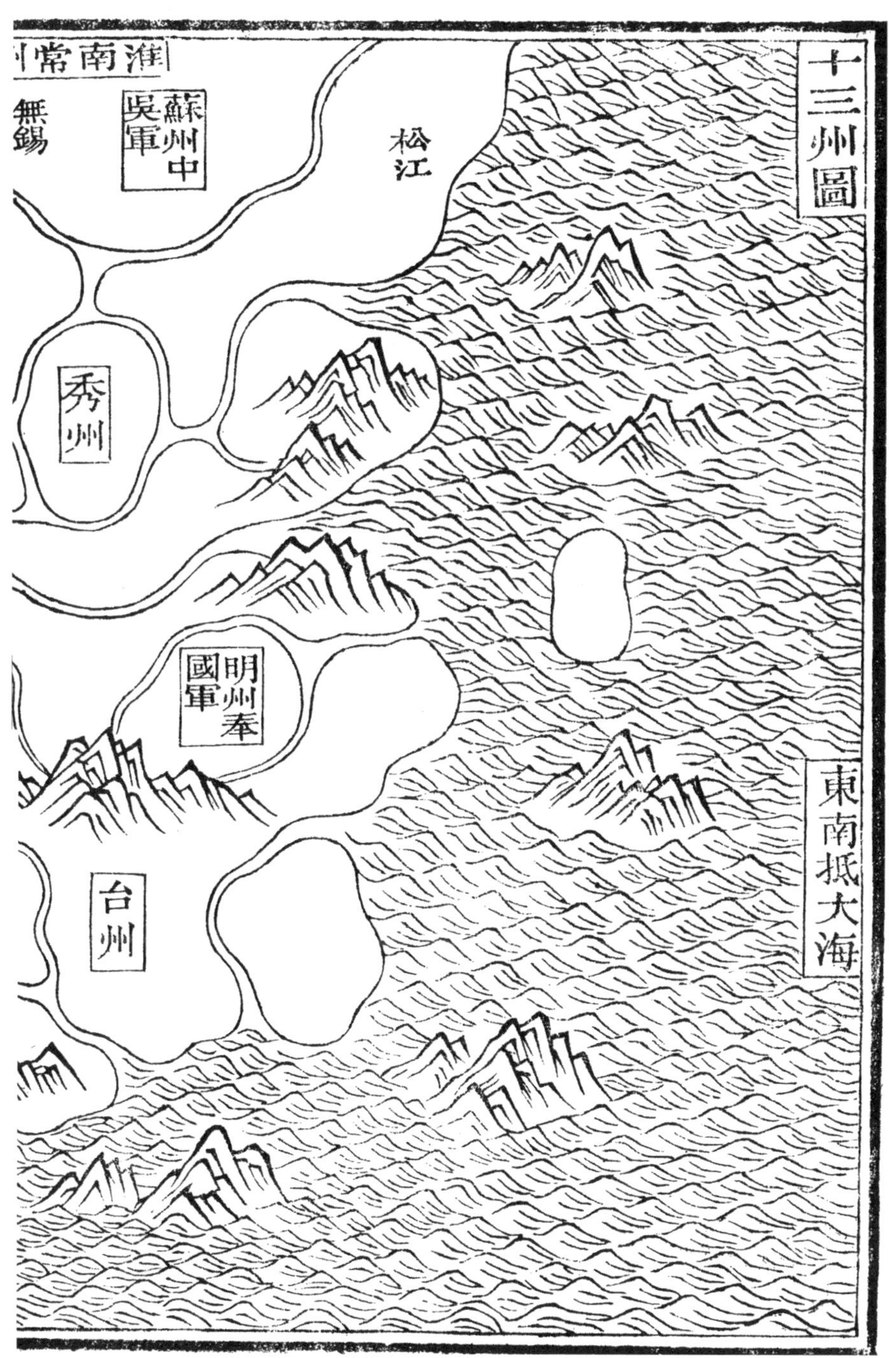

《吴越备史》附吴越国政区图（一）

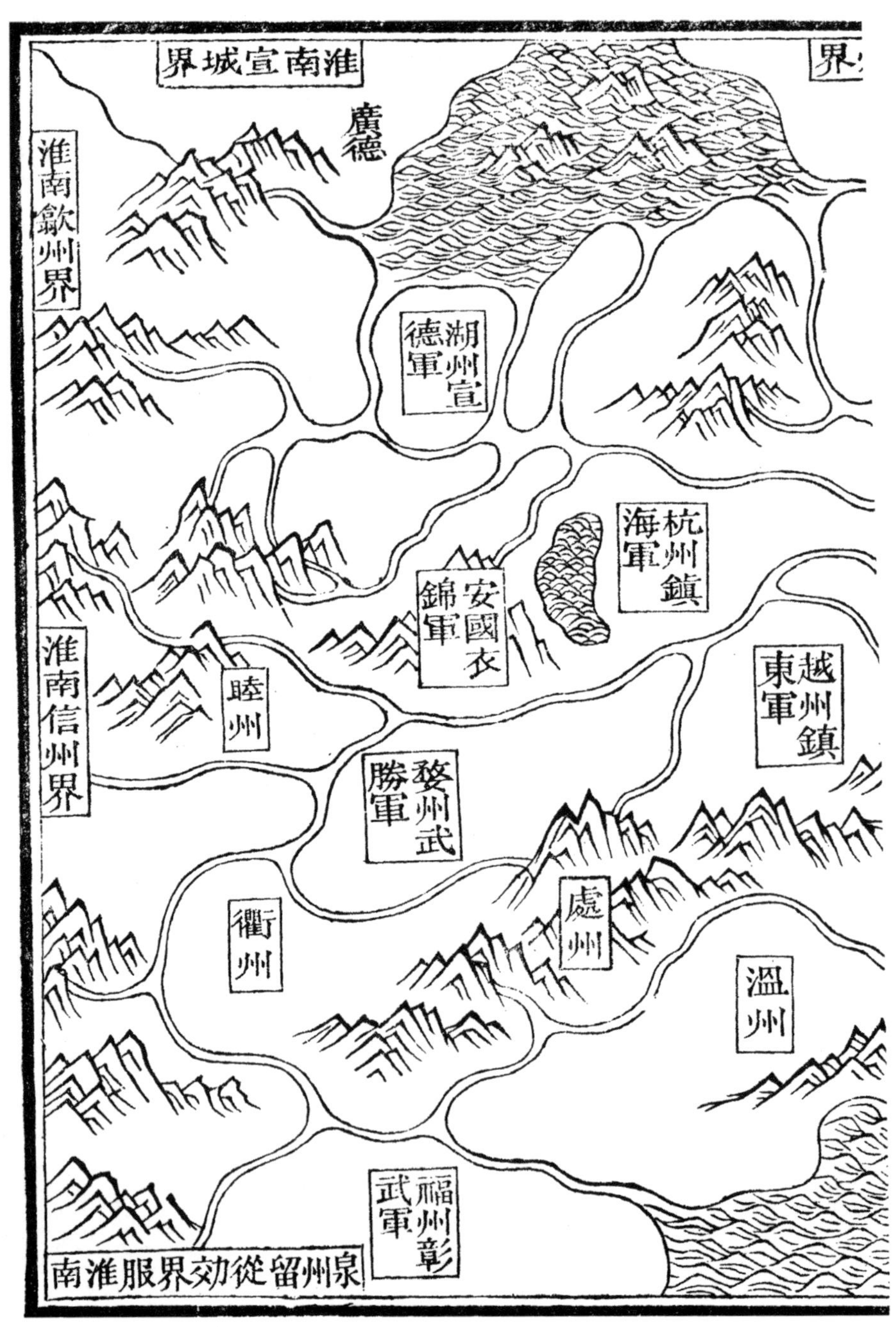

《吴越备史》附吴越国政区图（二）

淮南宣城界
廣德
湖州宣德軍
杭州鎮海軍
安國衣錦軍
越州鎮東軍
睦州
婺州武勝軍
衢州
處州
溫州
福州彰武軍
泉州留從効界服准

“基础研究”丛书审订：杜文玉

“吴越历史文化丛书”总序

文化是一个国家、一个民族的灵魂。文化兴，国运兴；文化强，民族强。城市历史文化遗存是前人智慧的积淀，是城市内涵、品质、特色的重要标志。

临安，西揽黄山云雾，东接天堂风韵，山水秀美，积淀丰厚，吴越文化特色尤为鲜明。唐末五代之际，出生于临安、发迹于临安的吴越国王、“上有天堂，下有苏杭”的缔造者——钱镠，布衣起家，以雄才大略和仁心善政，创造了吴越国数十年繁华，成就了后世江浙苏杭坚实的经济文化基础，为中华的强盛作出了不可磨灭的历史贡献，给后世留下了一笔宝贵的文化遗产。北宋著名诗人苏轼曾高度评价吴越钱氏治理吴越国的成绩:“其民至于老死，不识兵革，四时嬉游歌鼓之声相闻，至于今不废，其有德于斯民甚厚。”此后千年，江南经济富庶、文化繁荣，经久不息。

日月恒升，山高水长。自公元893年至今，吴越国已影响后世千余年。它下佑了宋的高贵，成全了元的融合，点亮了明代文化科技的璀璨，增添了清代康乾的盛世荣光。个中力量，绵延不绝。

吴越国形成的“保境安民、纳土归宋、家国天下”的文化特质，在中华文明的发展长河中具有重要的历史文化价值和现实意义。秉承优良的钱氏家风，吴越钱氏后世人才辈出，群星闪耀，千余年间，载入史册的钱姓名家不胜枚举。吴越文化根脉相承、生生不息，始终涵养着天目儿女的精神家园，滋养着“钱王故里”的人文风物，也为文化发展提供了肥沃土壤和动力源泉。

临安这座城市不但拥有优渥的自然生态资源，还有着特殊的历史文化魅力。吴越文化不但是临安城市发展和文化形象的一张金名片，还是临安的“根”和“脉”。一直以来，临安历届党委、政府高度重视吴越文化的研究、传承和弘扬，做了大量卓有成效的工作。进入新时代，临安努力把吴越文化融入到城市肌理之中，妥善处理好文物保护与城市建设、经济发展之间的关系，在城市规划建设层面更加突出文脉传承，让历史文化和自然生态永续利用、同现代化建设交相辉映；深入探索吴越文化的当代价值，有效推动吴越文化活在当下、服务当代，用吴越文化浸润百姓心田，以现代文明点亮幸福城市……

“东南乐土，吴越家山”，让生活在这座城市的人能够从厚重的岁月积淀中汲取文化自信的养分。我们要以文化为魂，加快建设“吴越名城”，使临安在“两个先行”时代征程中打造出独具魅力的幸福之城。我们必须把这种精神发扬光大，牢牢把握“文脉之力”，以文塑城、以文育人、以文铸魂，激发城市文化发展的内在活力，让文化成为现代城市发展的不竭动力。为此，区委宣传部牵头，专门组织省内外有关专家学者对吴越历史文化梳理文脉、提炼精华，进行深入全面系统整理研究，从文献集成、基础研究、通识读物、应用研究四个方面进行学术攻坚，深入发掘吴越文化背后的人文、历史、哲学、艺术等价值，挖掘当代价值与内涵，编辑出版“吴越历史文化丛书”，并全力推动吴越文化纳入“浙江文化研究工程”。

我们出版该套丛书的思路，以晚唐—五代十国—两宋为纵横，以吴越历史文化为主题，对吴越国的发展史和吴越钱氏家族史进行全景式研究，深入挖掘并提炼吴越文化的当代价值。在此，衷心感谢为这一丛书撰稿的作家、学者，用生花妙笔书写了吴越文化的锦绣华章，从而以更细的颗粒度还原出吴越文化一幕幕真实的历史瞬间。

“吴越历史文化丛书”作为首套关于临安历史文化的大型丛书，具有里程碑式的意义。丛书融知识性、文学性和可读性为一体，兼具科学性、地域性和系统性。丛书的编纂出版，无疑向社会开启了一扇触摸历史、感知文明、认识人文临安的窗口，对提升临安对外形象将起到积极的推动作用。当然，因条件所限，在编纂过程中挂一漏万或者疏误之处在所难免，我们衷心希望得到学术界及其他社会各界的批评指正，以期今人及后人对临安历史和吴越文化的研究进一步深入，取得更大的成果。编纂“吴越历史文化丛书”是我区吴越文化研究领域的一种尝试，我们希望通过文化建设，进一步提升全社会的凝聚力和向心力，使之成为建设“吴越名城”的文化支撑和精神动力。

当前，打造浙江新时代文化高地的号角已经吹响。临安作为吴越文化的发祥地，文化自信是我们实现高质量发展的人文基因和精神密码，也是临安未来发展最基本、最深沉、最持久的力量。我们将继续努力挖掘和弘扬吴越文化，以文化的软实力推动经济社会发展，不断增强临安高质量发展的文化自信。

带着泥土的芬芳，踩着时代的鼓点，让我们蹚进历史的长河，寻觅吴越文化的星光灿烂；让我们跨上文化的航船，驶向“吴越名城·幸福临安”的繁华盛景。

“吴越历史文化丛书”编纂指导委员会

2023 年 4 月 21 日

"吴越历史文化丛书·基础研究"序

吴越国为五代十国时期占据于今浙江的一个地方政权，建立于公元893年，即唐昭宗景福二年，这一年唐廷授钱镠镇海节度使之职，国内历史学界遂以这一年为吴越国建立的时间。宋太宗太平兴国三年，即公元978年，吴越国王钱弘俶举国归宋，吴越国共历五主，86年时间，为十国中立国时间最长的一个政权。作为一个地域不广，仅仅拥有十三州之地，人口不算多，入宋时全国户口为550684户的地方性政权，有什么特别之处，竟然能维持如此之长的统治时间，自立于群雄之列？这本身就是一个值得探讨的历史问题。

从经济的角度看，吴越国时期发展很快，无论是农业、手工业还是商业均取得了极大的发展成就。有一个明显的事例，据《唐国史补》卷下载："初，越人不工机杼，薛兼训为江东节制，乃募军中未有室者，厚给货币，密令北地娶织妇以归，岁得数百人。由是越俗大化，竞添花样，绫纱妙称江左矣。"薛兼训是生活于唐代中期的大臣、将领，曾担任浙东观察使，时在唐代宗宝应元年（762）至大历五年（770）期间。从这段记载我们不难看出，在薛兼训到任河东节度使之前，浙东地区的丝织业水平实际上还是不高的。但自此以后，直到吴越国统治时期，这里的丝织业都是走在全国的前列，其基础就建立在这一时期。在吴越国统治时期有三种产业的优势很大，即制瓷业、水利与对外贸易。前者以越窑生产的青瓷最为著名，水利方面以太湖与钱塘江治理最为著名，后者则以数量众多的外贸口岸著称，有杭州、明州、台州、温州等港口，在沿海诸国中数量最多，对外贸易区域最广。

从文化的角度看，吴越国拥有一批著名的学者与诗人，如罗隐、皮光业、钱易、杜建徽等，就连国王钱镠、钱弘俶都有作品传世。尤为重要的是，吴越国在宗教文化方面成就甚为突出，当时的杭州成为五代十国时期全国的佛教中心，佛寺数量居全国之首。天台宗有较大的发展，出现了中兴的态势，天台名僧相继涌现，并派人赴日本、高丽寻求已在中国散失的天台宗经典教籍，天台宗经典由是大备。吴越高僧延寿有感于当时禅宗只重直观而忽略经典的流弊，编集了《宗镜录》100卷，这是中国佛教史上具有集大成性质的著作，在佛教史乃至思想史领域有极大影响。

在政治上，吴越国推行“事大”政策，在唐末坚决拥戴唐朝廷，获得了唐廷赐予的免死铁券。进入五代以后，不管中原王朝如何改朝换代，吴越皆向其称臣，贡奉不断，因此主政者官爵不断提升。唐天复二年（902），封越王；天祐元年（904），改封吴王。后梁开平元年（907），封吴越王。龙德三年（923），又册封钱镠为吴越国王。到后唐时期，除了授钱镠天下兵马都元帅、尚父、尚书令，续封吴越国王外，还赐给玉册金印，以示宠渥。北宋取代后周，吴越延续了这一政策，十分恭顺，凡中原王朝发动的军事行动，吴越都积极配合。如后周进攻淮南，吴越出兵攻击南唐；北宋讨伐李重进之叛，吴越遣将进击润州以配合；北宋出兵灭南唐时，吴越进攻常州以呈夹击之势。吴越的这一国策，不仅保证了其统治的稳固，后来和平统一于北宋，也使两浙地区免遭战火的摧残，有利于这一地区经济、文化的持续发展。

还有一点需要指出，即吴越执行了一条睦邻政策。早年因与杨行密争夺江浙地区，吴越长期与吴国处于战争状态，但南唐建立后，双方和睦相处，保持数十年的和平局面。这一局面的出现，有利于两国人民生产与生活的稳定，同时为发展文化创造了有利的社会条件，我们通常所说的中国古代经济、文化重心南移，实际上始于这一时期，吴越国在其中的贡献是不可忽视的。

然而，从目前情况看，对吴越国史的研究还很不理想，仅有极少的著作和为数不多的论文，这种状况与吴越国所处的历史地位极不相称。为了改变这种状况，中共杭州市临安区委宣传部、杭州市临安区社会科学界联合会实施了“吴越文化研究工程”，推出“吴越历史文化丛书”，包括文献集成、基础研究、通识读物、应用研究四大部分，本套丛书为其中的基础研究部分。

这套基础研究丛书基本囊括了吴越国历史文化的方方面面，将其历史、政治、制度、经济、文物、宗教、文学、艺术以及民间信仰全都包括进去了，从而极大地推进了吴越国史研究的全面深入发展，从更大的方面看，对整个五代十国史的研究亦有极大的促进意义。

总的来看，这套丛书具有一些明显的特点：（一）较强的学术性。既然是吴越国历史文化的基础研究，学术性是首先要保证的。要做到这一点，必须保证资料的丰富性与可靠性，这是学术研究的基础。其次，要做到研究结论的科学性，观点要具有新颖性，要经得住科学的检验。为此我们制定了一整套规范要求和严格的书稿审查制度，以保证书稿的学术质量。（二）系统性。即列入基础研究的著作都必须做到各自内容的系统性与完整性，这些著作每部都能单独成书，又与其他著作紧密地联系在一起。因此，读者可以根据各自的兴趣选读其中一部，而不必担心内容的缺环。（三）图文并茂。在书稿撰写之初，就要求每部书必须提供一定数量的图幅，做到图文并茂，这是这套丛书与别的书籍不同的一个显著特点。（四）作者队伍的专业性。这套丛书的作者都是在研究机构或高等院校工作的专业研究人员和教师，具有学历高、年富力强的特点，有些人甚至有国外留学的经历，且都是相关领域内的卓有成绩者。这是保证这套丛书质量的一个基本条件，也是对读者负责的一种体现。

通过这套丛书的研究与撰写不难看出，地方党委和政府对传统文化的支持十分重要，没有其主导和保障，这项文化工程是不可能完成的。在此，对杭州市临安区挖掘地方历史文化的远见卓识表示钦佩，并希望这套丛书能在弘扬我国优秀传统文化中发挥积极的作用。

杜文玉

2024 年 3 月

（杜文玉　陕西师范大学历史文化学院教授、博士生导师，中国唐史学会名誉会长）

目 录

第四章 吴越国与中原王朝的关系

第五章 政治体制

第六章 政区改革

第七章 政治群体与政治人物

第八章 钱元瓘与吴越国中期政局

第九章 钱弘佐拓土

第十章 纳土归宋

第十一章 吴越国的政治影响

第一章

吴越钱镠崛起杭州临安

一、黄巢起义与唐末形势

吴越国的创立者钱镠出生于唐宣宗大中六年（852）。唐宣宗统治时期号称中兴，政治局面曾经一片祥和。就在钱镠出生的第二年，即大中七年（853），当时左补阙赵璘请罢来年元会，唐宣宗与宰相有一段对话，宰相对形势有个分析，称“天下无事”[①]。唐宣宗谦虚地表示反对，但他所列举的两件事，一是华州奏有贼光火劫下邽，二是关中少雪。拿到全国层面来讲，确实算不得大事，“少雪”也不等于有灾。当时局面确实算是一片祥和。

但祥和之中也暗藏着混乱的因子。首先是边患频生，吐蕃、南诏接连为患边疆。吐蕃大将论恐热在达磨赞普时驻守河陇吐蕃占领区，为落门川讨击使。唐会昌二年（842），达磨赞普被刺死。论恐热拥兵三万骑，反对立乞离胡（即永丹）为赞普，欲僭位自立，但遭国相尚思罗及鄯州节度使尚婢婢反对。双方在今甘肃、青海交界地区交战二十余年，给河陇汉藏人民带来极大灾难。大中五年（851），即钱镠出生前一年，论恐热入朝，求为河渭节度使，册封赞普，被唐朝拒绝。论恐热复叛。直到咸通七年（866）拓跋怀光入廓州斩论恐热，吐蕃势力才开始衰落。

而吐蕃衰落的同时，南诏却开始为患唐朝南疆，给唐朝带来比吐蕃更大的灾难。大中十二年（858），也即唐宣宗去世前一年，南诏寇略安南，造成唐朝南部边疆十多年的动荡。安南局势直到高骈在咸通七年（866）恢复交趾才稍稍好转。但南诏南下失败，则图北上。咸通十一年（870），南诏军围攻成都，唐王朝展开成都保卫战，两个叫“庆复”的人在战争中立下了赫赫功勋。一个是前泸州刺史杨庆复，他在南诏军队抵达成都的时候选编了三千多

① 〔宋〕司马光：《资治通鉴》卷二四九唐宣宗大中七年十二月条，中华书局1956年版，第8053页。

“突将”，组织守城。战争进行得很激烈，火油、铁汁，什么武器都用上了，终于打退了南诏军队的进攻。另一个是新任东川节度使颜庆复，他率援军在新都大败蛮军。虽然唐朝取得成都保卫战的胜利，但成都是唐朝的经济腹地，南诏围攻成都，说明边患已经非常严重。南诏之患直到乾符二年（875）的大渡河之战才告结束。唐朝廷命高骈到西川制置蛮事，高骈发兵五千追击南诏，至大渡河擒杀南诏酋长数十人而回。战争的规模并不大，但影响却很深远。南诏与唐连年战争，虽多所斩获，却也大耗国力。经此之战，南诏再也无力北上，唐与南诏从此议和。但这个时候，王仙芝、黄巢起义已经爆发，唐朝离灭亡已经不远了。

其次是内乱开始产生，就在唐宣宗去世这年，即大中十三年（859），浙江象山爆发裘甫起义。裘甫军攻克象山，次年杀唐将范居植，攻克越州剡县，开府库，募壮士。起义军于三溪设伏，击败唐兵，连斩三将。起义军开始时规模不大，仅数百人，但此役以后迅速壮大，渐至拥众三万余人。裘甫自称“天下都知兵马使”，以刘暀为副，改元罗平，铸印“天平”，震动中原。不久，起义军又攻占唐兴、上虞、余姚、慈溪、奉化、海宁等县，席卷浙东地区。咸通元年（860）七月，曾经经略安南有功的晚唐名将王式平定裘甫起义，裘甫被俘送长安，不久被杀。

裘甫起义后不久，咸通九年（868），又爆发徐州庞勋起义。起义的发生与南诏边患有很大关系。庞勋本来是徐州军吏，为防备南诏到桂林驻守，任粮料判官，因为长久不得调迁，引兵北归，一路北上，劫取财物，选募丁壮。不久攻克徐州，并分遣诸将攻克周围州县，势力达今山东南部和江苏、安徽北部广大地区。庞勋起义的规模比裘甫大得多。唐朝命康承训为帅，率七万余兵讨伐，到第二年才告平定。

这两次起义，特别是裘甫起义，对后来吴越国的建立有很大影响。裘甫仅以数百人起兵，就能在唐朝的财赋重地攻城略地；庞勋从桂林北上，一路无人阻拦，都说明唐朝在南方的统治已经非常虚弱。后来黄巢起义爆发，渡江南下，直打到广州，又从广州北上攻克长安，都说明了唐朝在南方统治的衰弱。后来黄巢起义被镇压，浙东地区是率先出现较多割据势力的地区，这跟裘甫起义对这个地区的冲击有很大关系。

《资治通鉴》卷二五二，唐僖宗乾符元年条：

> 上年少，政在臣下，南牙、北司互相矛楯。自懿宗以来，奢侈日甚，用兵不息，赋敛愈急。关东连年水旱，州县不以实闻，上下相蒙，百姓流殍，无所控诉，相聚为盗，所在蜂起。州县兵少，加以承平日久，人不习战，每与盗遇，官军多败。①

这段文字，是《资治通鉴》对王仙芝、黄巢起义前形势的总概括，非常精炼，却包含很多信息，基本说尽了唐末农民起义爆发的缘由，也道尽了唐朝败亡之由。这段文字描述了当时唐朝面临的五方面问题：

第一，政治状况，“政在臣下”。这个“臣下”主要是指在唐懿宗时期弄权的宰相韦保衡。在边患、内乱不断的情况下，统治阶层却忙于内斗。咸通十一年（870），即南诏围攻成都的这年，唐懿宗的女儿同昌公主去世。同昌公主的丈夫、驸马都尉韦保衡趁机挑唆唐懿宗兴起大狱，贬逐宰相刘瞻。两年后，韦保衡又兴大狱，赶走了他的另一个政敌——山南东道节度使于琮。于琮虽非宰相，但他的影响力一点都不输于宰相。与于琮一起被贬的官员有：尚书左丞李当、吏部侍郎王沨、左散骑常侍李都、翰林学士承旨兵部侍郎张裼、前中书舍人封彦卿、左谏议大夫杨塾、工部尚书严祁、给事中李贶、给事中张铎、左金吾大将军李敬仲，以及起居舍人萧遘、李渎、郑彦特、李藻。仅看这个名单就能知道，这次政争的影响有多大。咸通十四年（873），即王仙芝长垣起义的前一年，韦保衡又将宰相王铎逐出。但到这时，韦保衡的好戏也唱到头了。唐懿宗去世，使他失去了最后的保护伞。尽管唐懿宗临死前遗命让他“摄冢宰”，但新继位的唐僖宗对他毫不留情。懿宗八月去世，韦保衡九月罢相，

---

① 《资治通鉴》卷二五二，第8174页。

十月被赐自尽。

第二，经济财政状况，“奢侈日甚，用兵不息，赋敛愈急”。内乱、外患，不断用兵，加剧了唐朝廷的财政危机。而唐懿宗却怠于政事，游宴无度，“奢侈日甚”。在同昌公主死后四个月，唐懿宗为女儿举行了一场留名史册的隆重葬礼。陪葬的服饰玩物，每样 120 车，以锦绣、珠玉为仪卫、明器，明晃晃摆了 30 余里。唐懿宗还笃信佛教，咸通十四年（873），唐懿宗派遣使者去法门寺迎佛骨，一路兵车仪仗，宝幢幡花，梵音香烛，“绵亘数十里”[①]。仪卫之盛，甚至超过祭天大典。长安城里的有钱人家也非常捧场，沿街搭饰彩楼，竞为侈靡。百官们更是竞施金帛，唯恐落后。

第三，自然环境，“关东连年水旱”。自汉唐以来，关中地区长期成为政治中心。建筑房屋，制造家具与烧炭取暖，生活使用木材供应紧张，森林砍伐严重，自然环境受到一定破坏，北方地区经常出现恶劣气候灾害等。唐末五代，黄河经常断流改道，而唐末北方地区正处在这样一个自然灾害多发时期。

第四，民生状况，“州县不以实闻，上下相蒙，百姓流殍，无所控诉，相聚为盗，所在蜂起”。除上述裘甫、庞勋这样的起义外，小规模民乱、兵乱更是不断发生。如咸通十年（869）六月，陕州就发生了民乱。

第五，军事状况，“州县兵少，加以承平日久，人不习战，每与盗遇，官军多败”。唐末“州县兵少”的情形，我们可从浙东裘甫起义中看出来。起义发生，唐朝在南方几乎无兵可用，任由裘甫起义军势力不断壮大。这也为黄巢起义被镇压后地方势力的壮大与割据局面的形成埋下了伏笔。

二、钱镠早期军事活动

钱镠于大中六年（852）二月十六日出生于临安石镜乡临水里（今属杭州

---

① 《资治通鉴》卷二五二唐懿宗咸通十四年壬寅条，第 8165 页。

市临安区锦南街道）一个田渔之家。

钱镠刚出生时，因貌丑，父钱宽欲弃之于井，祖母固留，故小字婆留。十六岁那年，钱镠走上了贩盐谋生的道路。这段经历使他扩大见闻，为他学习武功、在将来组织乡兵武装打下了基础。

钱镠早期的军事活动，依有关史书的记载，共有如下几次。

（一）平定朱直、孙端之乱

在咸通十三年（872）至乾符二年（875）间，钱镠带领乡兵平定了朱直、孙端之乱。皮光业作《吴越国武肃王庙碑铭》，历数钱镠功绩，其中第一功便是平定朱直、孙端之役。其文如下：

> 其始者，王仙芝结衅中土，首构祸阶，虽已诛夷，犹残支党，自此丛祠乌合，草泽蜂飞，轻薄者固自披攘，谨厚者亦为剽悍。江南则朱直叛乱于唐山，孙端寇孽于安吉，西侵宛水，东患苕溪，郡县则终日登陴，生民则长时伏莽。王时郊居蔼圃，嘉遁茅山，方当枕石漱泉，尚是褒衣博带，睹兹多事，慨然究怀，顾谓朋友曰："丈夫须当拨乱平奸，岂可怀安端坐？"是日乃奋兹戎服，挂彼儒冠，大散家财，广招勇士。申令才举，行伍肃然。手仗义旗，身当勍敌，一月之内，二寇殄平，静千里之山川，救两郡之涂炭。是王之初功也。[①]

孙端的身份，史书阙载，不得而知。朱直，《吴越备史》称其为"杭州山贼"。平定朱直、孙端之役在钱镠的军事生涯中十分重要，不但皮光业将它称为钱镠的"初功"，而且钱镠自己也在《武肃王八训》中说："吾七岁修文，十七习武，二十一上入军。江南多事，溪洞猖獗，训练义师，助州县平溪洞。寻佐陇西，

① 〔清〕董诰等：《全唐文》卷八九八《皮光业·吴越国武肃王庙碑铭》，中华书局1983年版，第9372页。

镇临石镜。”[1]可见，钱镠自己对这次战役也十分看重与自豪。

当时，杭州地区已经出现多支乡兵。钱镠是其中一支乡兵的首领，董昌是另一支乡兵的首领，当时钱镠尚未投奔到董昌帐下。平定朱直是钱镠的首功，也是杭州“八县乡兵”共同的功劳。

（二）董昌参与平定王郢起义

王郢起义与王仙芝、黄巢起义差不多同时爆发。王郢原是浙西狼山镇遏使，为镇海节度使赵隐属下，曾立战功。乾符二年（875），王郢因不满赵隐奖赏过薄，劫夺武库，发动兵变。起义军很快攻占苏州、常州等地，并建立舰队，横行长江下游和东海沿岸。乾符四年（877）二月，王郢进入浙东，攻陷明州、台州。《新五代史》记载：“唐乾符二年，浙西裨将王郢作乱，石镜镇将董昌募乡兵讨贼，表镠偏将，击郢破之。”[2]事实上，王郢之乱虽然起于浙西，但其起兵之后即如闪电般南下，经常州、苏州、杭州，渡过钱塘江，进入浙东，此后大部分时间即在闽浙沿海活动，与政府军周旋。董昌参与了平定王郢之役，并因在这一战役中的功劳而升为石镜镇将。钱镠似乎没有参与平定王郢起义的战役，但他在战后投入董昌军中，开始了董、钱二人恩怨相交的历史。

（三）钱镠参与平定曹师雄之乱

曹师雄是流窜南方的王仙芝“余党”。乾符二年（875），曾为私盐贩子的王仙芝组织了一支军队，号为“草军”，揭开了唐末农民大起义的序幕。但在开始时，王仙芝只是一个默默无闻的小人物，没有引起朝廷的重视。不久，黄巢也发动起义，而王仙芝实力也逐步壮大。但王、黄二人开始时各自为战，是互不相属的两支起义队伍。乾符三年（876），平卢节度使宋威在沂州城下大败王仙芝军，王仙芝逃亡。但宋威犯了一个致命的错误，这个错误比他打了败仗更严重。他上奏朝廷，说王仙芝已死，要求遣散军队。朝廷批准了他

① 钱文选：《钱氏家乘》卷六《武肃王八训》，上海书店出版社 1996 年版，第 139 页。

② 〔宋〕欧阳修：《新五代史》卷六七《吴越世家》，中华书局 1974 年版，第 836 页。

的请求，百官入贺。但没过几天，他们就发现王仙芝根本没死，而是转战到山南、淮南一带，造成更大的祸患。不久，王仙芝进入长江流域，先后攻克复、郢、随、安、黄、蕲、鄂等州。在攻打蕲州时，已经成为王仙芝俘虏的汝州刺史王镣，与现任蕲州刺史裴偓，竭力促成王仙芝降唐。唐朝廷任命王仙芝为左神策军押牙兼监察御史。裴偓大开城门，迎接王仙芝入城。但这些官员不清楚农民军的内部组织结构。起义军是由王仙芝、黄巢甚至更多支起义部队拼凑而成的，王仙芝虽是义军的头号人物，但并不是义军完全的领袖。朝廷给了王仙芝官位，却没给黄巢官位。朝廷招降的结果是义军内部起了争执，黄巢大怒，与王仙芝反目。王仙芝害怕惹众怒，拒绝了朝廷的招降，大掠蕲州。事后，王、黄分道扬镳。黄巢带着他的队伍单干，掀起了更大的风波。乾符四年（877），也就是王郢进入浙东的这一年，王仙芝进入长江中游，黄巢则在鲁西南一带活动。次年二月，王仙芝为唐将曾元裕所败，战死于湖北黄梅一带。其余部曹师雄部就在王仙芝死后开始向东发展，进入长江下游地区。《资治通鉴》卷二五三唐僖宗乾符五年条记载：

> ［三月］王仙芝余党王重隐陷洪州，江西观察使高湘奔湖口。贼转掠湖南，别将曹师雄掠宣、润。诏曾元裕、杨复光引兵救宣、润。
>
> ……
>
> ［四月］曹师雄寇湖州，镇海节度使裴璩遣兵击破之。王重隐死，其将徐唐莒据洪州。[①]

曹师雄兵锋所及，已经到了杭州的邻郡湖州。董昌、钱镠大概在浙西节度使裴璩的领导下参与了平定曹师雄之役。但钱镠在这一战役中的作用大概非常有限，《吴越国武肃王庙碑》等文献都没有提及这次战役。

① 《资治通鉴》卷二五三，第8202—8203页。

（四）八百里之战

后人说起钱镠早年的战功，说得最多的就是他参与镇压黄巢起义。

王仙芝、黄巢分裂后，黄巢长期在鲁西南一带活动。乾符四年（877）二月，黄巢陷郓州，三月陷沂州，十二月陷匡城、濮州。他当时到处窜战，似无明确的战略方向。乾符五年（878），在王仙芝去世后第二个月，黄巢渡江南下，经江西、浙西、浙东，开山路七百里，进入福建。乾符六年（879），入岭南，攻克广州，号称拥众百万。黄巢南下后势力迅速膨胀，与当时南方地区唐朝统治的虚弱有密不可分的关系。黄巢到广州后不久，转战至桂林，又大举北上。起义军顺湘江而下，入湖南、湖北，经鄂州沿江东下。五月，黄巢兵临江西信州，似乎是想攻占唐朝财赋重地江南。当时淮南节度使高骈统领诸道兵马指挥镇压起义军，他担心诸道兵分功，让诸道兵北还，导致黄巢在信州歼灭唐将张璘全军。信州之战成为黄巢起义的转折点。七月，黄巢从采石渡江，进军淮北，自称率土大将军。

董昌、钱镠参与镇压黄巢起义的八百里之战就发生在这个时候。至于战争的具体进程，见《吴越备史》卷一《武肃王》：

> ［乾符］六年秋七月，黄巢拥众二十万，大掠州县。淮南节度使高骈羽檄征兵讨之。巢将及石镜镇，众才三百人，王谓董氏曰："黄巢以数万之众，逾越山谷，旗鼓相远，首尾不应，宜以伏兵袭之，或可少却耳。"巢前军二千众果崎岖而至，王率二十骑伏于草莽。巢小将单骑先进，王亲注弩射之，应弦而毙，伏兵遂起，巢兵大溃。王谓众曰："此术止可一举耳，大军必至，则众寡不敌矣。宜乘胜张虚声以慑之。"乃进屯八百里。途次逆旅，遇老妪，因诫曰："后有兵至，当言临安兵屯八百里。"未几，巢兵果至，具如所对。贼众相顾曰："向止数骑，尚不可当，况八百里乎？"遂不犯境。王伺其后军，杀获人马而还，归功董氏。淮南高骈闻而伟之。[①]

① ［宋］钱俨：《吴越备史》卷一《武肃王》，收入傅璇琮、徐海荣、徐吉军主编：《五代史书汇编（拾）》，杭州出版社 2004 年版，第 6172—6173 页。

《吴越备史》的记载可能是有一些夸张的。当时黄巢从采石渡江，他的军事意图十分明显，即北上关洛，攻克唐王朝的统治中心。兵贵神速，他不会带着他的主力部队来攻打杭州。进攻杭州的可能只是几支偏师，目的估计是为了抢掠财物，补给军队。《新唐书》卷九《僖宗本纪》在讲到黄巢义军北上时在两浙境内的活动情况时说："广明元年……六月，巢陷睦、婺、宣三州。"[①]据《资治通鉴》载，黄巢义军攻陷睦、婺两州是在六月庚寅（初八日）、庚子（十八日）之间，攻陷宣州是在六月庚戌（二十八日）。在攻陷睦、婺两州之后，他们可能直扑杭州，大约在六月中下旬进入临安境内。当然，他们也有可能稍作休整，或遇到一些小规模的武装抵抗，到七月才进入临安境内。

钱镠自己在《武肃王八训》中便说："又值黄巢大寇奔冲，日夜领兵七十来战，固守安国、余杭、於潜等县免被焚烧。"[②]可见，黄巢军队当时进入杭州的有多支部队，钱镠也在临安、余杭、於潜等地进行了多次战争，但八百里之战影响最大。

这一战役对钱镠具有非常重要的意义。以前他所对付的不过是些地方山贼，现在他却与大名鼎鼎的黄巢部队作了正面交锋。战后董昌、钱镠的势力迅速膨胀，高骈还特地在扬州召见了董、钱两人。八百里之战后第二年，中和元年（881）九月，董昌、钱镠领兵入杭州，唐朝廷此时已无力控制地方，被迫授予董昌杭州刺史，授钱镠都知兵马使、太子宾客。

三、八都兵的建立

乾符二年（875），杭州八都兵成立，钱镠的乡兵与董昌合并，成为临安都的一员，董昌为临安都的首脑，钱镠作为他的副手。杭州八都兵是钱镠称藩两浙、立国吴越的一支基本军事力量。八都兵建立后，董昌负其总责，而

① 〔宋〕欧阳修、宋祁：《新唐书》卷九《僖宗本纪》，中华书局 1975 年版，第 270 页。

② 钱文选：《钱氏家乘》卷六《家训》，第 139 页。

钱镠则是这支军队的都指挥使。杭州八都，后来扩大为十三都。

对于八都兵的来龙去脉，《罗隐集》、《吴越备史》卷一《武肃王》、《旧五代史》卷一三三《钱镠传》、《新唐书》卷一八六《周宝传》、《新五代史》卷六七《吴越世家》、《资治通鉴》卷二五三及王明清《玉照新志》卷五都有比较集中的记载，但歧异、混乱之处甚多。日人佐竹靖彦撰有《杭州八都から呉越王朝へ》一文，对这一问题有深入研究，[①]但他的部分结论尤其是关于八都得名的说法也值得商榷。

唐朝后期，为了对付来自浙西溪洞的武装威胁，杭州已零星出现了各种民间自卫武装组织。到唐朝末年，王郢、曹师雄、黄巢等外来武装次第经过杭州，更增加了这一地区的不安定因素。在与这些形形色色的武装力量对抗的过程中，杭州大大小小的乡兵组织开始联合起来，建立了八都兵。这支民间武装后来扩大到十三都，但因其初建时仅有八都，故被称为“八都兵”。所谓八都，分别是：

（1）临安县石镜都，都将董昌，部下将领有钱镠、马绰等；

（2）余杭县清平都，可能是后来的嘉兴都，陈晟曾任清平都将，曹信、曹圭先后任嘉兴都将，部下将领有陈询、曹师鲁等；

（3）於潜县於潜都，都将吴文举；

（4）盐官县海昌都，又称盐官都，都将先后由徐及、沈粲、高彦担任，部将有高澧、沈夏、高渭、屠瓌智、朱行先、盛师友等人；

（5）新城县武安都，又称东安都，或新城都，杜稜、杜建徽父子先后任都将；

（6）唐山县唐山都，都将饶京；

（7）富春县静江都，又称作富春都，文禹、闻人宇、成及先后担任都将；

（8）钱塘县龙泉都，后又称作浙江都，凌文举、刘孟安及阮结先后担任都将。

① ［日］佐竹靖彦：《杭州八都から呉越王朝へ》，《人文学报》（东京都立大学）第127号。

八都兵扩大为十三都后，另外五都是紫溪、保城、龙通、三泉、三镇。五都都将，至今可知者唯吴公约一人。

关于八都兵建立的时间，诸史记载不一。其中，以《吴越备史》与《资治通鉴》两说是最为重要，两者都明确提到了建都的具体时间。《吴越备史》说是在广明元年（880）十二月，《资治通鉴》定在乾符五年（878）。相比之下，《资治通鉴》的乾符五年（878）说似乎更加可信。

对于建都之人，各书也有不同记载。新、旧《五代史》说是董昌，《新唐书》则说是周宝，《玉照新志》说是钱镠。钱镠之说显然有误。从法律上来说，董昌毕竟只是一个镇将，他根本无权越出石镜镇之外去组建一支杭州八都兵。八都兵虽以杭州命名，但根据唐朝藩镇的统治体制，杭州刺史也无权组建，有权组建八都兵的人只能是镇海节度使。周宝虽曾担任镇海节度使，但他要到八都兵成立一年之后的乾符六年（879）十月才就任此职。因此八都兵的真正建立者可能是乾符三年（876）后出任镇海节度使的裴璩。当然，八都兵后来迅猛发展，渐渐超出镇海节度使所能控制的限度。而董昌的临安都势力膨胀最为迅速，在八都兵中一枝独秀，董昌最后成为八都兵事实上的领袖。钱镠大概也是在此后才成为八都兵的“都指挥使”的。

关于八都各都的兵力，史书的记载都说是“千人”。这大概只是八都兵初建时期的兵力，其后八都集团势力发展，自然远远不止此数。如第一次杭越战争期间，刘汉宏出动的兵力动辄数万，甚至超过十万，与之直接对垒的八都兵，其所部兵力应该与此数相差不会太远。况且，并不是所有的八都兵都参与了杭越之争。推算起来，八都兵的总兵力大概会接近甚至超过二十万人。

八都兵是在唐末杭州乡兵基础上建立起来的一支土著兵团。杭州八都将领，据其出身，约可分为三类：第一类是地方官员，曹信是其代表，他曾任唐朝的知嘉兴监事。第二类是官僚出身的地方豪强，成及是其代表。他出生在一个官僚家庭，祖父成克评曾任嘉王府长史，父亲成贞曾任国子博士。第三类是平民出身的地方土豪，钱镠是其代表。这三类人物是唐末乡兵的领袖，是地方的权力中枢。至于他们的兵源，可能有地方无赖和亡命之徒，也可能有庄户和佣工。而地方官员依仗政府的权威招募兵众，其兵力来源可能会比较复杂。但有一点是可以肯定的，这些八都兵丁都来源于杭州地方。而且，这些八都将领，尽管其出身各有不同，但据其邑地，除了饶京和高彦父子外，其他一律都是杭州土人。高彦虽是海盐人，地属苏州，但海盐紧邻杭州，实与杭人无异。至于饶京，青州大概只是他的旧籍，到八都建立之时，他实际上也已在杭州定居了。

八都兵具有浓厚的家族色彩。八都兵往往由父子、兄弟、族人共同领兵，如高彦、高渭、高澧父子，刘孟安、刘孟宿兄弟，阮结、阮绰兄弟。而且，首将的选任往往是父死子继，或兄终弟及。高彦死后，子高澧嗣职，是子继父业；阮结死后，其弟阮绰领其本部，则是兄终弟及的例子。又如余杭陈晟死后，子绍权、弟陈询先后领其余部。最典型的当是新登杜氏与临平曹氏，两家俱数世效力钱氏，尤其是新登杜氏，杜稜、杜建徽，世镇东安。曹信、曹圭父子与族人曹师鲁则雄踞两浙北鄙，与新登杜氏一西一北，互为犄角，屡抗淮师，组成保卫杭州的一道坚固屏障。杜建徽、曹仲达后来都成为吴越国的丞相。

八都将领之间还存在着复杂的婚姻关系。如临安都的旧将马绰，钱镠先把自己的妹妹嫁给他，后来又命儿子元瓘纳其女为妻，这就是后来的恭穆夫人。又如成及，钱镠把女儿嫁给他的儿子成仁琇。曹、钱两家的婚姻更有戏剧性，据说，曹圭在苏州时，曾替曹仲达向睦州的陈询求婚。就在迎亲之前，一个卜者告诉曹家，说这不是一桩好姻缘，曹家竟半途折回。路过杭州城时，钱镠一见曹仲达，非常欣赏，就把妹妹嫁给了他。新城杜氏与余杭陈氏也有婚姻关系，正因为如此，当唐昭宗天复三年（903）陈询在睦州发动叛乱时，钱镠对杜建徽颇为怀疑，派人对他进行监视，后来看到他写给陈询的一封信，发觉他对钱氏忠心耿耿，这才打消了怀疑。

八都兵在其建立之初相当长的一段时间内是一个松散的军事组织，董昌、钱镠虽总其事，但诸都实际指挥权力仍为各都都将及其部下将领控制。这种松散性不仅表现在八都具有很强的独立性，而且还表现在一都之内各个派系之间也往往互不统属，一些都将可能无力对都内的全部兵力发号施令，这是由于八都的建立并不是杭州地区军事情势自然发展的结果，而是长官意志的产物，一都往往是由多支乡兵武装强行扭合而成的。这些乡兵武装的头目除非实力悬殊，彼此之间并不服从。如中和四年（884），当清平都将陈晟西进睦州扩展势力时，同在都内的临平曹氏却没有随之同往。又如海昌都，都将徐及死后，沈粲继任都将，但部将沈夏却带着一部分海昌士兵离开盐官，我行我素，根本不受沈粲的约束。再如临安都内的董昌与钱镠，情形也大致如此。两人本是互不相属的两支乡兵武装的领袖，后来这两支乡兵武装虽然合而为一，但董、钱之间并非纯是主将与部属的关系。唯其如此，董昌才会对钱镠充满疑忌之心，直到最后兵戎相见。

八都兵建立之后，成为董昌、钱镠与刘汉宏作战、吞并浙东的主力军。

第二章 钱氏两浙霸权的建立

一、杭越战争

（一）战前形势

广明元年（880），黄巢攻陷长安称帝，是一个转折性事件。在此之前，唐朝统治虽然日趋衰弱，但政令尚能畅通，唐王朝正集中全国力量镇压黄巢。但广明元年（880）之后，唐朝中央政府的政令已不再那么受到尊重，军阀割据局面开始形成。在黄巢称帝的第二年，广明二年（881）四月，黄巢一度退出长安，因见唐军入城抢掠，局面一片混乱，他趁机杀了一个回马枪，大败唐军。黄巢重回长安后进行了大屠杀，这一战役使唐朝丧失了迅速收复长安的良机，同时也使唐朝与黄巢的战事进入胶着状态，唐朝固然无力立即收复长安，黄巢也无法进一步扩大战果，双方暂时达成一个战略平衡。这种状态加剧并强化了军阀割据局面的形成，广明、中和两年一些割据势力次第形成：

880 年

六月，刘汉宏降唐，七月任浙东观察使；

九月，周岌占据许昌，十一月任忠武节度使；

十一月，王重荣割据河中。

881 年

八月，时溥占据徐州；

八月，王绪占据寿州、光州；

八月，杨复光命秦宗权占据蔡州；

八月，董昌入据杭州；

八月，杜雄陷台州；

八月，朱褒陷温州；

十一月，卢约陷处州；

十二月，江西将闵勖占据潭州；

十二月，雷满占据朗州。

这些割据势力，有的一开始是地方官员，有的则是“盗贼”，但最后他们都取得了地方官员的合法身份。

这些割据势力中就有杭越战争的两位主角——董昌与刘汉宏。这些最初形成的割据势力大部分都在南方地区，这可能与唐王朝在南方的统治本就薄弱有关。而两浙地区，尤其是浙东地区的割据势力特别多，这可能也与此前不久爆发的浙东裘甫起义与王郢起义军进入浙东有关。这两次起义规模虽然不大，但一定程度上在唐朝浙东统治中撕开了一条裂缝。因此，两浙地区成为唐末较早点燃军阀割据战火的地方之一。

（二）刘汉宏其人

刘汉宏，本是兖州刺史院的一个小吏。乾符五年（878）五月，王仙芝在濮阳发动起义，唐朝的天平军节度使薛崇首先领导政府军与义军作战，兖州正在天平军辖内，刘汉宏大概就在此时参加与起义军的作战。但薛崇首战即告失败，刘汉宏便“劫辎重而叛”，投奔了起义军，成为王仙芝麾下的一员“票帅”。不久又被朝廷招降，估计仍在鲁西南一带任职。乾符六年（879），唐王朝任命王铎为诸道行营都统，前往江陵负责镇压黄巢起义。王铎推荐泰宁节度使李係担任副都统，刘汉宏大概就是在这个时候跟着李係来到江陵。其年十月，黄巢从岭南率众北上。王铎留其将刘汉宏守江陵，自率众趋襄阳。在黄巢义军进攻江陵之前刘汉宏第二次发动叛乱，据《资治通鉴》，他“大掠江陵，焚荡殆尽”[①]。然后率兵北上，广明元年（880）五月，侵掠宋州、兖州。六月南掠申州、光州。七月失败后，第二次投降唐王朝，被封为宿州刺史。

① 《资治通鉴》卷二五二唐僖宗乾符六年十月癸未条，第8217页。

但刘汉宏觉得宿州刺史这个官太小，很不满意，当时正值浙东观察使以贿赂罢官，那些自命清高的朝廷官员没人愿意做他的继任者，朝廷便将这个位子给了刘汉宏。刘汉宏担任浙东观察使的时间是广明元年（880）十一月，比董昌任杭州刺史早一年。

到越州后，刘汉宏故态复萌，曾说："天下丧乱，金刀之谶，焉知非仆。"[①]中和二年（882）七月，刘汉宏遣其弟汉宥及辛约率兵二万屯浙江东岸的渡江要地西陵，并在沿江富阳、渔浦一带烧杀，杭越战争爆发。

（三）战争进程

杭越战争是杭州董昌与浙东刘汉宏之间的战争。但从职位上而言，两人的地位是不对等的。董昌只是一个州刺史，而刘汉宏则是坐拥八州土地的一镇观察使。与刘汉宏对等的浙西官员是镇海节度使周宝，但作为董昌名义上的上司，周宝在这次战争中基本上保持了中立。因此，本书并不把这次战争称为两浙战争，而是称为杭越战争。

战争的第一阶段，刘汉宏处于攻势，董昌、钱镠处于守势。中和二年（882）七月，刘汉宏遣其弟汉宥及辛约率兵二万屯浙江东岸的渡江要地西陵，并在沿江富阳、渔浦一带烧杀。董昌派钱镠趁夜渡江，火烧其营，大败浙东兵。[②]同年十月，刘汉宏又派登高镇将王镇率兵七万屯驻浙江沿岸，钱镠又一次趁夜渡江，大败王镇。中和三年（883）三月到五月间，钱镠在杭州南部的丘陵地区又三次大败浙东兵。同年十月，刘汉宏遣其弟汉容及辛约等率兵十余万人又一次屯兵西陵，准备渡江，再次被钱镠击败。

从此之后，直到光启二年（886）十月，整整三年间，两浙双方相安无事，处于暂时的休战阶段。

在双方休战的三年间，唐朝廷一度派人替双方讲和，然未有任何结果。

① 《吴越备史》卷一《武肃王》光启二年十二月丙午记事下《刘汉宏附传》，第6175页。

② 此据《吴越备史》，《资治通鉴》卷二五五叙事与此略同，唯将此事系于八月，与《吴越备史》略异。

第二阶段，刘汉宏处于守势，董昌、钱镠转守为攻。光启二年（886）十月，钱镠对董昌说："除恶务去本根，不尔，当为后患，愿以全师讨之。"由于第一阶段的战事结束之后，杭州兵即已占领西陵至越州之间的大片土地，因此，当战争的第二阶段开始时，越州立即被杭州兵团团包围。

这一阶段，从辛亥日（初六）钱镠大军出发到丙辰日（十一）攻下越州，不过用了六天时间。

刘汉宏在战败后逃到台州，被台州刺史杜雄诱捉，献给钱镠，钱镠亲手将他杀死。

（四）董昌、钱镠取胜原因分析

在第一次杭越战争期间，浙东管内共有越、明、台、温、处、婺、衢七州，观察使治所在越州。温州刺史朱褒曾在战争期间为刘汉宏训练水师。其他明、台、温、处、衢诸州也全部跟着刘汉宏参与了对董昌的杭越战争，唯有婺州刺史黄碣是个例外。董昌仅据杭州一州之地，董、钱二人以杭州一州之力对付浙东六州，且面临两面受敌的危险，但最后的胜利者却是董昌、钱镠，而不是刘汉宏。究其原因，主要有以下四点：

第一是当时整个中国的政治局势对董昌、钱镠比较有利。两浙是唐末最早出现军阀割据的地区之一，力量普遍比较弱小，无法对杭越战争施加影响。后来对两浙有重大影响的淮南地区，割据势力的形成迟于两浙。后来的吴国创立者杨行密于中和三年（883）三月担任庐州刺史，中和四年（884）三月攻占舒州。他担任刺史的时间比董昌迟了两年，杨行密当时还未占领扬州，无法对两浙地区施加影响。

第二是当时杭州民间高度的军事化，其民众、士兵久经战争的洗礼，骁悍善战。董昌、钱镠建立的八都兵是地方土著军队，较之刘汉宏这样的流窜军阀，具有更强的凝聚力。

第三是钱镠卓越的军事指挥才能。此前钱镠指挥的几次战争，无论是对付地方盗贼，还是对付黄巢的小股分队，战争规模都比较小。但杭越战争规模非常大。从战争第一阶段的三次战役中刘汉宏出动的兵力来看，第一次二万人；第二次，七万人；第三次，《吴越备史》说先有十余万人，后又有四万人。其中影响最大的是第三次战役，刘汉宏亲自指挥了这次战役，并出动了由温州刺史朱褒率领的海舰，驻扎在赭山海口。第一次战役时，刘汉宏遣其弟汉宥及辛约出师，以图浙西，钱镠率阮结、成及、钱铎、闻衮、杜建徽、郎璠诸将准备夜袭西陵。大军出杭州南雍门。可是，刚刚出动，众人忽然发现天上月色皎然，整支队伍被暴露在月光下，突袭行动难以进行。据说，钱镠掬了一把江沙发誓，说："吾以义兵讨贼，天若见助，愿阴云蔽月，以济我师。"说完把沙子吞下。不一会儿，东南方云起如箕，转瞬间弥布满天。杭州军急忙趁黑驾船登岸，夜袭成功。钱镠掬沙起誓，可能只是激励士气的一种手段，而趁黑夜袭，则显示出他非常善于利用转瞬即逝的战斗机会。第三次战役，遣其弟汉容等率兵十万众以攻浙西，钱镠率军迎战，大破其众。在这一次战役中，杭州军取得了空前的成果，据《吴越备史》所载，获"战舰五百艘，马四千蹄，兵甲万计，俘馘千人"，杀对方大将刘汉容、辛约、巴立、李万敌，甚至刘汉宏本人也差点成为阶下之囚，后因化装成一个宰夫，才侥幸逃脱。也正是在这一战役之后，浙东方面重要将领、第二次西陵之役的总指挥、登高镇将王镇才倒戈背叛了刘汉宏。这一战役使刘汉宏吞并浙西的企图遭受严重挫折，从此之后，他再也无力组织起有效的进攻，渐渐从战略进攻转入战略防御。而钱镠也在这次战争中进一步树立了军事声望。

第四是杭州方面建立了一支强大的水军。纵观整个杭越战争，本质上是杭越双方水上力量的较量。战争第一阶段的战事主要沿着西陵一线展开，四场战役，有三场在西陵进行。西陵即今滨江西兴，在钱塘江东岸，与钱塘江西岸的柳浦夹江对峙。而柳浦正是杭州州城所在地。第一阶段的战争实际上是一场渡江与反渡江的战争，因此，水军的实力在这场战争中起着非常重要的作用，刘汉宏在第一阶段战争中的失利在很大程度上是由于水师力量不足所致，如在第一次西陵之役，其士卒多被溺死。因此，刘汉宏在第一阶段战事结束之后，便着手加强水军的建设，他派朱褒在明州望海镇训练水军，这支浙东舰队由史惠、施坚实、韩公汶三大将统领。而在战争第二阶段，钱镠亲率大军开山路直扑越州背面，在越州东南的水道要冲大败韩公汶，与朱褒相遇，“水师战舟卓，皆焚而溺之”。一天后，浙东水军的另一员大将施坚实投降，不久，史惠被杀。至此，刘汉宏的三员水军大将全部折损。两天后，钱镠攻下越州城。第二阶段的较量仍是双方水上力量的较量。

（五）海昌都兵变与刘孟安事件

海昌都兵变是由董昌、钱镠在杭越战争期间为统一八都兵而在幕后策划、鼓动实施的一次军事政变。

在董昌、钱镠与刘汉宏进行第一次杭越战争时，八都之一的海昌都将徐及派部下沈夏、高彦率本部前来会师。钱镠把两人叫到自己的卧室，告诉他们：“吾东讨之师已众，渡江之役，无劳尔辈，但徐及平素强梁，终非我所蓄，以我东讨，或为后患，汝还本营，为我杀之，皆当以列郡牧汝。然吾非诲人为逆，但境土苦于干戈，不仁者当尽除之，且息生聚耳。尔等当识吾意。”然后“厚遣之”。两人回到海昌都后，告诉徐及说：“董公与钱公以兵讨贼，闻将军以所部见助，喜动于色，然以东北为虑，设有狗鼠偷窃，复劳后顾。夏等实托将军以为后据。”当时徐手下有一个军师觉得两人可疑，提醒徐及：“二校至自钱塘，皆有色文在其面，将军宜备之。”但徐及不听。于是，沈夏与其部下密谋发动兵变，徐及死，海昌都分裂。沈粲成为徐及的继承者，新任都将。沈夏带着七千余人到临平山下，杀尽幼弱残兵，只留三千余人，到嘉兴迫吴公约一同入海，成为海盗。高彦则投奔钱镠，成为钱镠心腹。沈夏后来在海上无所作为，也投奔了钱镠。[①]

大顺元年（890），钱镠以沈粲杀死唐朝派出的苏州刺史杜孺休为借口，想趁机将之除去，沈粲被迫投奔孙儒。两年之后，钱镠与杨行密联兵击败孙儒，杀沈粲。这样，徐及的海昌都遗产最后全部落入了钱镠手中。

---

① 《吴越备史》卷一《武肃王》天祐二年九月《沈夏附传》，第 6197 页。

八都兵是一个非常松散的军事组织，海昌都兵变是钱镠统一八都兵过程中一次重要的政治事件。

刘孟安事件和海昌都兵变一样，都发生在杭越战争期间。

在八都兵刚建立时，八都虽有名义上的首脑，但各都之间各有一片势力范围，互不统属，临安都管临安，龙泉都管钱塘。但临安都势力的发展，尤其是董昌、钱镠进入杭州的行动，却打破了这种权力平衡。其中受影响最大的便是杭州州治所在地钱塘。因此，八都之中，钱塘都与董昌、钱镠的矛盾也最深。

刘孟安在第一次杭越战争中与董昌、钱镠很不合作，在关键性的西陵之战中擅自退军，引起钱镠不满。战事刚刚结束，刘孟安与其弟刘孟宿“辄起府库散其本部，仍执廉使牌印”，进一步加深了与钱镠的矛盾。在接下来的庆功犒饷大典上，两人之间终于爆发了面对面的冲突。据说，刘孟安一怒之下举剑要杀钱镠，另一员八都大将成及举起胡床格挡，将他制服，当庭处死。时刘孟宿正部兵在外，钱镠亲自出来安抚，刘孟宿眼看大势已去，只好投降。[①] 钱镠就此控制了钱塘都。

这样，通过杭越战争，董昌、钱镠以杭州一州之力对付浙东诸州，经过四年苦战，消灭了刘汉宏，占有浙东。战后董昌领浙东节钺，并依战前约定把杭州让给钱镠，使钱镠从此有了一块独立的地盘。在战争进行过程中，钱镠消灭了八都兵内的异己势力海昌都将徐及、浙江都将刘孟安，并在八都兵中培养了一批亲信力量，如成及、杜稜等。

（六）钱镠占领杭州的政治意义

两浙地区虽远离北方政治中心，但杭越战争仍深深受到北方战事的影响。刘汉宏胆敢在中和二年（882）挑起战事，是因为当时黄巢已经攻占长安，他

① 《吴越备史》卷一《武肃王》光启二年十二月丙午条、乾化三年六月辛卯《成及附传》，第 6175、6207 页；〔宋〕路振：《九国志》卷五《成及传》，收入傅璇琮、徐海荣、徐吉军主编：《五代史书汇编（陆）》，杭州出版社 2004 年版，第 3276 页。

与唐朝中央政府及其他藩镇军队的战斗处于胶着状态，唐朝中央政府已经无力控制地方藩镇。但在杭越战争爆发后不久，北方发生了两件大事，一是黄巢部下控制同州的大将朱温于中和二年（882）九月降唐。同州地处关内、河东与河南要冲，地理位置十分重要。第二件大事是沙陀族将领李克用带着他的骑兵部队入援唐朝。这两件大事打破了唐朝廷与黄巢之间的军事平衡，成为唐朝镇压黄巢起义的重要转折点。次年四月，李克用克复长安。又过一年，中和四年（884）六月，黄巢死于虎狼谷。黄巢之败是杭越之间暂时休战的原因，当时各地藩镇都在观望唐王朝能否重建中央权威。

在镇压黄巢起义后不久，宦官田令孜组建随驾五都，唐朝中央政府确实表现出想重振中央权威的架势。但镇压黄巢起义中立功最大的两个军事强人李克用与朱全忠（朱温降唐后被赐名“全忠”）在战后迅速强大，成为两个最大的割据势力。唐末各大割据势力以李克用与朱全忠为中心，逐渐形成互相对立的两大阵营。当时，控制唐朝中枢的田令孜与河中节度使王重荣在争夺安邑、解县盐利上发生冲突，导致双方兵戎相见，而王重荣是站在李克用阵营的。光启元年（885）底，李克用兵临长安。唐僖宗这年三月刚回长安，年底被迫再次出逃。次年正月，唐僖宗与田令孜逃到凤翔，不久又南逃兴元（汉中）。另一军阀头子邠宁节度使朱玫进入凤翔，在追唐僖宗时劫持襄王李煴，立李煴为帝。这一系列事件使得唐朝中央政府的权威丧失殆尽，其衰弱无能赤裸裸地暴露在天下人面前。也正是在这一年，已经休战的杭越双方重开战事。

战后董昌如约去越州任威胜军节度使，将杭州交给钱镠。钱镠在唐王朝彻底失势的时刻占有杭州这样一个具有重要战略地位的城市，为他以后争霸两浙、建立吴越国打下了坚实的基础。

二、两浙战争

两浙战争是指钱镠与董昌争夺两浙霸权的战争。乾宁二年（895），董昌于越州称帝。钱镠顶住淮南杨行密与湖州李师悦的军事压力，率兵讨伐，发动两浙战争，于次年五月平董昌，占有越州。钱镠在这一战争中战胜董昌，拥有镇海、镇东两镇节钺，后来吴越国的疆域至此基本形成。

（一）董昌称帝

董昌，杭州临安人。始借土团军破山贼有功，擢为石镜镇将。乾符二年（875）四月，浙西镇遏使王郢作乱，董昌曾参与平定王郢的战争。时钱镠与董昌两支乡兵合并，钱镠成为董昌手下将校。同年，董昌还参与平定朱直之乱。大约在乾符五年（878），杭州八都兵成立，董昌成为八都兵之首。同年，黄巢义军的一支小分队侵扰临安，董昌遣钱镠击退来犯之敌。唐命路审中为杭州刺史，董昌率兵拒之，自领州事。中和元年（881）九月，镇海节度使周宝表董昌为杭州刺史（《新唐书》作中和三年）。从中和二年（882）开始，杭越战争爆发，董昌、钱镠经过四年苦战，于光启二年（886）底消灭刘汉宏。由于越州是一个节度使州，而杭州只是一个普通的支郡，因此战争结束之后董昌立即赶赴越州，并依战前的约定，把杭州让给钱镠。次年正月，董昌正式任浙东观察使，进威胜军节度使、检校尚书右仆射。

董昌离开他的发家之地杭州，一个原因可能是他贪图越州的财富。在唐朝的东南地区，扬州是全国性的经济都会，苏州、越州是地区性的经济都会，杭州只是一个普通的州城。到唐朝末年，扬州已经残破不堪，苏州经过孙儒的几次蹂躏，也已失去往日的风采，倒是越州僻处东南一隅，远离战火烟尘，反而成为东南第一等的经济都会了。这一点我们可以从董昌对唐王朝庞大的贡献中看出来。据说，当时天下军阀割据，贡输不入，唐王朝财政困难，而独有董昌在赋外加倍进献。因此唐王朝对他非常欣赏，封他为检校太尉、同中书门下平章事，爵陇西郡王。

董昌离开杭州，另外一个原因大概是从自己的仕途前程考虑。他之所以对朝廷大事贡献，主要就是为了得到显赫的官位。后来他之所以称帝，一个最直接的原因是他封越王的要求没有得到满足。他如果呆在杭州，压在他上面的将是镇海节度使周宝，尽管董昌在事实上已不受周宝的控制，但他也很难取周宝而代之。而到越州，他马上能坐上节度使的高位。相比之下，当然是后者更有吸引力。

董昌初至越州时颇有廉俭之度，罢榷盐，丰衣食。时值京师丧乱，文籍散亡，越州有裴氏书楼，董昌悉取其书上贡朝廷，获授诸道采访图籍使。《资治通鉴》谓董昌“于常赋之外，加敛数倍，以充贡献及中外馈遗，每旬发一纲，金万两，银五千铤，越绫万五千匹，他物称是，用卒五百人，或遇雨雪风水违程，则皆死”[①]。唐朝廷颇以为忠，累授开府仪同三司、检校太尉、同平章事，封陇西郡王。但董昌封越王的要求遭到唐朝廷的拒绝，非常不满，开始图谋称帝。属吏吴繇、秦昌裕、卢勤、朱瓒、董庠、李畅、薛辽与妖人应智、王温、巫韩媪赞成其事。有人说古谶书云：“江东岸上重日生。”有人献谣“欲知天子名，日从日上生”。向董昌献符纬者不计其数。因有谶言“兔上金床”，且董昌生于卯年，便于卯年乾宁二年（895）称皇帝；因当时传说有罗平鸟，四目三足，主越人祸福，鸣声似“罗平天册”，民间多图其形祭之，故立国号为罗平，建元曰天册；董昌自称圣人；铸印“顺天治国之印”。

董昌、钱镠本是各自独立的两支地方武装的统帅，这两支地方武装合而为一后，董、钱逐渐形成这样一种关系：董昌是政治领袖，钱镠是军事统帅。两人既互相合作，又互相提防。他们曾一起扫荡杭州，并最终战胜了浙东的刘汉宏势力。在这一过程中，钱镠立下了赫赫战功，他在军事上的作用甚至超过了董昌。所谓功高震主，董昌对钱镠并不是很放心，他对钱镠一直心存疑忌。据说，钱镠在董昌部下任将时，有一次，董昌曾叫他检阅部队，但一时找不到军籍名单，不知如何是好。但钱镠记忆力很好，唱名时竟能叫出每个士兵的名字，甚至连战死的也不例外。事后，同在董昌部下任职的马绰悄悄告诉钱镠：“老氏忌前，骇此强记，必相恶。”[②]给他几张白纸，让钱镠每次唱名时拿在手上，让董昌以为是军籍。由此可见董、钱二人早在灭刘汉宏之前便已心存芥蒂。马绰所担心的倒不一定是董昌忌钱镠“强记”，而是与

① 《新唐书》卷二二五下《董昌传》，第 6467 页。

② 《吴越备史》卷一《武肃王》龙德二年八月《马绰附传》，第 6212 页。

士兵关系太过密切。

孙儒之乱以后，钱镠和杨行密各自奠定了在浙西和淮南的霸权地位。在淮南，孙儒既灭，杨行密已无强大对手可言，此后，他以扬州为中心，不断向西、向北拓展土地。而在两浙地区，则呈现出双雄并峙的局面：董昌盘踞浙东，钱镠崛起浙西。从地理上看，由于常、润二州落入杨行密之手，浙西的中心城市苏州实际上已经成为边境城市，以当时钱镠的军事力量根本无法向强大的杨行密发起挑战，争夺常、润二州。这势必会成为一场旷日持久的消耗战，最后的胜负殊难预料。而钱镠的统治中心杭州却紧邻浙东，实际上和苏州一样，只是浙西的一个边境城市，董昌的存在对钱镠来说始终是一个潜在的威胁。而且，钱镠要向浙西发展，也首先必须解除浙东的后顾之忧。

董昌称帝正好为钱镠动兵提供了一个口实。因此，当钱镠兵临越州城下，董昌拿出二百万犒军钱请他退军，并且抓了几个首谋者送到钱镠那里斩首。杨行密也担心钱镠灭了董昌之后其势难制，一方面向钱镠求情，要求释免董昌，另一方面也向董昌施加压力，要他取消帝号，遣使朝贡。当钱镠正式发兵之后，杨行密派台濛进兵苏州，进行牵制。

（二）战争进程

战争分两个阶段进行，在两个战场展开。钱镠出兵讨伐董昌，双方在浙东作战，此为浙东战场。钱镠出兵之后，扬州杨行密与湖州李师悦都派兵救助董昌，攻打杭州西部边陲，形成了浙西战场。

在战争的第一阶段，作为钱镠统治中心的杭州，地处浙西的东缘，与董昌的统辖区只有一江之隔，处在董昌最直接的军事威胁之下。由于钱镠防范严密，董昌的大部队无法渡江，但当时钱塘江沙路平涨，时有游兵得以往来。

钱镠的主力顾全武部则部署在西线，因为嘉兴、苏州和杭州西部诸镇都不同程度地受到杨行密军队的攻击。乾宁二年（895）九月，杨行密派台濛攻打苏州。十月，其将柯厚攻破苏州水寨。同月，又遣驻守润州的安仁义与驻守宣州的田頵一北一南攻打杭州西部诸镇，紫溪、窜口、火口、建宁诸镇纷纷陷落，独有在孙儒之乱中修建起来的东安镇在这时发挥了它的特殊作用，它在八都老将杜稜的坚守之下保持完壁，使杨行密东侵杭州的意图不能得逞。但是，由于当时杨行密采取四面出击的扩张政策，树敌太多，与中原的朱全忠、湖北的杜洪和江西的钟传都发生冲突，占用了他大量的兵力，从而削弱了他对董昌的援助，缓解了在西线给钱镠的压力。乾宁三年（896）四月，朱全忠在杜洪、钟传和钱镠的一致要求下，派朱友恭率兵一万渡淮南下。

过了一年之后，战争进入第二阶段。在这一阶段，钱镠开始从防守转向反攻，战争的重心也开始由西线转向东线。乾宁三年（896）正月，董昌遣徐章、徐珣、李元宾屯兵肃清、四封、九乡等地。顾全武、王球发动攻击，徐珣投降。二月，顾全武又在石城一战中击败汤臼。石城之战结束后，越州已完全暴露在顾全武的眼皮底下，但顾全武并没有立即进攻越州，而是越过越州，先派兵进攻越州东面的余姚。明州刺史黄晟遣兵相应，使余姚受到两面夹击。董昌派出的救援部队被顾全武手下的刘彦章击溃，其将徐章被擒。而董昌派往南秦、丫口、富阳、渔浦一线屯聚的暨阳镇将陈郁也被王球击败，陈郁被迫投降。四月，余姚城陷。钱镠的军队进而包围了越州。当时适值台濛攻陷苏州，刺史成及被俘，西线吃紧，钱镠曾一度想暂缓对越州的围攻，回兵救援苏州，但顾全武认为董昌的根本之地在越州，主张先拔越州，再救苏州。钱镠听从他的建议，并派董昌的故将骆团去招降董昌，董昌见力不能敌，最后交出牌印投降。

（三）董昌失败原因分析

钱镠之所以能够击败董昌，一个重要原因可能是董昌集团内部的重重矛盾。

一是董昌与属州的矛盾。当时董昌作为威胜军节度使，名义上领有浙东七州，实际的控制范围仅仅及于越州一地。台州杜雄、温州朱褒与处州卢约本来都是盗匪出身，在中和元年（881）趁着黄巢起义、整个中国动荡不安的间隙割据本州。衢州自光启三年（887）十二月后便一直为来自饶州的陈儒所占据。乾宁二年（895）十一月，即两浙战争正在进行的时候，陈儒去世，他的弟弟陈岌代立。婺州初为蒋瓌所据，景福元年（892）孙儒败后，孙儒的部将王坛南奔，攻陷婺州，蒋瓌逃到越州，依附董昌，后来成为罗平国的宰相。同年，明州刺史钟季文去世，其将黄晟继任刺史，成为明州一霸。浙东七州，除了越州之外，其余各州大多独立为政，根本不受董昌的约束，有的还与董昌为敌，如明州黄晟，在两浙战争中，便旗帜鲜明地站在钱镠一边。事实上，早在董昌称帝前，山阴令张逊就已提出警告："浙东虽领六州，大王称帝，彼不从，徒守孤城，为天下笑。"董昌不但没有听从他的忠言，反而把他杀了。

第二个矛盾是越州城内董昌与其他朝廷命官之间的关系紧张。主要是一些坚守节操、对行将灭亡的唐王朝还忠心耿耿的文官，如上文所说的山阴令张逊，董昌命他知御史台，遭到拒绝。又如威胜军节度副使黄碣、会稽令吴镣以及管榷官李滔等。董昌在称帝前，曾问会稽令吴镣，吴镣说："大王不为真诸侯以传子孙，欲为假天子以取灭亡也。"董昌便将其族诛。节度副使黄碣"恶其惑乱屡谏"，他还写密信给管榷官李滔，有"顺天将期一统，其如之何？以愚计之，针岂为稍耶"之句，被人告发。董昌称帝前议事，黄碣说："今王室虽衰，天人未厌。大王兴于畎亩，受朝廷厚恩，位兼将相，富贵极矣，奈何一旦忽为灭族之计？"董昌闻言骂道："尔贼负我！好圣明时，三公不能待，先求死耶。"[①]将黄碣斩首，并把他的脑袋投入厕中。李滔也在同时遇害。

此外，董昌军队中也存在着激烈的派系斗争。董昌来到越州后对军队进行了一些改革。首先是分中军与外军，中军士兵穿黄布，外军士兵穿白布；又集中罪犯，赦免他们的死刑，建立了一支号为感恩都的心腹部队。在唐朝后期，牙兵废立主帅，如同儿戏，为患不浅。为了防止被牙兵废黜，很多藩帅往往在牙兵之外另外募军组建亲兵部队。但亲兵的存在同样使牙兵感到不安，而且亲兵在物质待遇上往往要比牙兵优厚，引起了牙兵的不平和怨恨。两浙战争刚刚开始，董昌手下的大将、越州都指挥使马绰就伙同指挥使骆团

---

① 《吴越备史》卷一《武肃王》乾宁三年五月乙未《董昌附传》，第 6187 页。

逃离董昌阵营，投降钱镠。董昌的侄儿董真骁勇善战，又颇得士心，在越州率兵拒守，颇立功绩，但他与裨将刺羽有仇，董昌听信刺羽的谗言，把他杀了。后来董昌又想减少军饷去犒赏外军，终于引起了兵变，部下反戈攻打董昌，董昌被迫退保子城，终于导致越州城的陷落。[①]

（四）两浙战争与北方政局

当时整个中国的政治局势也是钱镠战胜董昌的一个重要原因。战争开始前，东南地区的态势是杨行密占有淮南和浙西常、润二州，并对湖州李师悦有较大影响力，董昌占有浙东，钱镠占有浙西的杭、苏二州，三人成为长三角地区最大的割据势力。三人之中，钱镠实力最弱，且处于董、杨夹缝之中，形势最为严峻。

在唐末形成的朱全忠、李克用两大阵营中，杨行密开始时是站在朱全忠一边的。黄巢起义被镇压后，首先出来称帝的是淮西蔡州的秦宗权，他对割据中原的朱全忠和淮南东部的杨行密都构成严重威胁。光启元年（885），也即杭越战争正在休战的时期，秦宗权称帝，他的部将孙儒一度攻陷东都洛阳。在对抗秦宗权军事扩张的过程中，朱全忠与杨行密结成为事实上的盟友。光启三年（887），朱全忠联合朱瑄、朱瑾等四镇兵在边孝村之战中大败秦宗权。这是蔡汴争霸的决定性战役，从此秦宗权走向了败亡。次年年底，秦宗权被擒。秦宗权虽亡，但他的余部孙儒却继续扰乱淮南。就在秦宗权被擒当年四月，孙儒袭据扬州，不久即渡过长江南下，与杨行密、钱镠展开三方混战，直到景福元年（892）被杨行密、钱镠联手击败。孙儒为祸江淮达五年之久。在此过程中，孙儒也多次与朱全忠发生战争。孙儒一度在大顺元年（890）的亭陵之战中大败朱全忠的庞师古部。因此，从秦宗权之乱到孙儒之乱的近十年中，

---

① 《吴越备史》卷一《武肃王》乾宁三年乙未《董昌附传》，第6187页；《资治通鉴》卷二五九唐昭宗乾宁元年岁末、卷二六〇唐昭宗乾宁二年四月条、卷二六〇唐昭宗乾宁三年二月戊辰条，第8460—8461、8463—8465页；《新唐书》卷二二五下《董昌传》，第6468—6469页；〔宋〕李昉：《太平广记》卷二九〇《董昌》，中华书局1961年版，第2310页。

朱全忠与杨行密关系良好。杨行密起家之地庐州和后来的大本营扬州都被孙儒长时间占据，受到很大打击。因此，在孙儒之乱后的几年间，杨行密忙于恢复发展，并吞并附近弱小州县。在景福二年（893），杨行密先后攻克庐州、歙州和舒州。而淮南的军事重镇寿州则在大顺二年（891）落入朱全忠手中。随着杨行密对淮南的控制逐步加强，寿州就像一根钉子插入杨行密势力范围的核心地带。这样，随着杨行密的扩张，朱全忠和杨行密的关系变得微妙起来。转折点发生在乾宁二年（895）正月，杨行密上表奏请讨伐朱全忠，淮汴战争爆发。此事恰恰发生在董昌称帝前一个月。这年四月，杨行密攻克寿州，汴军随即进行反攻。淮汴交恶对钱镠与董昌的两浙战争产生了重大影响。钱镠攻打董昌，杨行密发兵支援董昌。钱镠陷于两线作战，向朱全忠求援。乾宁三年（896），当时李克用正用兵河北，朱全忠主要精力要对付李克用。尽管如此，他仍派兵渡淮，对钱镠进行支援。事实上，在唐末乱局中，与两浙战争相关各方，除董昌外，钱镠、杨行密和朱全忠都在进行两线作战甚至三线作战。两浙一隅的战事，深受全国整体局势的影响。

甚至唐朝廷对于董昌态度的反复多变，也与当时北方战局变化密切相关。当时唐末各藩镇都竭力向唐昭宗施加影响，但并未有人有完全的实力真正控制朝廷。当乾宁二年（895）董昌刚开始称帝时，朝廷在杨行密等人的压力下赦免了董昌之罪。但在当年，中国最大的政治事件并非僻处东南一隅的两浙战争，而是北方的河中战乱。河中之前一直为王重盈、王重荣兄弟控制，这年正月，王重盈去世，王重荣养子王珂继位。王重盈之子、保义节度使王珙反对王珂继位。在当时汴晋两大阵营中，王珙结交朱全忠，王珂求援于李克用，王氏兄弟分别加入两大阵营。同时，王珙又结交西北地区的藩镇李茂贞、王行瑜与韩建，这样西北三镇也加入到两大阵营的对抗中来，并且在事实上站队朱全忠一方。唐朝廷首都在长安，最易受到西北藩镇影响。五月，王行瑜与李茂贞、韩建将兵入京，杀前宰相韦昭度、李谿，强立王珙为河中节度使。因此，朝廷刚在这年四月赦免了董昌之罪，到这年五月，又重新削夺董昌官爵，任命钱镠为浙东招讨使讨伐董昌。这种反复，正是朝局变乱的体现。

但是，是年七月，另一阵营的主帅李克用举兵南下，进入河中。西北三镇担心李克用兵锋太强，强迫唐昭宗西迁凤翔。唐昭宗逃出城外，躲藏到南山中，向李克用求救。李克用进兵关中，西北三镇立即分化，李茂贞上表请罪，王行瑜被削夺官爵。七至九月间，李克用与王行瑜在梨园激战。十一月，李克用败王行瑜于龙泉寨，并攻入邠州，王行瑜为部下所杀。十二月，李克用因救驾之功晋爵晋王，而王珂也在战争中被朝廷确认为河中节度使。李克用控制朝廷后，唐朝廷对两浙战争的态度再次改变。乾宁三年（896）二月，朝廷再次赦免董昌之罪。但当时的朝廷权威已失，它对两浙战争有所影响，但并不能改变钱镠统一两浙的决心，也不能改变战争的结果。

三、武勇都之乱与钱氏政权的巩固

（一）武勇都的建立

景福元年（892），钱镠在帮助杨行密平定孙儒之乱后，收罗孙儒的降兵建立了武勇都。武勇都的建立改变了钱镠军队的构成，提高了两浙军队的战斗力。从此，武勇都成为钱镠东征越州、北抗淮南、统一两浙、建国吴越的主力部队。

武勇都的最高指挥官是武勇都都知兵马使，或称作武勇都都指挥使，都指挥使或都知兵马使之下有都监使。此外，武勇都下面大概还有队的编制。

武勇都是镇海军的中军。中军即牙军，是整个藩镇军队的核心，与此相对的是外镇军。唐末很多外镇军的首脑实际上都是趁乱而起的土豪悍匪，根本不受藩帅统辖。江淮地区是唐王朝的财赋之地，唐朝政府在那里驻军不多，但到唐朝末年，为抵御黄巢起义和其他各种“流寇土贼”，土团武装纷纷涌现。如杭州八都兵是其中比较有影响的一支土团军，钱镠便是八都兵的一员将领。但如上文所述，八都兵并不是一个非常严密的军事组织，具有非常强烈的离心倾向，在杭越战争期间，钱镠虽曾在八都兵中培养自己的亲信势力，但这种离心倾向却继续存在。为此，钱镠着手建立由自己直接控制的内牙军，其最初的渊源当是八都兵中直接受自己统辖的那一部分，然后逐步网罗八都兵中其他亲近自己的势力。除此之外，他也收编降兵，如他曾收编刘汉宏降卒组建向盟都，[①]让鲍君福统领。都是唐后期、五代之时常见的一种军事编制单位，钱镠的内牙军大概就是依此组建的。从向盟都一事可以看出，钱镠早就开始利用降兵建立由自己直接控制的亲卫军，只不过向盟都规模没有武勇都那样大，战斗力没有武勇都那样强，功绩也没有武勇都那样显赫，很长时期以来一直默默无闻。由于内牙军的兵力相当有限，钱镠在其霸权形成的初期，主要依靠的军事力量仍是作为外镇兵的八都兵。他先和董昌一起以八都兵消灭了浙东的刘汉宏，后来攻打润州、苏州和常州时，同样依靠杜稜、阮结、成及这些八都将领。这种内牙兵弱、外镇兵强的局面直到武勇都的加入才得以改变。

武勇都对钱镠军队的影响还表现在它极大地改变了钱氏军队的构成，使两浙军队在名称上开始出现土军和客军之分，武勇都即是客军。

（二）徐许之乱

武勇都在徐绾、许再思和陈璋的率领下于天复二年（902）、天祐元年（904）两次发动叛乱，几乎使钱镠刚刚建立起来的政权胎死腹中。其中由徐绾、许再思发动的第一次武勇都叛乱即徐许之乱。

叛乱爆发的根本原因是镇海军中土军与客军的矛盾。早在武勇都刚刚建立的时候，作为土军的八都将领杜稜就向钱镠提出警告：“狼子野心，稜观武勇将士终非大王所蓄，愿以（士）［土］人代之。”杜稜的同乡、新登人罗隐也屡屡进谏：“敌国之人，不可轻信。”但钱镠没有听从他们的意见。

武勇都初建时，军队的最高指挥官是顾全武、陈璋和许再思。陈璋和许再思是孙儒的降将，而排名在前的顾全武既非孙儒降将，又非八都旧将，他是来自余姚的钱镠心腹将校。天复元年（901），顾全武在临安之役中被俘，

① 〔清〕吴任臣《十国春秋》卷八四《鲍君福传》作“向明都”，中华书局1983年版，第1229页。

钱镠对武勇都的将领作了调整，除了许再思之外，徐绾也成为武勇都指挥使。这样，武勇都的两个最高指挥官全部改由孙儒旧将担任。许再思排名在徐绾之前，只是由于后来的武勇都之乱是由徐绾首先发动的，所以人们常把这场叛乱称为徐许之乱，而不是许徐之乱。

据《吴越备史》记载："武勇都指挥使徐绾本孙儒之党，来降。乾宁中，王以守御功，因（惫）［备］心膂。前年［衣］锦城之役不用命，王恶之，及是治沟洫，遂叛。"[①] 则在临安之役后，钱镠已对徐绾产生了恶感。

天复二年（902）八月，徐绾和他的武勇都战士冒暑热在钱镠的故乡临安为他整治沟洫，军中颇有怨言，情况很不稳定，八都旧将成及建议钱镠罢役，但钱镠没有听从，终于酿成了可怕的徐许之乱。

徐许之乱对钱镠的打击是致命的，它几乎使钱氏霸业毁于一旦。这是因为：第一，这场叛乱不是由一般的军队发动，而是由战斗力极其强大的武勇都发动的；第二，这场叛乱不是发生在别的地方，而是发生在钱镠的统治中心杭州；第三，叛乱最后引起了一连串的连锁反应，危机波及当时钱镠的整个统治区域；第四，叛乱还得到了外来势力宣州军阀田頵的支持。

据《吴越备史》卷一《武肃王》的记载，叛乱爆发的原因是徐绾在临安工程完毕的犒赏宴上"即席将谋不利"。但这一记载非常可疑。事实上，钱镠根本没有料到武勇都会发动叛乱。钱镠之所以让徐绾率兵回杭，很可能是临安的工程已经完工，因此犒赏从事劳役的将校。但就在犒赏的宴会上，徐绾与钱镠发生了冲突，大概是起了些争执，结果徐绾愤然退席。他在席上没有"谋不利"的打算，也没有"谋不利"的准备，但回去后便开始煽动叛乱。

叛乱发生后，钱镠匆匆入杭州内城，成及则建起钱镠的旗鼓首先与叛军开战。

需要指出的是，当时在临安整治沟洫的武勇都兵并不是武勇都的全部，而只是其中的一部分，即由徐绾率领的武勇都右都，而武勇都的另一部分即

① 《吴越备史》卷一《武肃王》天复二年十一月条，第6196页。

武勇都左都则由许再思率领镇守杭州，当徐绾的叛军一路打到杭州时，许再思部也加入了叛乱的行列，他们迅速占领了杭州罗城。但当他们攻打内城时却遭到了顽强的抵抗，当时在城内指挥作战的是钱镠的三子钱元瑛及三城指挥使马绰、内城指挥使王荣。

九月，应叛军的请求，宣州军阀田頵率部介入了对杭州的围攻，他还企图渡江占有西陵，并进一步占领越州。

两浙其他一些州郡也蠢蠢欲动，睦州刺史陈询与田頵互相勾结。这年十二月，温州裨将丁章发动兵变，驱逐刺史朱敖，并与田頵互通信使；越州客军指挥使张洪以徐绾之党自疑，率领三百步兵逃离越州，投奔衢州刺史陈璋；武勇都的另一员大将陈璋当时正镇守衢州，他表面上没有加入叛乱，但公然接纳张洪，当时丁章与田頵互通信使道由衢州，陈璋也听其往还，不加阻拦。

面对危难，钱镠一方面固守杭州内城，同时派盛造、朱郁击退田頵企图渡江的军队；另一方面，他听从杜建徽和顾全武的建议，利用杨行密与田頵之间的矛盾，派人向杨氏求援，同时对田頵发动和平攻势，缓和他的军事进攻。杨行密也怕田頵坐大，向他施加压力。田頵向钱镠要了一百万犒师钱，又得了钱元瓘做人质，扬长而去。田頵走了，徐绾、许再思独力难支，只得跟着田頵同往宣州。一年后，当田頵起兵背叛杨行密时，钱镠也出兵相助。杨行密平定田頵之乱后，又将从田頵军中俘获的徐绾交还钱镠发落。

政治婚姻在对钱镠纾解这场灾难时发挥了非常重要的作用。为了争取田頵退兵，钱镠把第七子钱元瓘送去做了人质，娶田氏之女为妻。钱元瓘直到天复三年（903）十二月田頵败死后才回到杭州。同样，为了取得杨行密的支持，顾全武带着钱镠的第六子钱元璙去向杨行密求婚，并娶杨氏之女。钱元璙直到天复四年（904）才带着杨行密的女儿回杭州成婚。不久，杨行密内部田頵与安仁义叛乱，钱镠也出兵相助。

（三）陈璋之乱

陈璋之乱是徐许之乱的继续，陈璋之乱的平定使钱镠巩固了他对两浙西部、南部的统治。

徐许之乱虽告平定，但它的遗留问题并没有得到彻底解决，以武勇都旧将、衢州刺史陈璋为首的南方诸州仍是一个很不稳定的因素。天复三年（903）四月，钱镠下令修筑婺州城，大概就是为了防备在衢州出现不测。同年一月，温州再度爆发兵变，丁章被木工李彦所杀，裨将张惠占据温州。同年七月，八都旧将、睦州刺史陈询也公开背叛钱镠。就在钱镠全力对付衢、睦二州之际，处州的卢氏兄弟也开始扩张势力，天祐二年（905），处州刺史卢约派他的弟弟卢佶攻陷温州。

钱镠与陈璋之间的矛盾，早在徐许之乱时便已产生。在陈璋正式发动叛乱前，衢州城内还有两个亲钱的人物：一个是刘汉宏的降将、向盟都的将领、当时正担任衢州应援使的鲍君福；另一人是衢州的罗城指挥使叶让。对于鲍君福，陈璋似乎想争取他，但鲍君福不为所动，偷偷逃出衢州。最后，钱镠命令叶让暗杀陈璋，终于激起了陈璋叛乱。叶让暗杀失败，反被陈璋所杀。

天祐元年（904）三月，陈璋发动叛乱。陈璋之乱对钱镠政权造成的冲击并不亚于徐许之乱。叛乱发生后，婺州马上落入陈璋手中，这样，被叛兵所控制的州郡有睦、衢、婺、处、温五州，自西向东对钱氏统治中心杭州形成了一个半圆形的包围圈。

而且，由于当时朱全忠在扫荡河北、稳定关中以后，忙着图谋改朝换代，放松了对杨行密的军事压力，使得杨行密和他的后继者得以调整防务，抽出兵力向南方发展。同时，也由于宣州田頵和润州安仁义灭亡之后，钱镠与杨行密之间的缓冲带消失，彼此疆土直接相接，开始发生冲突，因此陈璋的叛乱得到了杨行密的支持。天祐二年（905）正月灭安仁义后，杨行密立即派大将歙州刺史、西南招讨使陶雅兵临睦州城下。当时钱镠正派兵攻打陈询，听说陶雅来犯，立即派钱镒、顾全武和王球率军赴援，但这支援兵被陶雅击败，钱镒、王球被俘。四月，陈璋会同陶雅及睦州的军队围攻婺州。当时镇守婺州的是八都旧将沈夏，属于八都兵中的异己势力，与钱镠关系紧张，钱镠虽然派出了由钱镖、方永珍率领的援军，但援军的行动并不积极，沈夏在坚守了五个月之后，城陷被俘。

陈璋接着引兵北上，进攻暨阳，被钱镠的大将杨习击败。

这时淮南方面发生两件大事，使整个战争的形势迅速向着有利于吴越的方向发展。第一件事是这年冬天，十一月，杨行密去世。天祐三年（906）正月，睦州陈询弃城而逃，陶雅也率兵回到歙州。第二件事是杨行密去世两月之后，淮南的宣州观察使王茂章与继位的新君杨渥失和，弃城投奔钱镠。王茂章的倒戈使淮南方面的南进行动遭受重大挫折。这年二月，陈璋被迫放弃刚刚攻下的婺州，退保他的老巢衢州。接着，衢州被钱镠的大将方永珍、杨习所围。到这年八月，陈璋在淮南大将周本与吕师造的接应与支援下，退出衢州。当淮、浙军队在衢州城下相持之际，吕师造曾劝周本袭击两浙军队，周本说："吾受命迎陈使君，今至矣，何为复战！"可见，由于淮南内部纷乱不安，其最高决策层已经决定放弃衢州，他们派周本来的目的只是接应陈璋回去。

平定陈璋之乱使钱镠巩固了他对两浙西部、南部的统治。

四、两浙统一战争

两浙战争后，钱镠虽然名义上统一了两浙，但两浙西部、南部一些州郡实际上仍处于半独立状态。在平定武勇都之乱后，钱镠先后用兵睦州、温州、处州与湖州，真正完成了两浙一统。

（一）睦州之役

杭州八都成立后，陈晟任清平都将，为八都之一。据《资治通鉴》的记载，唐僖宗中和四年（884），陈晟逐睦州刺史柳超，取而代之。18年后，陈晟去世，子陈绍权继位，不久陈询黜绍权自立。

天复二年（902）徐绾、许再思之乱，徐、许召宣州田頵为援。陈询与田额相通，后田頵迫于杨行密的压力退兵。钱镠命割睦州桐庐县隶杭州，陈询不允，向陈询征军，也遭到拒绝。

天复三年（903）七月，陈询举兵叛乱，率兵攻打婺州兰溪县，钱镠遣指挥使方永珍率师讨伐。陈询叛乱后，杜建徽曾致书劝诫，但陈询似未曾听从。陈询后投附杨行密，但杨行密由于当时把防务重心置于北方，又忙于镇压内部的田、安之乱，迟迟未能派兵响应。天祐二年（905）正月，杨行密灭安仁义后，遣周本赴援睦州。淮南将阎晊率援军入据睦州，钱镠命从弟钱镒与指挥使顾全武率兵抵御，战败，钱镒被俘。时值陈璋在衢州举兵同叛，四月，陈询会同衢州兵及淮南将陶雅等同攻东阳。钱镠命弟钱镖率师讨伐。十一月，杨行密去世。天祐三年（906）正月，吴国的宣州观察使王茂章与继位的新君杨渥失和，弃城投奔钱镠。陶雅担心归路被截，退兵。睦州陈询不能独守，也弃城而逃（一说为天祐二年（905）十二月）。

（二）温处之役

唐末温州先后为地方土寇朱诞、朱褒、朱敖兄弟所占，处州于中和元年（881）为卢约所占。天复二年（902）十一月，温州裨将丁章逐刺史朱敖，朱敖逃奔福州。天复三年（903）四月，丁章为木工李彦所杀，裨将张惠趁机占有温州。天祐二年（905）八月，处州刺史卢约弟卢佶攻打温州，张惠逃奔福州。

天祐四年（907）三月，钱镠命钱元瓘、钱元瓘讨伐温州。四月戊午，攻克温州，斩卢佶。当时卢佶列巨舟四十艘于清渔、海门邀击钱氏军，钱元瓘、元瓘由安国江登陆，出其不意，偷袭成功，大败温州兵。钱镠命都监使吴璋为温州制置使。钱镠又命钱元瓘、元瓘兄弟移兵讨伐处州。五月，处州刺史卢约投降，钱镠以其为浙江安抚副使，命指挥使俞浩为处州制置使。

（三）平湖州高澧之乱

开平三年（909），湖州刺史高澧发动叛乱。高澧是忠于钱氏的八都旧将高彦的第三子，高彦的另一个儿子高渭在七年前的武勇都之乱中以身殉职。

至于叛乱发生的原因，完全是高澧的心理变态、残忍好杀所致。《吴越备史》说高澧是夜叉的化身，一个叫丘光庭的人曾亲眼看见他化作“青面鬼”的形状。这种说法虽并不可信，但从高澧故意把他自己、把他的亲军打扮成夜叉来看，至少说明他是以夜叉自居的。甚至在叛乱失败、逃到吴国以后，高澧仍然本性不改，据《吴越备史》的记载，他在淮南杀食娼妓。《九国志》本传也说他在淮南“嗜酒好侠，杀人而饮其血，日暮必于宅前后掠行人而食之”。他后来陷入朱瑾杀徐知训的事件中，徐温迁怒于他，把他杀了。

高澧任湖州刺史后，组建了一支新兴的衙军，《吴越备史》称为“侪要都”，《四部丛刊》《武林掌故丛编》本又称之“二丁军”，而《学津讨原》本及赞宁《传载略》作“三丁军”[①]。新牙军的组建导致湖州内部分裂，当战争发生时，一部分人倒戈投向钱镠，一部分人跟着高澧逃奔淮南。那些倒戈的人，见于记载者有盛师友、沈行思与八都旧将朱行先三人。

钱镠听说湖州军队内乱，决定进行干预。高澧听说钱镠要采取行动，便先发制人，举兵叛乱。叛乱发生后，钱镠遣钱镖率兵讨伐，而吴国方面则遣李简、陈璋前来接应高澧。最后钱镠占有了湖州。

这样，在后梁代唐的前后数年间，钱镠克服杨行密的重重干扰，最终完成了对吴越国疆土的统一。

（四）两浙统一战争与北方政治

两浙统一战争能够顺利完成，也得益于当时中国政局向着有利于钱镠的方向发展。在战争进行的数年里，晋、淮阵营两大主将李克用与杨行密先后离开人世。

天祐二年（905），即杨行密平定安仁义之乱的当年十一月，杨行密去世。杨行密死前从宣州召回杨渥，命他继位淮南留后。但杨渥与王茂章交接时发

① 〔宋〕释赞宁撰，刘宇等整理：《传载》，上海师范大学古籍整理研究所编：《全宋笔记》第10编第12册，大象出版社2018年版，第47—48页。

生冲突，王茂章拒交幄幕及亲兵。十二月，杨渥遣马步都指挥使李简等将兵袭击王茂章。天祐三年（906），王茂章降浙。当时钱镠统一睦州、婺州、衢州的战役正在进行，淮南方面派军深入两浙腹地进行干扰。淮南主、将失和，使战争迅速向着有利于钱镠的方向发展。王茂章降浙后，陈询立即弃睦州而走，逃奔扬州。淮南大将陶雅怕被王茂章截断归路，退兵歙州，陈璋也从婺州退回衢州。钱镠军转入反攻，顺利完成对睦、婺、衢三州的统一。

而且，杨行密去世后，淮南接连发生变乱。开平元年（907），也就是钱镠平定温州、处州的这年正月，淮南张颢、徐温发动兵变，控制淮南军政。次年五月，淮南左牙指挥使张颢、右牙指挥使徐温谋杀杨渥，立杨隆演。张颢准备让徐温出镇润州。徐温则与严可求密谋除去张颢，召钟泰章直闯牙堂杀死张颢。徐温任左、右牙都指挥使，从此控制了淮南政权。淮南接连内乱，限制了他们干预两浙统一的能力。

开平二年（908），也即徐温控制淮南当年，晋王李克用去世，子李存勗继位。李存勗继位后虽然曾取得了对后梁的夹寨之战的胜利，但内部也发生了李克宁之乱，李存勗也需要花时间整顿内部。因此，在这一段时间内，朱全忠（朱全忠称帝后改名朱晃）也有更多精力应对淮南。开平二年（908）十月，经钱镠请求，后梁派亳州团练使寇彦卿为东南面行营都指挥使，攻打淮南。寇彦卿虽在霍丘为淮南军所败，但后梁的军事行动无疑大大制约了淮南方面对两浙统一战争的干预。

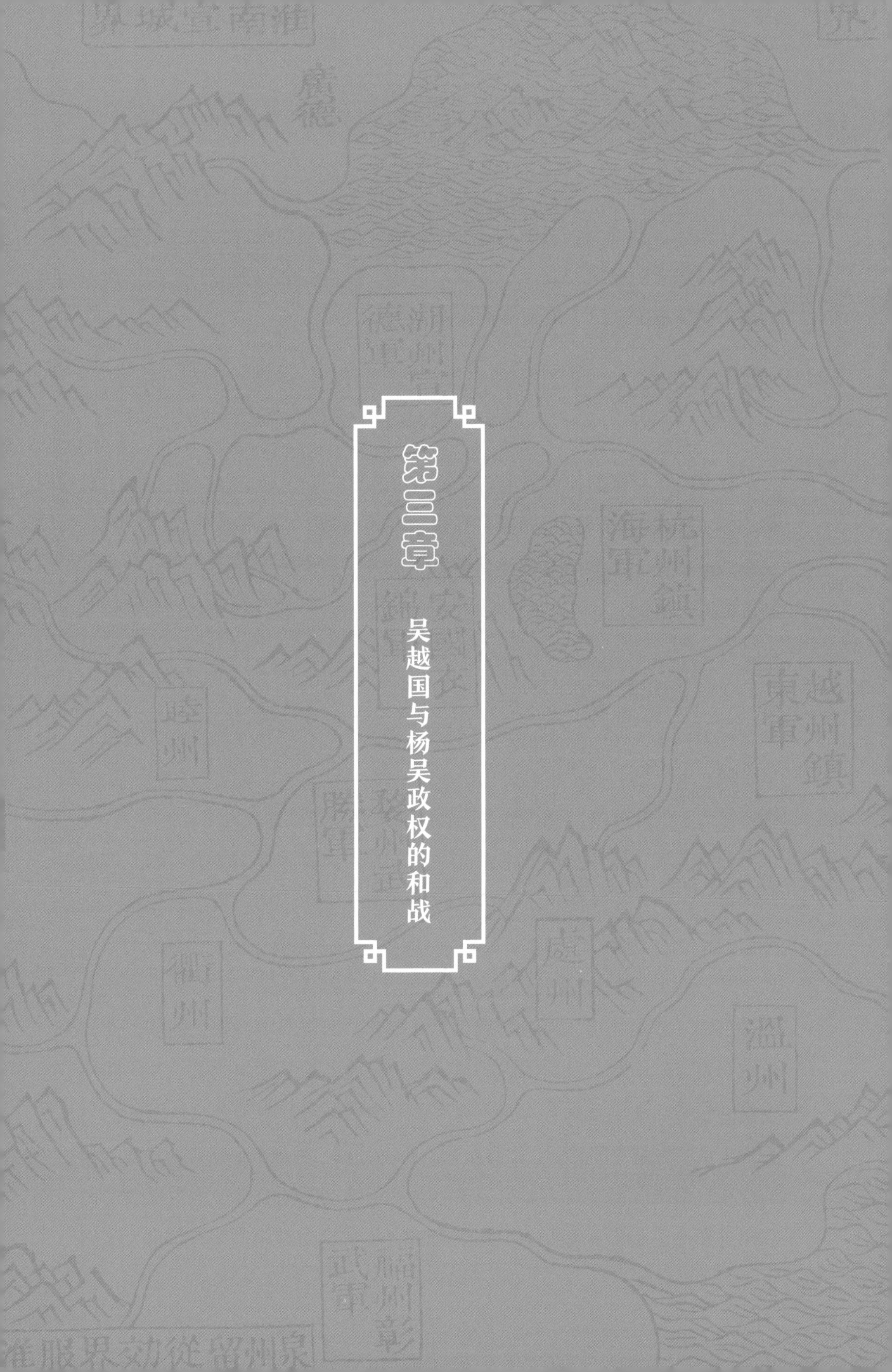

第三章 吴越国与杨吴政权的和战

从钱镠占有杭州到吴越国建立，其政权的建立与巩固，最大威胁一直都是来自其北方的杨吴及其后继者南唐政权，因此，如何处理与杨吴、南唐的关系，是吴越国制定立国政策的重要依据。

一、唐末淮浙形势

钱镠与杨行密的冲突源于双方对浙西诸州的争夺。光启三年（887）对钱镠、杨行密来说是非常重要的一年，在这一年，淮南与扬州都发生了重大事变，镇海节度使周宝、淮南节度使高骈失去对地方的控制，钱镠、杨行密借机控制了浙西、淮南。

（一）浙西事变

光启三年（887），镇海军将刘浩发动兵变，推度支催勘使薛朗为留后，节度使周宝出逃。钱镠趁机讨伐，占领了常、润二州。龙纪元年（889），钱镠灭徐约，占有苏州。钱氏势力开始向北扩张到长江边上。

在润州战争发生之前，淮南和两浙分别由高骈和周宝统治。两人都出身于神策军，后来出为藩镇，又都为唐王朝立下过赫赫战功。高骈曾镇抚交州、南诏，取得巨大成功，一时号为名将；周宝曾为泾原节度使，也被号为良将。高、周分镇淮、浙后，由于高骈为人骄傲狂妄，两人由当初的朋友变成仇敌。高骈自败于黄巢之后，一蹶不振，自暴自弃。而在周宝统辖的浙西，北方的流寇、南方的土贼以及新崛起的地主武装充斥各地，据地为王，并不服从节度使的领导。浙西虽辖有六州，而周宝所能控制的只有他节度所治的润州及心腹丁从实为刺史的常州。出身杭州八都的钱镠、陈晟分别占据杭、睦二州。同样来自徐州、因在攻灭黄巢一役中立下特殊功勋的李师悦则占据着湖州。苏州自来就是太湖流域的经济中心，因此各方势力对苏州的争夺也最为激烈。

光启二年（886），来自徐州的流亡军人、感化牙将张雄和冯弘铎袭据苏州。光启三年（887）四月，周宝唆使淮南的六合镇将徐约袭据苏州。被赶出苏州的张雄和赵晖一起转而攻占润州的上元县，这就是后来的昇州，也就是今天的南京。这些人据地自雄，根本不把周宝放在眼里，而且淮南、浙西两镇的牙兵、亲兵中也矛盾重重。

唐朝后期，作为藩镇统治基础的牙兵常常因为自身利益得不到满足而发动兵变，驱逐节度使。而藩帅为了自卫，常在牙兵之外另募亲兵，作为自己的私人武装来对抗牙兵集团。到唐朝末年，募养亲兵的风气开始在南方一些藩镇盛行起来。周宝就组建了这样一支亲兵，称为后楼兵，号决胜军，由他的儿子周玙统率。他们的衣食粮赐，要比普通的镇海军士兵多好几倍。而且，当时周宝还役使镇海士卒修建润州罗城,繁重的劳役加重了士兵的不满情绪，而周宝自己却美妓佳肴，过着奢侈腐化的生活。光启三年（887）三月，镇海军将刘浩发动兵变，推度支催勘使薛朗为留后。周宝的后楼兵无力抵御，便倒戈加入了叛军的行列。周宝逃奔常州。

润州兵变给钱镠在浙西的发展提供了一个极好的机会。五月，钱镠命东安都将杜稜、浙江都将阮结、靖江都将成及率兵讨伐薛朗。六月，他们在常州西南面的阳羡击败了润州的军队，获战船八百艘。九月，杭州军进次禹城，斩敌将丁从德，另一敌将赵君度败逃，并进而围攻常州。十月，杭州军攻占常州，刺史丁从实出逃，走投无路的周宝成为钱镠的掌中之物。两个月之后，这个七十四岁的老人在杭州一命呜呼，有的说是病死，有的说是被钱镠杀死。

这年年底，阮结等继续挥兵北上，攻克润州，薛朗被擒，次年正月被斩于杭州。刘浩出逃，似乎投奔了宣州田頵。次年九月，钱镠又派他的从弟钱銶率兵攻打苏州。一年后的三月攻破苏州，徐约赴海而死。

就这样，钱镠趁着润州之乱占有了浙西北三州。杜稜、阮结和沈粲分别被任命为常州、润州、苏州三州的地方长官。钱镠大概还试图在此基础上攻占湖州，但在李师悦的顽强抵抗下，久战不克。至于占据润州上元县的张雄、赵晖，淮南事变发生后已听命于杨行密，当时正联合杨行密攻打扬州。钱镠似乎不想蹚淮南的浑水，置上元县而不问。

钱镠这次出兵的借口是替周宝报仇，为周宝定乱，因此当周宝来到杭州时他还曾以属郡礼前去迎接。但在实质上，他不过是想借此扩张境土、吞并浙西。因此，他在出兵过程中，不但攻打润州，连周宝的亲信丁从实也一并给灭了。

（二）淮南事变

广明元年（880），黄巢起义军从广州渡江北上时，高骈当时镇守扬州，担任诸道兵马都统，是唐朝廷指挥镇压黄巢起义的总指挥。但他打起了保存实力、割据一方的主意，坐守扬州，放任起义军北上。黄巢起义军攻入长安时，朝廷多次命令高骈赴救，但他逗留不行。中和二年（882），朝廷罢免高骈诸道兵马都统职务。

高骈素来崇信神仙道教，重用术士吕用之，付以军政大权，他原来一些心腹部将反而被疏远了，有的甚至遭到了驱逐、杀戮。吕用之后来逐渐架空高骈，“建牙开幕，一与骈同”。[①]

润州兵变发生后，在与此只有一江之隔的扬州，高骈闻之大喜，并幸灾乐祸地列牙受贺，并给周宝送了一瓶黄齑、十斤葛粉来嘲笑他。但仅仅过了一个多月，一场更大规模的兵乱降落到了高骈头上。

光启三年（887）四月，也就是浙西事变发生后的第二个月，也是中原地区朱全忠与秦宗权正在紧张对垒的时刻，高骈因担心秦宗权南下，派部将毕师铎出屯高邮，加以防备。毕师铎是王仙芝、黄巢部下将领，后投降高骈为牙将。毕师铎因自己出身起义军，本就感到自危，这时更怀疑吕用之要对自己下手，便先下手为强，联络同是黄巢旧部的淮宁郑汉章、宣州秦彦举兵叛乱，攻陷扬州。高骈被软禁，吕用之投奔庐州杨行密。五月，秦彦进入扬州，自称权知淮南节度使，毕师铎为淮南行军司马。

① 《资治通鉴》卷二五六唐僖宗光启二年五月条，第 8335 页。

秦、毕攻打扬州时，吕用之假传高骈的命令要求庐州刺史杨行密赴援。杨行密和钱镠一样善于把握机会，用谋士袁袭之策，以讨乱为名，和钱镠攻打润州一样，举兵攻打扬州。就在钱镠一个城市接着一个城市攻占苏、常、润三州的时候，杨行密正在围攻扬州。杨行密所面对秦彦、毕师铎力量更强，打得也更艰苦。这年十月，杨行密终于攻破扬州。当时秦宗权在与朱全忠战争中失利，派遣他的弟弟秦宗衡南下，图谋江淮。秦彦、毕师铎投奔秦宗衡，被秦宗衡部将孙儒所杀。

（三）钱镠在浙西的统治与中原政局

这样，在光启三年（887）这个关键年份，钱镠和杨行密差不多在同时利用浙西、淮南军乱，控制了这两个地区，为后来吴越国与吴国的建立奠定了疆土的基础。与钱镠关系最密切的另外两个割据势力是朱全忠与董昌，一个是他后来最大的政治靠山，一个是他的故主、后来的吞并对象。也在这一年，朱全忠在边孝村之战中取得蔡汴争霸的决定性胜利，巩固了他对中原的统治。董昌则在这一年成为浙东观察使，杭越战争的胜利成果得到唐朝廷的正式承认。

就在杨行密攻克扬州后不久，光启三年（887）闰十一月，唐朝廷任命朱全忠兼淮南节度使、东南面招讨使，同时任命杨行密为淮南节度副使，又以宣武行军司马李璠为淮南留后。这次任命非常微妙。一方面，朱全忠自任节度使，而以心腹李璠为留后，表明他对淮南有觊觎之心，为后来淮汴之争埋下伏笔。另一方面，朱全忠也没有把路堵死，让杨行密任淮南节度副使，部分承认了他对淮南的控制权。

相比之下，钱镠对浙西的控制并未立即得到唐朝廷的承认。在浙西事变发生前，钱镠已获任杭州刺史。浙西事变后二年，龙纪元年（889）钱镠升任杭州防御使。景福元年（892）四月，于杭州置武胜军，钱镠任武胜军防御使。直到景福二年（893）五月，钱镠任苏杭等州观察处置使。九月，钱镠才正式升任镇海节度使、浙西观察使、润州刺史。也就是说，从浙西事变到景福二年（893）的整整七年间，唐朝廷的镇海节度使一直空缺，钱镠以杭州地方官的身份实际控制着杭、苏、常与润州。[①]试看当时钱镠对浙西三州官员的任命：

光启三年（887） 杜稜 常州制置使

光启三年（887） 阮结 润州制置使

龙纪元年（889） 沈粲 权知苏州、苏州制置使

景福元年（892） 钱銶 苏州招缉使

按照朝廷体制，钱镠无权任命苏、常、润三州长官，因此，他以“制置使”这样带有临时性质的官称来任命三州长官，对浙西诸州进行实际的控制。

唐朝廷长时间没有承认钱镠对浙西诸州的控制，一方面是因为唐昭宗初即帝位，想有所作为，抑制藩镇势力。就在浙西事变发生的第二年，唐僖宗崩，唐昭宗即皇帝位。唐昭宗曾一度想有所振作，即位不久，即夺陈敬瑄西川节度使官爵。龙纪元年（889）十月，平卢节度使王敬武去世，军中按照惯例推王敬武之子王师范为留后。唐昭宗以太子少师崔安潜兼侍中，充平卢节度使。同年同月，唐昭宗又任命给事中杜孺休为苏州刺史，想借着江南战乱，把朝廷文官安插进来，抑制地方藩镇势力的膨胀，但结果并不理想。在西川，王建带朝廷大军攻入成都，擒陈敬瑄，但王建从此却割据蜀地，成了比陈敬瑄更大的割据势力，后来建立前蜀。崔安潜去平卢上任，但那里发生军乱，崔安潜逃归京师。杜孺休也一样，龙纪元年（889）十月被任命为苏州刺史，次年三月到任。但钱镠在攻下苏州后已任命沈粲权知苏州。杜孺休到任后，又任命沈粲为苏州制置使，架空了杜孺休。不久，钱镠让沈粲秘密杀死杜孺休。[②]

另一方面，朱全忠的态度也是唐朝廷迟迟不承认钱镠对浙西控制的一个重要原因。光启三年（887），钱镠与杨行密控制浙西、淮南之后不久，秦宗

① 《资治通鉴》卷二五八，唐昭宗大顺元年“是岁”，条：“是岁，置昇州于上元县，以张雄为刺史。”（第8410页）则上元县已从润州分置出来。

② 《资治通鉴》卷二五八唐昭宗龙纪元年十月条、大顺元年八月丙寅条，第8389、8402页。

权余部孙儒南下，与钱镠、杨行密展开三方混战，浙西诸州在三人之间数易其手，局势不明。当时朱全忠为中国最大割据势力，对朝廷有巨大影响力。朱全忠虽觊觎淮南，但还需要杨行密帮他共同对付秦宗权、孙儒。因此，杨行密刚克扬州时，朱全忠自任为淮南节度使，而以亲信李璠为淮南留后，以杨行密为淮南节度副使。但没过多久，到文德元年（888）正月，朱全忠被迫收回成命，让朝廷任命杨行密为淮南留后。相反，当时朱全忠与钱镠的关系还比较疏远。杨行密在孙儒之乱时也一度占有浙西某些州县，此时如果任命钱镠为镇海节度使，可能会破坏朱、杨关系。

这就是钱镠对浙西北部三州的占领迟迟没有得到朝廷承认的原因。

二、孙儒之乱与钱杨第一次合作

（一）秦宗权与孙儒扰乱淮南

王仙芝和黄巢的起义横扫了大半个中国，彻底摧毁了唐王朝原有的政治格局，在爆发起义和镇压起义的过程中，产生了一批新兴军阀，他们中既有因镇压起义而立下功勋的大将，也有接受招抚的农民军领袖，既有借着王、黄起义趁势而起的草莽英雄，又有以防盗锄贼为名建立起来的新兴地主武装。在黄巢起义遭到彻底镇压以后，唐王朝元气耗尽，对这些新旧军阀已无法实施有效的控制，整个中国形同一盘散沙。各种政治势力在互相混战的过程中，重新分化组合，构建了新的政治格局。其中，首先活跃在中国政治舞台上的便是奉国军节度使秦宗权。

秦宗权是蔡州上蔡或许州人，先前曾为许州牙将。奉国军的治所在蔡州。蔡州从元和十二年（817）开始成为忠武节度的属州。广明元年（880）五月，黄巢在信州一战中击溃淮南主力后，高骈无力再与他抗衡。黄巢大军顺利北上，九月渡过黄河，兵锋直指关洛。当时开赴溵水前线的三千徐州兵正好路过忠武节度所在地许州。徐州兵曾在唐末频繁发动兵变，凶名素著，而当时的忠武节度使薛能以前曾经镇守徐州。徐州兵刚到许州，便因招待不周骚动起来，在许州城里引起了极大的恐慌。刚刚离开许州不久、同样开赴溵水前线的忠武大将周岌闻讯立即引兵回城，尽杀徐州兵，驱逐薛能，成为忠武军的新一任统帅。被薛能派到蔡州的忠武牙将秦宗权听到许州兵乱的消息，马上袭据蔡州，驱逐刺史。唐王朝对此无能为力，只好承认现实，任命周岌为忠武节度使。但周岌也无力控制秦宗权，只好让他做蔡州刺史，秦宗权便以蔡州为根据地，走上了割据一方的道路。

中和元年（881），黄巢攻克长安后，秦宗权曾遣三千蔡州兵前往赴难。这三千人后来被并入忠武军，组建起一支共有八千人的忠武八都，前去解救邓州。忠武八都的很多大将后来都成为据地自雄、割据一方的军阀，其中的王建更是成为十国中前蜀的创立者。

不久，蔡州升为奉国军，秦宗权先后成为奉国军的防御使和节度使。中和三年（883），黄巢逃离长安后袭击蔡州，秦宗权一度向黄巢投降，并引兵攻打许州。中和四年（884），黄巢起义遭到彻底镇压，秦宗权也从那时起开始四出掠地，并于次年二月称帝。

孙儒和秦宗权一样，开始时也是许州牙将，是秦宗权手下得力大将。就在秦宗权称帝当年，孙儒率兵攻陷东都洛阳。

秦宗权、孙儒的军事劫掠对朱全忠在中原地区统治构成严重威胁，成为朱全忠统一北方过程中首先要铲除的对象。朱全忠较之秦宗权更有政治头脑和权谋，他联合兖、郓朱瑄、朱瑾兄弟及陈州赵犨、洛阳张全义等周边势力与秦宗权作战。光启三年（887），也就是浙西事变与淮南事变发生的当年，朱全忠在边孝村一战击败秦宗权主力。秦宗权图谋南下江淮，派遣弟弟秦宗衡与孙儒南下。但孙儒不久就叛变，于当年十一月斩秦宗衡首献于朱全忠。恰逢此时杨行密攻克扬州，秦彦、毕师铎等人投奔孙儒，孙儒于是兵临扬州城下。杨行密、钱镠、孙儒之间的一场三角混战就此展开。

秦宗权、孙儒的蔡州兵以劫掠闻名唐末。史载秦宗权“慓锐惨毒，所至屠残人物，燔烧郡邑，西至关内，东极青、齐，南出江淮，北至卫滑，鱼烂鸟散，人烟断绝，荆榛蔽野”[①]。孙儒攻克东都洛阳，“据东都月余，烧宫室、官寺、民居，大掠席卷而去，城中寂无鸡犬”。[②]孙儒攻陷河阳，离开时“皆屠灭其人，焚其庐舍而去”。[③]孙儒攻陷扬州后同样大肆掳掠，他虽曾一度把扬州作为自己的给养基地，但他最后一次从扬州渡江南下时却“悉焚扬州庐舍，尽驱丁壮及妇女渡江，杀老弱以充食”[④]。史载：“江淮之间，广陵大镇，富甲天下。自师铎、秦彦之后，孙儒、行密继踵相攻，四五年间，连兵不息，庐舍焚荡，民户丧亡，广陵之雄富扫地矣。”[⑤]孙儒的劫掠活动给江淮地区带来了极大的破坏。

（二）孙儒与杨行密、钱镠的三角混战

在孙儒与杨行密争夺扬州之战开始之前，两人各自进行了一次内部清理。孙儒杀死了被杨行密赶出扬州、前来投奔的秦彦、毕师铎和郑汉章，杨行密则杀死了高骈的旧部高霸。

文德元年（888）四月，蔡州兵攻克扬州，杨行密退保庐州。孙、杨之间争战不绝，而战火不断向南延烧，终于烧到浙西境内，钱镠也被卷入这场战争当中。钱、杨、孙三方在淮浙地区展开混战，战争主要在三个战场进行：一是杨行密与孙儒争夺宣州之战，二是孙儒与朱全忠在北方展开争夺，三是孙儒、杨行密与钱镠在浙西的润、常、苏三州展开混战。最后钱、杨两个地方土豪携手合作，击败了来自北方的孙儒。

战争的第一阶段，在宣州战场，文德元年（888）八月，杨行密亲自率兵，联合上元张雄、和州孙端围攻宣州赵锽，次年六月攻陷宣州。而杨行密的大将陶雅也在九华一战中击溃前来赴援的赵乾之，乘胜占领池州。在这过程中，

① 〔五代〕刘昫：《旧唐书》卷二百下《秦宗权传》，中华书局1975年版，第5398页。

② 《资治通鉴》卷二五六唐僖宗光启元年七月庚戌条，第8324页。

③ 《资治通鉴》卷二五七唐僖宗光启三年五月辛巳条，第8357页。

④ 《资治通鉴》卷二五八唐昭宗大顺二年七月条，第8417页。

⑤ 《旧唐书》卷一八二《秦彦传》，第4716页。

孙儒正竭尽全力围攻杨行密的老巢庐州，最终迫使庐州守将蔡俦投降。之后，他又步步紧逼，来攻杨行密新占的宣州，而杨行密则趁孙儒大军外出之际回攻扬州，但此时的扬州已残破不堪，无法坚守，杨行密只好退回宣州。

在浙西战场，杨行密大概担心宣州不能久守，或后方给养困难，在退回宣州后不久，即向浙西寻求新的发展，致使钱镠也被卷入这场战争当中，战争的规模进一步扩大。龙纪元年（889），冬杨行密攻陷常州，孙儒攻陷润州，又从杨行密手中夺取常州；大顺元年（890），杨行密从孙儒手中夺取常、润二州，不久，孙儒又从杨行密手中夺回常、润二州，杨行密夺取苏州，孙儒又从杨行密手中夺得苏州。

在北方战场，朱全忠也派庞师古将兵十万，渡过淮河南下，接应杨行密。但庞师古的军队在高邮一战中被击败，孙儒的主力在北上与朱全忠相持了一段时间后，最后互相妥协，孙儒卑辞厚贿，表示臣服，朱全忠则表荐于朝，让孙儒出任淮南节度使。

第一阶段战争的结果是孙儒获得全胜，他完全占有钱镠刚刚得来的浙西常、润、苏三州。

在第二阶段，在宣州战场，当年七月，孙儒再次渡江南下。八月，在宣州东面的广德包围了杨行密的营寨，杨氏几乎被擒。十月，杨行密部将田頵袭击孙儒的营寨，小有收获。十二月，孙儒在广德大败田頵，突破杨行密的东部防线，趁胜包围了宣州。但他对宣州久攻不克，到次年六月，由于大水、疾疫和粮道被截，孙儒兵败，身首异处。

在浙西战场，在宣州之战激烈进行的时候，东面的浙西战场也不是一片平静，其中最重要的一个事件就是钱镠收复苏州。大顺二年（891）十二月，钱镠任命钱球为苏州招缉使。景福元年（892）二月，收复苏州。此外，大顺二年（891）十二月，钱镠部下甘露镇使陈可立攻陷常州。景福元年（892）三月，杨行密攻陷常州，陈可立战死。[①]

① 陈可立，《新唐书》卷一〇《昭宗纪》作陈可言，同书卷一八八《杨行密传》作陈可皃，此据《吴越备史》。

宣州战场与浙西战场，相比之下，前者对整个战局的发展更具决定意义，但苏州战役在钱、杨、孙三方混战中也具有它的特殊地位。孙儒入淮后最初的根据地是扬州，但扬州经毕师铎、秦彦之乱后已经残破不堪。杨行密退保宣州，把宣州作为他的根据地。孙儒进入扬州后，大概也发现了扬州的这一弱点，便把他的给养基地南迁到苏州。正因为苏州具有如此重要的战略地位，钱镠收复苏州的军事行动在整个平定孙儒之乱中才具有非同寻常的意义。

对孙儒而言，离开扬州，把自己的后方迁到苏州是一个致命的错误。扬州虽已残破，却也不是空无一物。孙儒离开扬州，前脚刚走，杨行密后脚就进入扬州，他从孙儒的余火中抢出一些粮食，赈救饥民，使得他们对自己感激涕零。后来，杨行密能够击败孙儒，一个很重要的原因就是他能在战争期间获得稳定的物资补充。台濛在鲁明江作堰运粮，立下了汗马功劳。但孙儒到太湖流域后，这里的供给却很不稳定，他焚烧抢掠的行为也引起当地居民的极大反感。一旦杨行密占有广德，截断他的粮道，加上钱镠占有苏州，陈可立占有常州，他便三面受敌，欲进不能攻克宣州，欲退已经没有归路，便自陷于死地。

在整个孙儒之乱期间，钱、孙、杨三人，任何一人都与另外二人发生过武装冲突，在这三方混战中，孙、杨之战无疑是最主要的，宣州战场无疑是主战场，那里的胜负决定着整个战争最后的结局。但浙西方面的形势也不容忽视，尤其是钱镠的向谁背谁，对战争的结果有着非常重要的影响。相比孙儒，后来吴越国建立者钱镠与吴国建立者杨行密更有政治智慧，两人逐渐从三角混战中走向合作，联手击败了孙儒。

（三）孙儒之乱的影响

根据一些学者的研究，唐朝藩镇大致可分为四种类型：河朔割据型、中原防遏型、边疆御边型和东南财源型。王仙芝、黄巢起义的时候，河朔藩镇据地自保，王、黄之兵不敢轻撄其锋，双方冲突不大。起义被镇压以后，旧的政治格局随之瓦解，产生了一批新兴军阀。朱全忠与李克用父子逐鹿中原，争夺对北方的统治权。处于他们夹缝中的河朔藩镇依违其间，尽管他们在汴晋争衡中起着举足轻重的作用，但无法改变其衰败、没落的历史命运。四大藩镇群体中，中原藩镇地处其他三大藩镇群体的中间，受黄巢起义冲击最大，情形也最为复杂。唐末的军阀混战首先是从中原藩镇展开的，在战争中他们逐步分化成两个部分：一部分以朱全忠为代表，他曾一度统一中原，但无法彻底消灭河东势力，结果反被取而代之，和其他北方藩镇一样，最终被融入河东势力之中，五代中后梁之后的四个朝代全部源出李克用的系统。中原藩镇的另一部分在混战中失败，转而向南方寻求发展，形成一浪又一浪的北人南下高潮。五代时期，南方诸国当中，楚、闽、前蜀、南平四国便是由这些南下中原人建立的。

在江淮地区，新兴的土著势力代替了忠于朝廷的旧节帅，如淮南杨行密、浙西钱镠、浙东董昌、湖北杜洪以及江西钟传、危全讽等，他们实际上是东南藩镇的后身，经过一系列的兼并战争，到五代时最终形成了吴与吴越两个国家。杨行密和钱镠虽是地方豪强，但在霸权建立过程中同样也受到了中原藩镇南下军队的冲击和影响。

北人南下主要是指中原藩镇军的南下，而秦宗权的蔡州兵在其中占据着比较突出的位置。在蔡州兵南下以前，秦宗权的扩张活动已影响到南方形势的发展，他发兵攻打光州，迫使光州刺史王绪与王潮、王审知兄弟南逃福建，后来建立了闽国。秦宗权还占领了荆南，他兵锋所及，甚至到了湖南。早在中和元年（883）黄巢攻克长安后，秦宗权曾遣三千蔡州兵赴难。这支三千人的队伍后来被并入忠武军，组建起著名的忠武八都，前去援救邓州。忠武八都共有八千人，蔡州兵是其中的重要组成部分。忠武八都对唐末五代历史的影响已为人们熟知，前蜀创建者王建便是忠武八都的一员大将，随他入蜀的军队中可能就有蔡州兵的成分。在秦宗权与朱全忠的争霸战争中，也有一些蔡州兵脱离秦氏南下，如贾铎带着属卒千人投奔杨行密。秦宗权死后，其余部除投降朱全忠者外，又分两部分南下，许存、常厚南下荆川，孙儒则在江淮一带活动。许存先投奔成汭，帮助成氏擒牟权、逐常厚，立下赫赫战功，后又投奔四川王建，改名王宗播，成为前蜀开国功臣。常厚南下后先与成汭、许存争夺夔州，失败后逃奔绵州，他在绵州劫持唐昭宗派往东川的使者，并发兵攻打东川节度使顾彦晖，西川节度使王建趁机引兵讨伐，导致两川战争的爆发。孙儒扰乱江淮多年，失败后其主力在刘建锋、张佶、马殷、秦彦晖等人的率领下向长江中游撤退，占领了湖南，后来马殷在那里建立了楚国，南北扩张，与荆南高季兴和岭南刘龑争夺土地。孙儒余部的另一部分别被杨行密和钱镠收编，组建了黑云都与武勇都。当然，也有一小部分蔡州兵另求发展，如王坛在孙儒死后南下浙江，占领了婺州，曾一度投靠钱镠，后与钱镠发生军事冲突，转而投向杨行密的大将田頵。综上所述可知，五代初期几乎所有南方国家在建立过程中都不同程度地受到了蔡州兵的影响。

对钱镠来说，孙儒之乱即是这种影响的集中体现。具体地说，表现在两个方面：

第一，影响到钱镠与杨行密的关系。对后来的吴越国来说，与吴、南唐政权的关系自始至终都是吴越国制定对外军事战略的基本因素。而钱镠与杨吴势力的最初接触便是从孙儒之乱开始的，孙儒之乱还导致了吴越国北部边界的最终形成。孙儒之乱以前，钱镠先后占有常、润、苏三州，他的势力一度扩张到长江边上；孙儒之乱以后，他被迫放弃常、润二州。这样，钱镠以杭州为中心占有两浙，杨行密以扬州为中心占有淮南，东南地区的两大割据势力在孙儒之乱后正式形成。从地缘政治的角度讲，任何政治中心都不可能是边际。如果钱镠占有常、润二州，杨行密的统治中心将直接暴露在钱镠的威胁之下；同样，如果杨行密向南一直扩张到苏州，杭州作为统治中心也将受到直接攻击的危险。处于扬、杭之间的三个州郡，一方占有两个，一方占有一个；而从土地面积上来说，钱镠所占的苏州相当于常、润二州之和，后来吴越国又从苏州析分出秀州，因此也可以说是钱、杨二人各占二州。这也算是比较合乎自然的一种结果，在力量上达到某种均衡。在此后的数十年里，钱、杨双方都曾南征北讨，试图突破这一既成的边界，改变双方的均势，但谁都没有成功。

第二，影响到武勇都的建立。南方人收编北方军人并非始于孙儒之乱。以杨行密为例，徐州冯宏铎、蔡州贾铎和郓州朱瑾先后率部投奔他的旗下。孙儒之乱结束后，孙氏余部除其主力随刘建锋、马殷进入湖南外，其余大部分被杨行密和钱镠收编。钱镠以孙儒降卒组建成武勇都。武勇都的建立不但改变了钱镠军队的构成，而且极大地提高了钱镠军队的战斗力。武勇都后来成为钱镠攻灭董昌的主力部队。更为严重的是，武勇都最后发动叛乱，成为吴越政权建立过程中最大的一次灾难。

三、淮浙战争

（一）战前形势

朱全忠、杨行密与钱镠在孙儒之乱时曾经合作，但朱全忠与杨行密在合作过程中已存芥蒂。

首先，在光启三年（887）杨行密攻克扬州后，朱全忠却自任淮南节度使，而仅任命杨行密为淮南节度副使，就表明他对淮南有觊觎之心。这年闰十一月，朱全忠命亲信宣武行军司马李璠为淮南留后，遣牙将郭言带兵千人护送他前往扬州上任。朝廷任命杨行密为节度副使的使者张廷范到达扬州后，杨行密对他厚礼接待，但听说李璠要来做留后，“怒，有不受之色”。张廷范从扬州逃归，对朱全忠汇报说：“行密未可图也。”[①]加上当时镇守徐州的感化节度使时溥对淮南也有觊觎之心，拦着李璠不让通行，朱全忠才被迫改任杨行密为淮南留后。朱、杨之间已结下仇怨的种子。

其次，朱全忠曾两度接受孙儒投降。第一次是在孙儒攻克扬州之前，当时孙儒叛秦宗权，擒杀秦宗衡，献首朱全忠。第二次是在大顺元年（890）六月，朱全忠接受孙儒投降，且表孙儒为淮南节度使。朱全忠迟迟不肯实授杨行密节度使之职，却肯把这一重要职位授予孙儒，可见他对杨行密有很重的戒心。

① 《资治通鉴》卷二五七唐僖宗文德元年正月甲子条，第8373页。

虽然后来朱全忠考虑到全局，没有接受孙儒投降，也没有真的任命他为淮南节度使，但这一反复举动加剧了朱、杨之间的不信任感。

景福元年（892）六月，杨行密破孙儒广德营，灭孙儒。次年九月，朝廷正式任命钱镠为镇海军节度使、润州刺史。当时杨行密所占的常、润二州皆为镇海节度使所属。这次对钱镠的任命实际上否定了杨行密占有常、润二州的合法性。朱全忠与杨行密实际上已经决裂，而朱全忠与钱镠的同盟也从这一任命后正式形成。

杨行密在灭孙儒的第二年，即景福二年（893），就收复起家之地庐州，接着又攻克江东的歙州与淮南的舒州，占有淮南东部与江南部分州县。乾宁元年（894），杨行密又向长江中游地区用兵，与占据武昌的杜洪争夺蕲、黄二州。钱镠与杨行密在孙儒南下时已经交过手，此时杨行密势力的壮大对钱镠构成了很大威胁。钱镠迫切需要外在的盟友，而朱全忠是当时中国最大割据势力，对钱镠来说无疑是一个理想的结交对象。

而对朱全忠来说，当初，感化军节度使时溥也曾希望得到淮南，朱全忠自任为淮南节度使后，汴、徐关系紧张。而且，自从秦宗权败亡之后，朱全忠与镇守兖州、郓州的朱瑄、朱瑾的同盟关系破裂。在此后十余年间，朱全忠的主要精力是对付紧邻汴州的徐、兖、郓三镇。此外，朱全忠既要对付河东的李克用与河北藩镇势力的反复，又要防范已经在淮南站稳脚跟的杨行密随时向北扩张，因此，朱、钱结盟也非常符合朱全忠的实际需要。

朱、钱二人在这种形势下迅速走近，这就是为什么钱镠占有浙西后，唐朝廷迟迟未予承认，而直到此时才任命他为镇海军节度使的原因。

在稍后的董昌称帝与钱镠平定浙东过程中，钱镠同时与董昌、杨行密两线作战，朱全忠派兵支援，朱、钱同盟发挥了实实在在的作用。钱镠平定浙东之后，钱镠与杨行密之间的战事并未停止，淮浙战争全面爆发。淮浙战争实际上是两浙统一战争的延续，战争在苏州、湖州、婺州、衢州与钱镠故乡临安等地展开。

（二）苏湖之役

苏州之役实际上是两浙战争的继续。

1.苏州之役

在两浙战争期间，杨行密派台濛攻陷苏州，让朱党镇守苏州，进而围攻嘉兴。

乾宁四年（897）四月，钱镠命顾全武率兵三千从海道救嘉兴。顾全武等破淮南十八营。两浙战争时，湖州李师悦投附杨行密，当时杨行密手下大将田頵正驻兵湖州。顾全武嘉兴之战获胜后，田頵从湖州退兵。七月，顾全武率师收复苏州。顾全武军势如破竹，迅速攻下松江、无锡、常熟、华亭。八月，顾全武军屯昆山。常熟、无锡在苏州之北，松江在苏州之南，华亭在苏州东南，昆山在苏州之东，而苏州西临太湖。至此，苏州已落入顾全武的包围之中。

十月，杨行密派淮南名将台濛代替朱党前来主持苏州战事。次年正月，淮、浙双方在苏州展开激战，浙军生擒淮南将李近思，斩首千余级，又斩其将梁琮、张颙。同时，杨行密又派李简率兵五千屯守无锡。于是双方又在无锡大战，浙军小有斩获，擒其将陈益。

乾宁五年（898）三月，淮南方面第二次派出援军，由淮南另一名将周本率领。同时，杨行密部将秦裴也攻下了昆山。

眼见顾全武军久攻不克，两浙方面也派军支援。九月，顾全武攻苏州，城中外无援兵，内无战粮，苏州刺史台濛与李德诚弃城逃走。周本援军也为顾全武所败，浙军一直追到苏、常两州交界处的望亭镇。

当时秦裴坚守昆山，顾全武引水灌城，城坏食尽，秦裴被迫投降。至此，钱镠重新占领苏州全境。

2.湖州之役

光启元年（885）八月，感化军将李师悦以斩黄巢之功任湖州刺史。文德元年（888），唐王朝于湖州置忠国军，李师悦成为忠国军节度使。在润州战争时，钱镠企图趁机吞并湖州，但没有成功。他大概从那时开始与李师悦结仇。在两浙战争期间，李师悦曾出兵支援董昌，与钱镠为敌。

乾宁三年（896）十一月，也就是钱镠吞并越州之后半年，李师悦去世，经杨行密奏请，他的儿子李彦徽嗣位。[①] 李彦徽以州投附杨行密。不久，湖州内部发生变乱，都指挥使李攸向钱镠投降，李彦徽逃奔淮南。钱镠不费一兵一卒，轻松占有湖州。乾宁四年（897）九月，钱镠亲巡湖州，任高彦为湖州制置使。

（三）婺衢之役

1. 婺州之役

占有苏州、湖州之后，钱镠的北部边疆基本稳定下来，他开始把注意力集中到南方，首先是最容易受淮南攻击的婺州与衢州。

婺州刺史王坛本是孙儒的队将。孙儒灭亡后，他率兵三千前往投奔睦州刺史陈晟，但陈晟对他很不信任，让他驻军外城。景福元年（892）十一月，王坛离睦州而去，与三河镇将陈岩一起率兵攻打婺州，刺史蒋瓌逃到越州，投奔董昌，王坛占有其地。后来，安仁义率兵攻打王坛，次年正月，钱镠派杜稜、吴璋率部前往救援，迫使安仁义退军，转而攻打睦州陈晟。

婺州之役的起因是婺州刺史王坛与东阳镇将王永之间的冲突。王永在镇治城壁，将对王坛不利。王坛先发制人，光化元年（898）九月，发兵攻打王永。钱镠派人叫他罢兵，说他会亲自对付王永。王坛拒不从命。光化元年（898）闰十月，钱镠派王球攻打婺州。

王球，早在第二次杭越战争时期已是对董昌作战的一名重要将领，与顾全武曾有并肩作战的经历。

光化二年（899）三月，战争刚开始时，婺州王坛向宣歙观察使田頵求救。四月，田頵遣行营都指挥使康儒等来接应王坛，钱镠也派副指挥使方密、罗聚等济师于婺州及兰溪、义乌等县，结果被康儒击败，王球被擒。

田頵在南方有扩张领土的野心，在婺州击败王球后，便想乘胜攻占睦州。

① 《吴越备史》作李继徽，此据《资治通鉴》。

睦州陈氏虽不与钱镠同心同德，但睦州在名义上毕竟还是钱镠的属郡，钱镠出兵相助。光化三年（900）正月，钱镠派从弟钱銶率兵支援。三月，钱銶军在轩渚大败康儒，遂绝其粮，康儒从清溪逃回宣州。康儒一走，王坛无所依恃，只好放弃婺州。

2. 衢州之役

衢州唐末时在陈儒、陈岌兄弟的控制之下。

陈儒，本是黄巢手下大将，后投降朝廷，任饶州刺史。后来到衢州，杀刺史元泰，据有其地。他在衢州十年，颇有治绩。临死之前，因为担心弟弟陈岌为人文弱，不能服众，将部将十多人召入卧室处死，把衢州交给陈岌，撒手西归。

据《吴越备史》附传载，陈岌也参与了王坛的叛乱，似乎钱镠因此才发兵相攻。事实上，虽婺、衢两州在地理上相邻，但陈岌与王坛之间没有多少联系，事发后所依恃的靠山也各不相同，王坛向田頵求助，而陈岌则向杨行密求助。

光化元年（898）十一月，陈岌叛附于杨行密。起兵之后，顾全武受命攻打衢州。光化二年（899）正月，顾全武在婺、衢两州之间的龙丘大败陈岌的军队，继而围攻衢州。但他对衢州久攻不克，直到一年后王坛弃城而逃，陈岌大概觉得再守无望，便主动向顾全武投降。

（四）临安之役

关于临安之役的起因，一说是乾宁五年（898）苏州之役中被俘的秦裴向杨行密告密，一说是杨行密听说钱镠已死，想乘虚袭击。

天复元年（901），杨行密遣李神福攻打临安，顾全武率武勇都抵御。两军相持了一段时间，李神福故意在浙军俘虏面前说将要撤军，然后遣羸兵先行，假装退军，同时命行营都尉吕师造伏兵青山下。顾全武从俘虏那里得到消息，加上他素来轻视李神福，提兵急追。果中埋伏，大败，浙军被斩首五千级，顾全武被俘。这次战争是由于杨行密听说钱镠身亡，以为有机可乘而作出的一次试探性进攻。李神福在战争中重创顾全武多少有些偶然，而且他也始终未能攻克临安，最后派兵保护钱氏祖茔，主动作出和解的姿态，给自己留有很大的余地，最后撤军。

淮浙战争前几次战役，实际上是由钱镠首先发动的。这是因为钱镠在平定董昌时，苏州陷于杨行密之手，内心自然感到不平衡。钱镠此时勇于出战也跟当时中国北方政治形势的利好有关。在唐末汴晋两大政治势力中，钱镠站队朱全忠一方。朱全忠在此前一年平定郓、兖，统一中原地区。天复元年（901），朱全忠发动河中战争，占领汴、晋之间具有重要战略地位的河中，就任宣武、宣义、天平、护国四镇节度使。《资治通鉴》记述此事时，胡三省注谓："当是时，自蒲、陕以东，至于海，南距淮，北距河，诸镇皆为朱全忠所有。"[①] 他在北方的统治愈加巩固。作为政治盟友，朱全忠能随时为钱镠提供军事支持。而钱镠的对手杨行密此时正对鄂州杜洪用兵，同时又要防范北方朱全忠南下，他投入淮浙战争的兵力比较有限。而钱镠在收复苏州、湖州，收复婺州、衢州之后，也没有乘胜北上，进一步扩大战果。钱镠的目的仅是巩固他在之前已有的疆土。乾宁五年（898）二月，镇海军治移于杭州。这一举措表明钱镠实际上已经放弃对原镇海军使院所在地润州的疆土诉求。因此，钱、杨双方的冲突实际上被控制在一个有限的范围之内。至于临安之役，最多也就是杨行密的一次试探性报复行动。

四、武勇都之乱、田安之乱与钱杨第二次合作

从乾宁四年（897）到天复元年（901），钱镠与杨行密之间断断续续作战五年。之后，钱、杨内部各自发生变乱，为应对内部动乱，钱、杨二人第二次走向合作。

钱氏内部发生的变乱就是天复二年（902）八月爆发的武勇都之乱。就在武勇都之乱发生前四个月，淮浙交换战俘，在淮浙战争期间被俘的大将顾全

① 《资治通鉴》卷二六二唐昭宗天复元年五月癸卯条，第8553页。

武回到杭州，奠定了双方友好合作的基础。在武勇都之乱期间，钱镠派第五子钱元璙为人质，派钱元璙、顾全武向杨行密求援。钱杨双方联姻，其事已见前述。

武勇都之乱发生时，杨行密内部也不安稳。杨行密治下，除扬州之外最重要的润州、宣州、寿州三州，都出现了动乱的苗头。这也是杨行密肯放下旧怨，与钱镠修好的原因。在武勇都之乱爆发后的第二年，宣州田頵、润州安仁义与寿州朱延寿谋乱。钱镠应杨氏之邀协助平叛。

田頵是杨行密部属，据《九国志》载，他“少与行密同乡，及戍塞上，情好愈密。军回，俱迁八营主将”[①]，又与杨行密一同起兵庐州，后来又为杨行密破赵锽、孙儒、冯弘铎，都立下大功。但当田頵出镇宣州以后，他与杨行密之间的感情已不再像少年时代那样融洽，关系逐渐恶化。田頵求将池、歙二州划为自己的巡属，遭到杨行密的拒绝。大顺二年（891）十二月孙儒之乱时，田頵与刘威为孙儒所败，杨行密大怒，剥夺了他的兵权。后来虽因形势紧迫，而重新起用田頵，但田、杨之间早先那种亲密的关系大概已经受到了损伤。天复二年（902），两浙武勇都乱起，田頵出兵帮助叛军，杨行密应钱镠的请求命田頵撤兵，更增加了田頵的不满。田頵助徐绾、许再思叛军攻打钱镠时，昇州刺史冯弘铎发动舟师，假装去洪州，向田頵的宣州发动偷袭。冯弘铎的水军在葛山被田頵击败。但事后杨行密收纳冯弘铎，命李神福为昇州刺史。杨、田关系进一步恶化。

安仁义是沙陀人，后投秦宗权，随秦宗权弟秦宗衡攻打扬州，秦宗衡死，安仁义投奔杨行密。他和田頵一样，都为杨行密战败孙儒立下大功，战后被封润州刺史。

天复三年（903）八月，田頵约安仁义与寿州奉国节度使朱延寿起兵叛乱。朱延寿是杨行密的妻弟，田頵约寿州朱延寿叛乱的书信被杨行密截获。杨行密又暗中召回在长江中游前线的李神福，进行备战。田頵也与朱全忠联系，

① 《九国志》卷三《田頵传》，第 3261 页。

请朱全忠遣兵到宿州响应。乱起后，安仁义攻常州，田頵攻昇州。九月，杨行密假装目疾，召朱延寿杀之。九月，钱镠应杨行密请求，发兵相助。命方永珍率师至润州，命从弟钱镒率兵次宣州，又命指挥使杨习代方永珍于睦州。杨、田双方水师大战，李神福大败田頵军，又于皖口再败田頵军。从田頵那里俘获了武勇都的叛将徐绾，送给钱镠。十月，田頵的陆战部队又在广德、黄池被台濛击败。同时，钱镠部将方永珍与杨行密的联军攻打安仁义。十二月，台濛克宣州，斩田頵。在徐许之乱中被当作人质来到宣州的钱元瓘回杭。[①] 至于安仁义，直到天祐元年（904）正月王茂章攻破润州城才被擒杀。

五、淮浙再战

杨行密平定安仁义之乱后，已经结为秦晋之好的钱镠与杨行密重又进入战争状态。从天复二年（902）到天祐二年（905）正月，双方的友好关系维持了不到三年。钱镠此后平定衢州、湖州之乱以及统一温州、处州的战事，都或多或少地受到了杨行密势力的干扰。在两浙统一战争期间，或在此之后，淮、浙之间一直战事不断，直到贞明五年（919）双方议和。

在唐、梁易代的前后几年里，淮、浙之间冲突不断，这些战争大致可分为四种类型：第一，吴国进攻其他藩国时，钱镠对其他藩国发兵相助，如开平三年（909）的信州之役与贞明四年（918）的虔州之役；第二，吴越国内部发生叛乱时，吴国支持叛乱，如开平三年（909）的湖州之役；第三，吴国主动进攻吴越国，如开平二年（908）至开平三年（909）的苏州之役、乾化三年（913）的千秋岭之役；第四，吴越国主动进攻吴国，如乾化三年（913）的潘葑之役，以及贞明五年（919）的狼山江之役与无锡之役。

---

① 路振：《九国志》卷一《李遇传》及卷三《田頵传》《安仁义传》，第3225，3261—3264页。

（一）信州之役

自从杨氏灭洪州钟传以后，接着兵锋所向就是洪州南面的危全讽和洪州西面的马殷。危全讽坐镇抚州，他的儿子危仔昌则把守抚州东北的大城信州。信州正处在吴越国衢州的西南面。后梁开平元年（907）十二月，吴国军队进攻信州，危仔昌向吴越求救。钱镠遣师赴援。次年五月，吴越军队进攻衢州西部的甘露镇，以牵制淮南的兵力。

当时整个中国的形势是朱全忠与南方的各个弱小藩国如吴越钱镠、湖南马殷、荆南高季昌、江西危全讽为一方，而河东李氏、淮南杨氏、四川王氏为另一方，进行争霸战争。开始时杨行密和他的后继者把扩张重点放在对长江中游的争夺上。天祐二年（905）二月，灭杜洪，占有鄂州，次年占有岳州，在同一年又趁着江西钟传去世、诸子争位之机出兵占领洪州、江州和饶州。接着就与马殷展开了对长江中游的争夺。

当时长江中游的形势比较复杂，马殷、高季昌联兵同杨吴作战。而盘踞朗州的雷彦恭地处马、高之间，受到马、高两面夹击，在这场长江中游的争夺战中便投向了杨氏一方。开平元年（907）夏，淮南三万水军在浏阳口一战被马殷击败，马殷乘胜占领了长江中游的军事重镇岳州。这年十月，杨渥遣水师支援雷彦恭，再次遭到失败。次年五月，马殷攻克朗州，雷彦恭逃奔淮南。马殷虽然顶住了淮南的军事压力，但他没有力量进一步扩大战果，他在开平元年（907）六月对洪州的进攻和开平二年（908）五月对鄂州的进攻都遭到了失败。可见，楚、吴双方在长江中游是互有攻守，无论是攻是守，淮南政权都不得不把大批军队放在那里。这势必极大地影响到它攻击信州的能力。淮南方面派到信州去的很可能只是一支偏师，实力并不太强。而且不久之后，淮南发生内乱，徐温杀杨渥，和同僚张颢专揽朝政。信州之役遂不了了之。

但当杨吴与马殷在长江中游的争夺趋于平静，而徐温也巩固了他在杨吴政权中的地位之后，开平三年（909），危全讽却发兵北上，进攻洪州，其主力在象牙潭一役被杨吴名将周本击溃，抚、信、袁、吉四州落入吴国之手。此次钱镠没有出兵，可能是周本进军速度太快，钱镠来不及做出反应，也可能是吴国同时正在攻打苏州，钱镠自顾不暇，不能分兵相救。

信州之役后，危全讽之弟危仔昌投奔钱镠。

（二）苏州之役

开平二年（908），钱、杨双方又在苏州展开激战。

这年，钱镠遣淮南降将王茂章（景仁）入汴，向朱全忠陈述攻取淮南之策。当时吴、楚两国在长江中游一年鏖战之后，徐温吞并湖南的企图不能得逞，便再次把扩张的矛头指向富庶的两浙地区。九月，周本、吕师造率兵围攻苏州，当时曹圭任吴越国的苏州刺史。吴越方面遣张仁保挺兵北上，攻克了常州的东洲，企图以此缓解苏州之围。

张仁保攻打东洲，吴国方面派柴再用在东洲抵御吴越军队，被吴越军队击败，张仁保夺取东洲。在战争中，吴军死者万余人，主将柴再用战船毁坏，几乎溺水身亡，凭着长稍浮于水中才免一死。接着吴国方面派出的由水陆行营都招讨使陈璋率领的后援部队赶到，会合柴再用的残部，在鱼荡大败吴越军队，夺战船三百艘，重新夺回东洲。陈璋在夺取东洲后并没有留守东洲，而是趁胜南下，与先头已经到达的周本、吕师造一起合围苏州。东洲之败使吴越国第一次救援苏州的行动遭到了失败。

这年十一月，朱全忠遣寇彦卿率兵二千攻打霍丘，但这支数量和实力有限的部队没有在淮河流域取得任何成果。作为钱镠的政治盟友，朱全忠的救援行动也以失败告终。

但周本等人对苏州也是久攻不克。

次年四月，钱镠第二次派出援军。钱镖、杜建徽、何逢、司马福等率兵来到苏州，与苏州城内的吴越军队里应外合，大败吴军，活捉吴国大将何朗、闾丘直等三千余人，向北一直追到皇天荡，大败之。吴越国人在这场战争中运用了种种守城方法：苏州连接城内外，吴军为了断绝苏州城的对外联系，在水中设网，网上缀铃，稍有风吹草动，铃声一响，吴军就能知道。吴越国江海游弈都虞候司马福想潜行入城，故意用竿触网。吴军听到铃声举网，司马福乘机入城，使城中号令与援兵相应。吴用洞屋攻城，吴越将孙琰置轮于竿首，用绳子垂下铁锥，把洞屋顶上的牛皮揭去，使吴国的攻城士兵暴露在矢石面前，无所作为。对敌人投来的石炮，则张网拦住。当时吴军还用网封锁苏州水上的对外联系通道，网上系着铃子，只要有人触动，铃子发出声响，人就会被网罩住被擒。但吴越将士故意先用竹竿触动网，一旦吴人把网举起，便趁虚而入。

同时，由于徐温当权不久，对周本这样的杨氏旧部放心不下，以致周本在受命出征时受到很多掣肘，这也是苏州之役中吴国败北的原因之一。

（三）千秋岭与潘葑之役

乾化三年（913），吴遣李涛进攻衣锦军，钱镠遣钱元瓘在千秋岭大败吴军。但不久之后，钱元瑛在潘葑之役中惨遭败绩。

从苏州、湖州之役到乾化三年（913）千秋岭之役共四五年间，吴与吴越之间没有发生大规模的战争。这期间吴国的实权人物徐温也忙着对付杨氏旧将，直到乾化二年（912）他杀死了倔强的宣州观察使李遇，刘威、陶雅等杨氏旧将又到广陵向他表示臣服之后，徐温在国内的统治地位才得以巩固，地盘的扩张也被重新提上议事日程。

徐温这次把扩张的重点放到与马殷、高季兴争夺长江中游上。乾化二年（912）十一月，陈璋率兵袭取岳州，并乘胜西进，企图一举攻灭荆南，但在荆、楚两国的顽强抵抗下无法进一步扩大战果。

徐温在西方战场进展不利，便又向南方寻求机会。乾化三年（913）三月，李涛率兵两万越过狭险的千秋岭，进攻钱镠的故乡衣锦军。钱镠派他的儿子湖州刺史钱元瓘为北面应援都指挥使率军赴援，同时派他的另一个儿子钱元璙为招讨收复都指挥使率水军进攻东洲。钱元瓘在千秋岭伐木截断吴军的归路，率军进击，大败吴军，活捉了八千多人，并俘虏了他们的主帅李涛。吴越能够获胜，吴国的马军指挥使曹筠在战争中临阵倒戈大概也是一个重要的原因。

钱元瓘在千秋岭大获全胜，钱元璙在北部战场也俘获甚众。但当时吴国仍未放弃夺取衣锦军的企图，宣州副指挥使花虔与广德镇遏使涡信仍屯兵广德。六月，钱元瓘攻克广德，俘虏了花、涡二将，趁胜北上，与钱元璙部、钱元瑛部会合，进攻无锡。结果，吴越军队在徐温与陈祐的两面夹击中惨遭失败。

可见，无论是千秋岭之役还是潘葑之役，都以主动进攻一方的失败而告终，淮浙均势未被打破。

（四）虔州之役

自从吴国灭危全讽之后，占有虔、韶二州的卢光稠被迫投附吴国，但他同时也向朱全忠称臣效忠，互通款曲，钱镠与朱全忠的陆上联系通道便是经由虔州才得以实现的。开平四年（910），卢光稠去世，其子卢延昌袭位。次年，部将黎球杀卢延昌自立,但黎球不久即一命呜呼,之后牙将李彦图控制了虔州。岭南的刘龑趁着江西内乱，出兵占有韶州。又过了一年，到乾化二年（912）十二月，李彦图去世，忠于卢氏的谭全播被推上百胜军防御使的位置，执掌虔州军政。后梁贞明四年（918）正月，吴遣王祺出兵进攻虔州，楚、闽、吴越三国分别发兵相救。七月，钱镠以钱元球为西南面行营应援使，率兵二万进攻信州，楚、闽两国的军队也各屯兵古亭、雩都以相声援。当时钱元球的对手是九年前击败危全讽之后一直留守信州的淮南名将周本与饶州刺史吕师造。双方在信州展开较量。

钱元球、鲍君福在信州大败周本，杀其大将吕师造。在信州之役结束后，钱元球并没有率军北还，而是举兵南下，来到汀州，与谭全播及闽、楚两国军队会合。

可惜的是，楚国援军在古亭被吴国大将刘信击败，吴越与闽国军队各自引退。这年十一月，吴国军队攻克虔州，俘虏了谭全播。吴越国与北方的陆路交通被完全切断。

（五）狼山江之役与无锡之役

贞明五年（919）三月，钱元瓘率战船从东洲大举北进，在狼山江大败吴国水军。但在七月，钱元瓘率兵进攻常州时，却在无锡遭到了惨败。

在虔州之役之后的五年里，吴与吴越一直相安无事。这期间，吴与北方的朱梁及西方的马楚政权倒发生了一些冲突。在这五年里，吴国内部内乱连连。贞明四年（918），就在虔州之战正在激烈进行的时候，徐温在扬州辅政的儿子徐知训被大将朱瑾所杀。徐温的养子、正坐镇润州等待时机的徐知诰迅速作出反应，渡江北上，平定叛乱，控制了扬州。徐温被迫让他代替徐知训辅政。而且，当时诸将专权，徐温为了进一步巩固自己的统治，建议吴王称帝，以加强吴国中央政府的权力。钱镠大概是想趁着吴国内忧外患交织的时机打破淮浙均势，便派钱元瓘率兵北上，攻打吴国。

贞明五年（919）三月，钱元瓘率战船从东洲大举进攻。吴国方面遣江西的降将彭彦章与陈汾前来抵敌，双方水军在狼山江相遇。钱元瓘率军大败吴军。

吴越取胜的原因有三。第一是钱元瓘策略运用得当。两国水军在狼山江面相遇时，吴国的战船从西北顺风而下，吴越水军则从东南逆风而上，吴军处于非常明显的优势地位。但钱元瓘在吴国战船冲下来的刹那间引舟避开，掉转船头再战，变劣势为优势。接着下令顺风扬灰，使得吴军将士睁不开眼睛，又向吴国的战船上撒豆子，使得吴军将士纷纷滑倒，而吴越国的船上，由于预先铺了沙子，一点事都没有。在这次水战中，吴越国还使用了从大食国进口的火油，进行火攻。第二是吴越国整体的水上力量超过吴国，有一支战斗力很强的水军。在狼山江水战中，钱元瓘各种策略能够实施的关键是吴越水军从逆流而上变为顺流而下，这一转变的成功完全仰赖于吴越国水军的优秀的操舟技术，使得他们能把握机会于千钧一发之间。第三是吴国将帅不和。主帅彭彦章力战身死，而陈汾坐视不救。

但吴越的胜利未能持续多久。六月，他们便在沙山遭到吴国军队迎头一击。七月，钱元瓘率兵进攻常州时，在无锡遭到惨败。当时正值七月伏季，久旱草枯，吴军主帅徐温临阵得病，陈彦谦从士兵中挑了一个长得很像徐温的人，冒充徐温指挥作战。由于吴国诸军能协同作战，而且由于其时正值大旱，水道干涸，吴越国的水上优势受到遏制，因此惨遭败绩。

狼山江之役与无锡之役仍无法打破吴与吴越均势以及双方孙儒之乱后确立的边界。

六、淮浙议和

狼山江与无锡之战结束后，贞明五年（919）八月，双方遣使议和。

此后淮浙双方在很长时期内一直保持着和平关系。次年三月，钱镠派元帅府判官皮光业出使吴国，从此两国通使不绝。后来钱镠、钱元瓘去世，吴、南唐曾遣使祭奠。南唐昇元三年（939），钱元瓘还派左武卫上将军沈韬文去南唐贺南郊。昇元四年（940），又派刑部尚书杨岩去贺南唐烈祖生辰仁寿节。

当然，两国之间还远远谈不上是友好国家，尤其在钱镠、徐温当国时期，双方基本上仍是敌对之国。后唐同光三年（925），钱镠派沈瑫致书吴国，把自己受封吴越国王的消息告诉吴国方面。但吴国因其兼有吴国之名，拒不受书，并禁境上通吴越使者及商旅。第二年，徐温听说钱镠生病，想趁机攻打吴越，故意派使者以看病为名，前去探听虚实，钱镠立即识破他的用意，抱病接见使者，徐温听说钱镠病愈，只好打消了南侵的念头。

直到李昪（即徐知诰，徐知诰称帝建康时自称为永王李璘之后，并复姓为李，改名昪）当国，两国之间的关系才真正有所好转。当时李昪雄心勃勃，抱有统一天下的大志，他在位时调整了南唐的对外军事政策，采取先北后南的方针，决定集中力量对付中原政权。天福六年（941），吴越国丽春院大火，延及内城，宫室府库几尽，吴越国王钱元瓘也惊惧发狂疾而死。南唐大臣劝李昪趁其虚敝，发兵攻打。李昪不但不去攻打，还派使者进行慰问，并给予物质上的援助。这一年吴越境内发生大水，大量灾民流亡到南唐境内，李昪还遣使赈恤安集。

钱元瓘当国期间也对南唐政权采取友好的政策，他甚至遣使向徐知诰劝进，徐知诰即位后又遣使贺即位。

这种和平局面直到南唐嗣主李璟继位后才被改变，李璟上台之后一反其父之道，采取了一系列扩张行动，致使南唐与吴越的关系重新趋于紧张，并引起了后周朝廷的警觉。

第四章

吴越国与中原王朝的关系

钱镠在建立吴越国的过程中，逐步形成了对外尊崇中央王朝、与邻国和睦相处，对内发展经济的政策，后人称为“保境安民”。这一政策为吴越国经济的发展赢得了一个相对和平的政治环境。

一、朱梁代唐与钱镠的战略选择

钱氏政权自孙儒之乱以后，杨吴以及后来的南唐是吴越国最大的敌人。为了对付来自北方的威胁，钱镠制定了一种对外军事政策，即尊奉中原正朔，联合邻近藩国，共同对付淮南政权。这一军事外交政策为后来吴越国的历任统治者所遵循，成为吴越立国的基本国策。其中，尊崇中原王朝是这一政策最重要的内容。

唐末藩镇本就是唐朝地方官员，尊崇唐朝本在情理之中。对钱镠尊崇中原王朝的第一次挑战就是朱梁代唐。

朱全忠从中和三年（883）任宣武节度使起，以汴州这个四战之地为中心，开始了东征西讨、统一北方的历史。他于光启三年（887）边孝村之战击败唐末首先称帝的秦宗权势力，并于次年底擒杀秦宗权，树立了在各大藩镇中的威望。接着又用十余年时间征服了东部地区的徐、兖、郓三镇，于景福二年(893）即钱镠升任镇海节度使的那一年灭徐州时溥，又于乾宁四年（897）即钱镠平定浙江的第二年，征服兖、郓二镇。

此后朱全忠着力对付河东李克用以及河北、西北地区诸藩镇。光化三年（900），朱全忠发动河北战争，攻占了由李克用占领的洺州；又以王镕交通李克用为名，兵临镇州，迫使汴、镇结盟，朱全忠与王镕结为儿女亲家，王镕送质子入汴；接着又攻打定州，迫使王处直结盟。加上此前已经臣服的魏博，至此朱全忠占有了河北核心地区。第二年，即天复元年（901），朱全忠又抓住宦官韩全诲劫唐昭宗西迁的机会，以迎驾为名，讨伐西北最强藩镇李茂贞，于天复二年（902）迫使李茂贞议和。在同一年，朱全忠又进攻河东李克用。河东毕竟地狭人少，经此一役，李克用受到重大创伤，虽然保住了晋阳，但其弱势地位明显，有力自保，无力反击。

朱全忠对河北、西北与河东的经略只取得了有限的胜利。他对河北诸镇与其说是征服，不如说是结盟。而且，与河北最强藩镇、控制幽州的刘仁恭就连结盟也没有达成。对西北李茂贞也是如此，朱全忠对岐州久攻不克，兵疲遇雨，加上粮运不继，而李茂贞也经受不起长期战争，最后李茂贞表示臣服，朱全忠迎回唐昭宗，仅维持了表面风光，并没有实质性征服。对于河东李克用，朱全忠则连表面风光也没捞到，双方只是暂时达成战略平衡，仍处于敌对状态。

但就是在这样局势不稳的情况下，朱温急匆匆地开启了他的代唐计划。天复三年（903），汴岐议和后，朱全忠迎唐昭宗回长安。二月，以辉王李祚为诸道兵马元帅，朱全忠为副元帅，晋爵梁王。朱全忠以步骑万人留守长安，以朱友伦为左军宿卫都指挥使，又以汴将张廷范为宫苑使，王殷为皇城使，蒋玄晖充街使。四月，以朱全忠判元帅府事。就这样，朱全忠完全控制了唐朝廷，唐昭宗成为傀儡。而且，朱全忠在制度上建立了元帅体制，以“判元帅府事”的身份取得征伐天下的权力，真正做到了挟天子以令诸侯。

一年后，天祐元年（904），朱全忠废唐昭宗，另立唐哀帝，并迁都洛阳。又三年后，朱全忠正式代唐自立，建立后梁。

钱镠在与杨行密反反复复的较量中确立了与朱全忠的政治联盟。由于钱镠第一次进入政治舞台即是以讨贼义军统帅的面目出现的，而且当时朱全忠尚未篡唐，钱镠对名义上仍是天子的唐朝皇帝表现得忠心耿耿。天复元年（901），宦官韩全诲伙同李茂贞把唐昭宗劫往凤翔，钱镠“闻之悲泣”，“遣使奔问”。天复四年（904）八月，唐昭宗去世，钱镠“素服举哀于军门”。天祐四年（907），朱全忠代唐，遣使赴吴越宣谕。当时在吴越内部，以罗隐为代表的一些唐朝旧臣，力主举兵讨梁。罗隐说：“纵无成功，犹可退保杭、越，自为东帝，奈何交臂事贼？”钱镠却说：“古人有言，屈身于陛下，是其略也。

吾岂失为孙仲谋邪？”[1]欣然接受了后梁的诏书。

事实上，当时朱全忠称帝还是得到各地藩镇广泛承认的。让我们罗列一下唐末五代各政权称帝的时间表：

885 年：秦宗权称帝

895 年：董昌称帝

907 年：朱全忠即皇帝位（后梁）

907 年：王建称帝（前蜀）

911 年：刘守光称帝（燕）

916 年：耶律阿保机称帝（辽）

917 年：刘龑称帝（南汉）

923 年：李存勖称帝（后唐）

927 年：杨溥称帝（吴）

933 年：王璘称帝（闽）

934 年：孟知祥称帝（后蜀）

937 年：李昪即皇帝位（南唐）

943 年：王延政称帝（殷）

除去已经灭亡的秦宗权、董昌，在朱全忠代唐的前后数年间，跟随朱全忠称帝的只有前蜀王建一人。但相比王建，朱全忠得到了更广泛的承认。当时各割据势力中正式否定后梁政权合法性的只有王建、李克用、杨渥、李茂贞四人。后三者虽不承认后梁政权，但也没有自己称帝。除去体制外的契丹，在后梁政权存续时间里，又有刘守光、刘龑两人称帝，建立燕与南汉，但刘守光政权仅存在了两年时间。终梁之世，仍只有梁、前蜀与南汉三个称帝的政权。而朱梁是三个政权中唯一被广泛接受与承认的。因此，向梁称臣是当

① 《吴越备史》卷一《武肃王》天祐四年四月戊午条，第 6200 页。

时南方大多数割据政权的共同选择，钱镠并非个例。

相比之下，同光元年（923），李存勗称帝，建立后唐。接着李存勗又灭亡了另外两个称帝的政权后梁与前蜀。后唐虽然自称为唐朝的继承者，但民族与血统的先天劣势，使它难以得到广泛认可。后唐建立后，称帝政权不减反增，吴、闽、后蜀政权先后称帝，加上之前已经称帝的南汉，后唐存续期间，中国境内共存在着五位皇帝（契丹除外），后唐作为一个少数民族统治者建立的政权，在当时的被认可程度不如后梁。

二、后唐灭梁与吴越国的战略应对

吴越国尊崇中原王朝的第二次考验是后唐灭梁。

（一）吴越国与后梁、后唐关系的差异

后唐建立者李存勗是沙陀人，唐末其祖李国昌、父李克用曾据大同、振武二镇对抗朝廷。黄巢起义时，唐朝廷经过一番争议，终于与李氏父子和解，命李克用带沙陀骑兵参与镇压起义。李克用以镇压起义之功升任河东节度使。李克用与朱全忠在黄巢起义后逐渐发展成为当时最有实力的两大割据势力，两人因在上源驿事件中结怨，此后双方相争不休，彼此争战数十年。乾宁二年（895），也就是董昌称帝那年，李克用因唐昭宗被西北地区藩镇王行瑜、李茂贞、韩建劫持，出兵救驾，以功晋爵晋王。天复二年（902）前后，朱全忠压服河北南部诸藩镇，并兵临晋阳城下，取得压倒性军事优势，继而在开平元年（907）代唐称帝。但河北诸镇一直在汴晋之间充当墙头草，叛附不定。李存勗利用河北藩镇这种摇摆性不断向河北渗透，于乾化元年（911）柏乡之战中大败后梁主力。此战成为梁晋争衡的转折点，“梁之龙骧、神捷精兵殆尽”，[1]从此晋国从战略防守转为战略反攻，李存勗在战后一度兵临黄河边上。两年后，

① 《资治通鉴》卷二六七后梁太祖乾化元年正月丁亥条，第8736页。

晋国大将周德威灭父子割据幽州近二十年的刘守光政权，基本控制了河北。而在这期间，后梁朱全忠去世，父子兄弟相残。又十年后，李存勗灭梁。

后唐代梁对吴越国来说，是其尊崇中原王朝战略的又一次重大挑战。因为在唐末五代初期的汴晋两大阵营中，吴越国是站队朱梁的，吴国是站队晋国的。但当后唐代梁之后，吴越国与吴国对后唐的态度都出现了微妙的变化。

吴、晋原是反梁盟友。李存勗灭梁，杨隆演以“大吴国王”的名义入贺。[①]后李存勗向吴国派遣使者，但吴国拒不受诏，李存勗只好改用敌国之礼。十一月时，南平高季兴入朝，李存勗曾问他：“朕欲用兵于吴、蜀，二国何先？”[②]可见，李存勗虽然受形势所迫，低调地对吴国用敌国之礼，内心则是有灭吴打算的。总的来说，后唐代梁后，唐、吴这对昔日的盟友并没有马上闹翻，彼此“使者往来不绝”，[③]但关系不免变得疏远起来。此前吴越国与后梁交往，陆路不通，改走海道，但在后唐前期，吴越国与中原王朝的交往则又部分恢复了陆上交通。同光元年（923）四月，后唐派宣谕使、通事舍人吴韬来吴越国，就是从吴国走陆路而来。但唐、吴最终还是走向了决裂。天成二年（927），杨隆演称帝，后唐内部曾有人主张讨伐吴国，但当时唐明宗李嗣源初即帝位，内部局势不稳，没有采纳南征的主张。至天成三年（928）二月，双方正式绝交。

而吴越国与后唐则从敌对关系转向了宗藩关系，吴越国向后唐称臣，后唐对吴越国王进行册封，但吴越国王与后唐的关系远不如与后梁那样紧密。在后梁时，钱镠还与梁室结为儿女亲家。贞明元年（915）二月，后梁敕遣给事中韦彖、金部郎中李发封钱元璙为驸马都尉。贞明二年（916）正月，钱镠命杜建徽护送钱元璙进京师尚寿春公主，但钱镠从未与后唐结亲。钱镠与后梁长期存在真实的军事同盟关系，两浙战争期间，钱镠攻打董昌，受到杨行密压力，后来淮南攻打苏州，朱全忠都派兵求援。吴越国对后梁也给予坚定

① 《吴越备史》卷一《武肃王》，第 6213 页。

② 《资治通鉴》卷二七二后唐庄宗同光元年十一月己未条，第 8907 页。

③ 《资治通鉴》卷二七六后唐明宗天成三年二月庚辰条，第 9013 页。

支持。朱全忠死后，后梁国势日蹙，贞明五年（919），吴王即吴国王位，惹恼了后梁末帝，命钱镠出兵攻打吴国。钱镠接受命令，命钱元瓘出兵，发动了狼山江之役。而吴越国与后唐之间从来不存在这样的军事同盟关系。

而且，后唐与吴越国对于推进双方关系表现得不是非常积极。

在吴越国方面，在后唐建立之初，吴越国对后唐这个新生政权一直都持观望态度。李存勗于同光元年（923）四月称帝，十月灭梁。十国中的另两个南方政权楚国和南平，表现得非常积极，楚王马殷于后唐灭梁当月就派遣儿子、后来的楚王继承人马希范入朝，荆南高季兴更积极，于后唐灭梁当月，本人亲自入朝。而吴越国虽接受了后唐使者的“宣谕”，但直到第二年八月才向后唐派遣使者，修复职贡。

同时，后唐对于吴越国也表现得比较冷淡。南方诸国中，荆南高季兴于后唐灭梁次月就被后唐封为中书令，次年三月，封尚书令、南平王。荆南后来被称为南平，高季兴这个南平王的封号最早也是后唐给予的。在后梁时，被封为南平王的人是南汉的奠基者刘隐。同光二年（924）四月，后唐又封马殷兼尚书令。而吴越国，直到同光二年（924）十月，后唐才恢复后梁时授予钱镠的官职，“依前天下兵马都元帅、尚父、尚书令、吴越国王”。[①]

究其原因，是因为吴越建国之初，吴越国与后梁在政治上需要彼此支持。到后唐时，吴国经过国内的诸多变故，三易国王，失去往日的锐气，对吴越国的威胁降低；而对后唐而言，唐、吴关系虽不像后梁时期那样密切，但也没有爆发战争。吴越国与后唐借助彼此力量牵制吴国的迫切性大大降低。

此后，吴越国与后晋、后汉都维持这样的关系，吴越国向晋、汉称臣，晋、汉对吴越国进行册封，但双方都没有形成军事同盟。这种局面直到后汉、后周之际才改变。汉、周之际，由于北方持续战乱，南唐李璟一改其父李昪政策，对外采取积极扩张政策，一度出兵攻打后汉。而中原政权到后周时才出现了重新统一中国的趋势。在统一过程中，中原王朝也积极利用吴越国的力量对

① 《吴越备史》卷一《武肃王》，第6213页。

付南唐，吴越国与中原王朝才重新开始军事合作。

（二）吴越国与安重诲削藩

到后唐明宗时，安重诲掌控中枢，后唐与吴越国一度产生了重大冲突。

天成四年（929）九月，后唐近臣安重诲执权当政，削钱镠在身官爵，勒令致仕。但由于安重诲后来失势，钱镠主动认错，加上后唐贪图吴越进贡带来的经济利益，兼之双方在政治上需要互相合作、共同对付吴国，双方又恢复关系。至长兴二年（931）三月，后唐朝廷也恢复了钱镠在身官爵。

事实上，后唐朝廷主张对吴越实施强硬政策者多有其人。唐庄宗时有郭崇韬，唐明宗时有安重诲。庄宗封钱镠为吴越国王，钱镠要求金印、玉册，郭崇韬竭力反对。后唐到安重诲时对钱镠采取断然措施的导火索有两个：一是钱镠在礼仪上对朝廷不恭，作为一个藩王，对中央政府首脑人物（安重诲）写信，居然用词倨傲；二是后唐使节来到吴越国得向钱镠称臣拜舞。钱镠之所以如此，是因为在吴越国与中原王朝的政治关系中，并非只有吴越国依赖中原朝廷，而中原朝廷也有依赖吴越国的地方，一是要吴越国对淮南政权进行牵制，二是需要吴越国的贡赋。

当然，安重诲对钱镠进行打击是其削藩政策的一个组成部分，并不仅仅针对钱镠一人，是一种更为广泛意义上的国家政策。黄巢起义瓦解了唐朝后期以藩镇割据为基础的地理政治格局，但五代重新建立起来的政治格局仍然是建立在藩镇割据基础之上的，所不同的只是以一群新藩镇代替一群旧藩镇。藩镇体制最大的特点便是它具有一种内在的分裂倾向。五代时期，无论是南方，还是北方，大大小小、形形色色的各种政权实际上都是由唐朝藩镇蜕化而来的，由藩镇发展成独立的王国。而这些藩镇一旦成为独立的王国，它的统治机制仍然是那一套藩镇体制，在这一机制的作用下，它的内部又滋生出许多藩镇，而这些新藩镇和它们的母体一样，同样具有脱离这个王国的倾向。五代王朝，无论是哪一个朝代，它的力量都远远超过包括吴与南唐在内的其他任何政权，但迟迟未能重新统一中国，主要的障碍便是没有解决好内部的藩镇问题。

朱全忠建国，曾对这个问题有所留意。但终梁一朝，一直战事不断，且兼梁朝短命，藩镇问题并没有得到彻底解决。庄宗失国，他本身的荒淫固然是一个重要原因，但追根溯源，恐怕仍要归因于那些拥兵自重的藩镇。杀死郭崇韬本身并不足以使庄宗亡国，但它激起了一连串的连锁反应，尤其是激起了大批藩镇叛乱，李嗣源就是在这种混乱的局面中被拥立为帝的。李嗣源登基之后，各地的叛乱仍未平息，如汴州有张谏，滑州有于可洪，邠州有毛璋，尤其是芦台房知温与汴州朱守殷发动的叛乱规模相当大。因此，如何解决藩镇问题便是唐明宗李嗣源和他的执政大臣安重诲所面临的重要问题。安重诲为了结束藩镇割据局面，采取了一系列措施，如：华温琪入朝之后，安重诲拒绝授予新镇；强迫昭义节度使王建立与宣武节度使符习致仕。安重诲的削藩计划理所当然也包括吴越国，甚至也断绝了与吴国往来。但是，安重诲的一切努力最后以失败告终。勒令钱镠致仕，导致吴越断绝朝贡；令李严为西川监军，导致孟知祥叛乱；从东川分出阆州为保宁军，导致董璋反叛；僭派杨彦温迫令河中节度使李从珂入朝，杨彦温兵败被杀。

安重诲的这些措施包括勒令钱镠致仕，应当说多数是得到唐明宗的支持至少是默许的。但是，由于当时藩镇力量强大，而且安重诲的削藩措施只针对节帅而没有针对造成藩镇割据的基础——牙兵集团，所以以失败告终。作为皇帝的李嗣源一看情形不对，便把安重诲当作替罪羊予以处罚。

而钱镠也没有因为与安重诲的冲突而改变他既定的尊崇中原王朝的国策。当时吴国的威胁仍然存在，三年之前吴国的实权人物徐温曾经想趁钱镠病重的时机袭击吴越，而当安重诲事件发生之际，徐温正在发兵攻打荆南。在这种情况下，钱镠当然不能轻易改变与中原政权的关系，他命钱元瓘上表讼冤，承认自己的错误，表达自己的忠心。

天成四年（929）九月，后唐削夺钱镠官爵，不久吴越复通中国。长兴元年（930）三月，吴国攻打荆南，后唐明宗责问吴越国。大约在此时或稍后，钱镠因裴羽之回附表向朝廷认错，唐明宗阅表后，允许恢复朝贡，但对于吴越方面恢复官爵的要求却未予答应。十月，后唐敕听两浙纲使自便。长兴二年（931）三月，后唐朝廷恢复钱镠在身官爵。后唐政府在接到表章之后，并没有立即为钱镠平反，而是先恢复双方的朝贡关系，这大概是贪图由此带来的经济利益。至于后来恢复钱镠的官职，则是因为那时安重诲已经出朝。这也反映出吴越与中原王朝能够维持和平关系，经济利益在其中起了非常大的作用。

三、契丹入主中原与吴越国的态度

吴越国尊崇中原王朝政策的第三次考验是契丹入主中原。

（一）契丹崛起东北对五代十国政局的影响

契丹是中国东北地区的一个少数民族，唐时曾置松漠都督府，以其首领为都督，加以羁縻统治。唐末契丹首领耶律阿保机崛起，于开平元年（907），即朱全忠代唐这年，取代遥辇氏任契丹诸部盟长。也就在这一年，耶律阿保机开始介入中原政局。在此之前，耶律阿保机曾入侵云州，与李克用会面，两人约为兄弟，准备共击后梁。但耶律阿保机不久背盟，而遣使与后梁通好。因此，在汴晋之争中，契丹是站在后梁一方的。在唐末五代各割据政权中，契丹与河东李克用、李存勗父子，幽州刘仁恭、刘守光父子相邻，契丹经常南侵幽、云等地。据《资治通鉴》记载：

> 卢龙节度使刘仁恭习知契丹情伪，常选将练兵，乘秋深入，逾摘星岭击之，契丹畏之。每霜降，仁恭辄遣人焚塞下野草，契丹马多饥死，常以良马赂仁恭买牧地。契丹王阿保机遣其妻兄阿钵将万骑寇渝关，仁恭遣其子守光戍平州，守光伪与之和，设幄犒飨于城外，酒酣，伏兵执之以入。虏众大哭，契丹以重赂请于仁恭，然后归之。[①]

---

① 《资治通鉴》卷二六四唐昭宗天复三年十二月丙申条，第 8623 页。

可见，在与内地割据政权相争时，契丹是处于劣势的。后梁乾化三年（913），李存勖灭幽州刘守光政权。贞明二年（916），耶律阿保机称帝，建立契丹国家。自此之后，契丹与后唐的冲突逐步加剧。

耶律阿保机南向用兵不利，便转移扩张方向，征服周边室韦、奚等民族，至后唐时又向西征服吐谷浑、党项、阻卜、回鹘等部族，向东灭渤海国，国力渐趋强盛。唐明宗天成元年（926），耶律阿保机在灭渤海国当月去世。述律后立次子耶律德光为帝，是为辽太宗。经过耶律阿保机二十余年东征西讨，此时契丹已成为一个西抵阿尔泰山、东濒日本海的庞大帝国。耶律德光继位后，着手经营南方。后唐政权自李克用奠基河东时起，与契丹关系一直较紧张。耶律阿保机灭渤海国后，立长子耶律倍为东丹王。唐明宗长兴元年（930），耶律倍逃奔后唐，加剧了后唐与契丹的紧张关系。此后契丹经常南侵，而后唐因藩镇叛乱与皇位争夺，内部持续动荡，为契丹介入中原政局提供了机会。

就在耶律德光继位当年，唐庄宗李存勖死于内乱，养子李嗣源因乱继位，是为唐明宗。长兴四年（933），李嗣源去世，子宋王李从厚继位。次年，养子李从珂叛乱夺位。李从珂与李嗣源的女婿、时任河东节度使的石敬瑭关系紧张，互相猜疑。清泰三年（936），石敬瑭反，并向契丹求救。耶律德光亲率大军至晋阳，这是他第一次进入中原。十一月，石敬瑭割幽、云等十六州与契丹，契丹册立石敬瑭为皇帝。赵德钧、赵延寿父子也投靠契丹。一个月后，石敬瑭进入洛阳，后唐灭亡。此后石敬瑭一直采取“卑辞厚礼以奉契丹”[①]的政策，双方虽偶有冲突摩擦，但往往以石敬瑭妥协告终，双方在总体上维持着良好关系。

至天福七年（942），石敬瑭去世，石重贵继位，部分改变了石敬瑭对契丹的政策，称臣不称子，导致后晋与契丹关系的恶化。开运元年（944）以后，契丹多次南侵，开运三年（946），后晋首都开封沦陷。次年正月，耶律德光进入开封，俘获石重贵，封为负义侯，北迁安置到黄龙府。同年，耶律德光去世，

① 《资治通鉴》卷二八一后晋高祖天福二年正月戊寅条，第9168页。

晋河东节度使刘知远建立后汉。此后中原各政权，后汉、后周和宋，与契丹长期处于敌对状态，争战不断。

契丹南侵，对五代十国与北宋政局带来了深远的影响，这种影响主要体现在以下几方面：

第一，改变了中原王朝与北方游牧民族相处的政治模式：从和亲到拟亲。中国古代与北方游牧民族相处，汉唐时期主要采取和亲模式，将公主或其他宗室女嫁给北方游牧民族的首领，结为舅甥之亲。唐代以来，北方地区“胡”风炽盛，受游牧民族影响很深，民间特别是军中盛行异姓结义之风。唐后期藩镇割据，主帅与重要将领结为异姓父子、兄弟，关系盘根错节，为藩镇割据的长期化起了重要作用。五代时期，后唐奠基者李克用、李存勖父子，唐明宗李嗣源，前蜀建立者王建，都蓄养大批义子。甚至吴越国钱镠、钱元瓘二代国王，也受这股风气影响，收养了很多军中将领为义子。唐末，李克用与辽朝建立者耶律阿保机约为兄弟，也是这股风气的延续。至此，拟亲风俗开始影响中原政权与北方游牧民族的相处模式。五代从石敬瑭向辽太宗耶律德光自称儿皇帝，接受册封，则将这股风气发展到极致。后来，石重贵与耶律德光称祖孙。北汉建立者刘旻与辽世宗耶律兀欲互称叔侄，北宋真宗与辽订立澶渊之盟，其中一个重要内容就是宋真宗赵恒与辽圣宗耶律隆绪互称兄弟，宋真宗称辽朝萧太后为叔母，以及后来南宋时与金订立隆兴和议，两国约为叔侄，至嘉定和议时两国改为伯侄，都是五代拟亲的延续。

第二，严重破坏河北经济，摧毁了河朔藩镇的经济基础。耶律德光进入中原，赵延寿曾请求由国家财政供给辽军粮食，但耶律德光却说：“吾国无此法。”“乃纵胡骑四出，以牧马为名，分番剽掠，谓之打草谷。丁壮毙于锋刃，老弱委于沟壑，自东、西两畿及郑、滑、曹、濮，数百里间，财畜殆尽。”为了供给辽军，后晋“府库空竭”还不够用，于是“请括借都城士民钱帛，自将相以下皆不免”，“又分遣使者数十人诣诸州括借，皆迫以严诛，人不聊生”。[①] 后来耶律德光说：“我有三失，宜天下之叛我也！诸道括钱，一失也；令上国人打草谷，二失也；不早遣诸节度使还镇，三失也。”[②]

第三，割占幽云，使中原门户洞开，深刻影响了五代后期与宋朝历史的发展。

第四，改变了五代十国各政权的力量对比，延缓了统一进程。唐末五代初期，汴、晋成为中国两大政治势力，汴、晋之争成为当时中国最基本的政治矛盾。耶律阿保机在唐末崛起，并于后梁时建国，但契丹当时力量还比较弱小，在与河东李克用、李存勗父子，与幽州刘仁恭、刘守光父子争战中屡屡失利。随着后唐灭梁与契丹力量的壮大，到五代后期，契丹与中原诸朝成为新的两大政治势力。和魏晋南北朝分裂时期不一样，唐末五代时期，南方地区一直没有出现一个强大到足以抗衡中原王朝的政权。杨吴与南唐最有希望成为这样一股力量，但其扩张势头从一开始就受到吴越国的抑制。六朝定都南京，而以太湖流域与宁绍平原为经济腹地，再在此基础上征服长江中游，进而统一南方。但在五代十国时期，吴越国占有两浙大部分地区，太湖流域经济最发达的两个城市苏州、杭州为吴越国所占，这极大地制约了吴国的扩张势头。吴国不但在攻打吴越国时遭到强烈抵抗，而且在进攻其他地区时也遭吴越国多方阻挠。吴国在攻打江西危全讽、危仔昌兄弟以及虔州谭全播时，吴越国都出兵阻挠。后来南唐攻打建州时，吴越国也出兵救援建州。南唐发动灭闽之役时，吴越国也进行军事干预。吴越国仿佛一枚钉子，深深插在吴与南唐的腹部地带，阻碍吴（南唐）发展成为一个抗衡中原王朝的政治力量。这是吴越国对五代十国政局的最大影响。

（二）吴越国与契丹关系

吴越国与契丹的交往实际上自始至终都受到中原五代王朝与契丹之间政治关系的制约。

---

① 《资治通鉴》卷二八六后晋高祖天福十二年正月乙卯条，第9334—9335页。

② 《旧五代史》卷一三七《契丹传》，第1836页。

双方的官方往来，在朱梁及石敬瑭统治时期最为融洽。据记载，吴越国向契丹遣使九次，契丹向吴越国遣使两次。吴越国向契丹遣使九次中，辽太祖九年（915）到天赞元年（922）约八年间遣使五次，从会同三年（940）到会同六年（943）约 4 年间遣使三次，而从天赞元年（922）到会同二年（939）近二十年间，吴越国只向契丹派遣过一次使者，而且是在契丹首先派遣使者之后，吴越国才遣使跟着去了契丹。而在会同六年（943）之后到太平兴国三年（978）吴越国灭亡的 36 年里，吴越国再也没有向契丹派遣过一次使者。

整个五代，中原王朝与契丹之间一直和战交替，而以朱梁及石敬瑭统治时期，双方关系最和洽。在五代初期，契丹与朱梁并不接壤，在他们之间，西有李克用，东有刘守光，构成一道缓冲的屏障，避免双方发生直接的冲突。据《资治通鉴》记载，在汴晋争霸中，耶律阿保机便站在朱梁政权一边，双方约定“共灭沙陀”，[①] 彼此使节往来不断。

同光元年（923）四月，李存勖称帝，十月灭梁。而李克用、李存勖父子与契丹一直关系很紧张，李存勖平定幽州之后，双方发生了直接的武装冲突，在朱、李争战河上之际，契丹曾派兵介入；李存勖称帝后，后唐内部爆发王都之乱，叛乱得到了契丹势力的支持。同时，后唐成为契丹内部政治斗争中失败者的避难场所，张希崇、东丹王先后逃奔洛阳。当然，契丹与后唐之间也曾互遣使节，又在边境地区设置互市。但总的来说，双方互相对峙，关系紧张。由于吴越国以尊奉中原王朝作为它的国策，在与契丹的关系上也唯中原王朝马首是瞻，一看后唐与契丹互相敌对，与契丹的关系便自然疏远了。

契丹与中原五代王朝的紧张关系到石敬瑭时才得以改变。石敬瑭建立后晋后，吴越国立即承认了他的地位，吴越国与契丹的关系也随之得到恢复发展，这就形成了吴越与契丹政治关系上的第二次蜜月期。后晋天福七年（942），石敬瑭去世，石重贵继位，契丹、后晋关系恶化。天福九年（944）正月，契丹发兵攻晋。从此以后，直到北宋真宗时签订澶渊之盟，契丹与中原王朝之

① 《资治通鉴》卷二六六后梁太祖开平二年五月己丑条，第 8700 页。

间的战事一直连绵不断。吴越国在天福八年（943）契丹、后晋开始交恶的时候最后一次向契丹遣使朝贡，此后双方的官方交往便终止了。

在契丹短暂入主中原的一段时间里，吴越国曾奉契丹正朔，使用其年号。《十国春秋》卷八〇《忠献王世家》按语谓："钱塘大慈山甘露院牒称会同十年七月，有吴越国王押字，及镇东军节度使印文。盖是时吴越与契丹信（史）［使］不绝，故吴越奉其正朔，在诸州镇之先。其改而从汉，则在八月受汉制之后也。"卷末之论又说："吴越甘露院牒之称会同十年也，在天福十二年七月，曷以不称开运与天福也？盖前此吴越与契丹通使，不一而足，至是既布诏州镇矣，而汉使未至，宁有不奉其正朔者？间读《福州双石祠记》，有云会同十年以闽府承平，复封为安境侯。时福州新附吴越，故亦称会同也。"[①] 会同十年是公元947年，这年正月，契丹灭晋，耶律氏入主中原，北方局势一片混乱，僻处浙江的钱弘佐当然不会料到契丹在中原的统治不能持久。根据吴越国的一贯国策，谁主中原，我就奉谁的正朔，因而使用辽朝年号，实在情理之中。

四、吴越国与后晋、后汉的关系

石敬瑭建立后晋，以桑维翰提出的"推诚弃怨以抚藩镇，卑辞厚礼以奉契丹，训卒缮兵以修武备，务农桑以实仓廪，通商贾以丰货赐"[②] 为立国之策，对外非常自我抑制，不但对契丹臣服，甚至孟知祥称帝建立后蜀，石敬瑭也遣使与其修好。石敬瑭统治时期是五代时期相对比较稳定的一段岁月，北方经济在那时也得到了一定的恢复发展，后晋与吴越国也迅速建立了宗藩关系。

后唐明宗时，因安重诲削藩，后唐曾一度削夺钱镠官爵。安重诲失势后，后唐恢复了钱镠在身官爵。但到长兴三年（932）钱镠去世后，后唐朝廷没有立即授予钱元瓘吴越国王爵位，直到第二年才封钱元瓘为吴王。在后唐时，

① 《十国春秋》卷八〇，第1141、1145页。

② 《资治通鉴》卷二八一后晋高祖天福二年正月戊寅条，第9168页。

钱元瓘直到继位第三年才被封为吴越王。而吴越国王的封号终后唐灭亡，一直没有授予。而后晋建立后，石敬瑭很快就封钱元瓘为吴越国王，“王即位，建国之仪，一如同光故事”。[①] 也正是在后晋时期，吴越国在恢复“建国之仪”的同时，还建立了与之相适应的世子府。

又如钱镠曾任天下兵马元帅一职，钱镠去世后，后唐也一直没有授予钱元瓘，但石敬瑭建晋第二个月，就封钱元瓘为天下兵马副元帅。天福四年(939)十二月，封钱元瓘为天下兵马元帅。

再如尚书令一职，因位高权重，故隋唐时期不轻授于人。五代时，中原政权为拉拢南方藩国，也曾多次封南方各国藩王为尚书令。钱镠曾任尚书令，其他如楚王马殷、南平王高季兴也都曾被封为尚书令。但钱镠去世后，后唐朝廷也一直没有封钱元瓘为尚书令。后晋于天福六年(941)封钱元瓘为尚书令。

因此，吴越国与后晋虽没有像与后梁那样建立军事同盟关系，但关系远比后唐为好。吴越国与中原王朝的关系，至后晋建立，终于脱离了后唐时期的低谷状态，这与后晋“推诚弃怨以抚藩镇”的立国政策有关。

天福六年（941），钱元瓘去世，忠献王钱弘佐继位，继位后立即被后晋封为吴越国王。第二年，石敬瑭去世，石重贵继位，后晋对契丹关系虽发生重大改变，但与吴越国的关系仍维持石敬瑭之旧。开运三年（946），石重贵又封钱弘佐为东南面兵马都元帅。

开运四年（947），契丹进入中原，刘知远在晋阳建立后汉。后汉是五代中原诸王朝中立国时间最短的一个王朝，而这一年的吴越国也是多事之秋。当年六月，忠献王钱弘佐去世，钱弘倧继位。十二月，内牙军大将胡进思发动兵变，废钱弘倧，迎立钱弘俶。后汉建立者刘知远即位仅一年就离开人世。尽管如此，后汉第二任皇帝刘承祐仍于乾祐二年（949）任命钱弘俶为吴越国王、东南兵马都元帅。后汉与吴越国关系没有出现较大变动。

---

① 《吴越备史》卷二《文穆王》天福二年四月甲午条，第6226页。

五、邻吴诸藩国对中原王朝政策比较

五代十国中的十国，除了北汉，其余都在南方。南方九国中，吴及其后继者南唐是其中最大的政治势力。前蜀、后蜀与南汉，远离吴与南唐，因此，前蜀与南汉成为南方诸国中最早称帝的政权。其余四国，吴越国、闽国、楚国与南平，全部与吴、南唐疆土相邻，都不同程度地受到吴与南唐的威胁，因此都与吴越国一样采取了尊崇中原王朝、抵抗吴（南唐）的政治策略，不过它们在执行这一政策时力度有大有小，时间有长有短。

（一）唐末湖北、江西的邻吴割据势力

除邻吴（南唐）四国外，唐末五代时期其他割据政权也多采取尊崇中原、抵抗吴（南唐）或近似的政策，如唐末割据鄂州的杜洪，杜洪成为藩镇的时间比董昌、钱镠还要早。杜洪原是武昌牙将，中和四年（884）三月，趁岳州刺史去世占据岳州。光启二年（886），又趁乱据鄂州，自任武昌留后，不久获得朝廷认可。乾宁元年（894），即董昌称帝前一年，随着杨行密向西扩张，杜洪与杨行密产生冲突。在冲突过程中，杜洪多次向朱全忠求援，也多次得到朱全忠救助。乾宁三年（896）四月，因钱镠、钟传、杜洪的要求，朱全忠派兵渡淮，攻打杨行密。乾宁四年（897）四月，杨行密攻杜洪，杜洪再次向朱全忠求救。朱全忠遣兵攻泗州、黄州，攻取黄州。天复三年（903）三月，杨行密遣李神福围攻鄂州。四月，杜洪向朱全忠求救。朱全忠当时主力正攻打王师范，但他仍派韩勍将万人屯于滠口，同时让荆南节度使成汭、武安节度使马殷、武贞节度使雷彦威出兵救援杜洪。天祐二年（905）二月，杨行密将刘存克鄂州，杀杜洪与朱全忠所派援军将领曹延祚。杜洪势力灭亡。

唐末江西各割据势力也是如此。唐末江西分别为钟传、钟匡时父子，危全讽、危仔昌兄弟，以及卢光稠、谭全播所占。钟传、钟匡时父子占据江西核心城市洪州，危全讽、危仔昌兄弟分据抚州、信州，卢光稠、卢延昌父子与谭全播先后占据江西南部的虔州。

钟传比杜洪、董昌、钱镠、杨行密等人更早成为藩镇。钟传于中和二年(882)五月，由抚州入据洪州，七月被封为江西观察使。在受到杨行密进攻时，他也和钱镠、杜洪一样向朱全忠求援，并得到朱全忠援助。天祐三年(906)四月，镇南节度使钟传去世，子钟匡时继位。但因其养子江州刺史钟延规叛降淮南，引杨渥派兵攻打洪州。不久，淮南军攻克洪州，钟匡时被俘。

鄂州杜洪与洪州钟传和钱镠、马殷一样，都是受到杨吴政权攻击的情况下选择追随朱全忠，成为朱全忠阵营的一员。但这两个藩镇地处四战之地，所占州县狭小，实力较弱，所以都在五代之前灭亡。

至于江西另外两个割据势力，危全讽、危仔昌兄弟与卢光稠、谭全播，他们与朱全忠的联系没那么密切，但与钱镠、马殷都是盟友关系，因此实际上也是朱全忠阵营的成员。后梁开平三年（909），危氏兄弟与杨吴发生战争，楚王马殷派兵助战。不久，危全讽在象牙潭一战中被吴国大将周本击败，吴国占有抚、信、袁、吉四州，危全讽被俘，危仔昌逃亡吴越国。

吴国征服危氏兄弟后，虔州刺史卢光稠一度向吴国表示臣服。卢光稠去世后，子卢延昌与谭全播先后控制虔州。后梁贞明四年（918），吴国突袭虔州，谭全播向吴越、闽、楚等国求救。吴越派钱元球攻打信州，楚国与闽国也都派出救兵。八月，吴大将刘信败楚国援军，闽与吴越国援军也跟着退兵。十一月，刘信攻陷虔州，俘获谭全播。

（二）邻吴（南唐）三国

1.闽国

闽国肇始于王潮、王审知兄弟在光启元年(885)割据漳州。光启二年(886)，王潮任泉州刺史。景福二年（893），也就是钱镠任镇海节度使的同一年，王潮攻陷福州，任福建观察使。[1]与钱镠同一年成为唐朝藩镇。乾宁四年(897)，即钱镠平定浙东的第二年，王潮去世，弟王审知继立。

① 《资治通鉴》卷二五九唐昭宗景福二年九月戊戌条，第8451页。

吴越国对外政策的另一项内容便是跟与吴（南唐）接壤的其他小国保持良好关系，目的是想借助这些南方藩国的力量来遏阻吴（南唐）势力的膨胀。在这些南方小国中，闽、楚两国最为重要，尤其是闽国，它与吴越境土相接，患难与共，很长时间以来共同抵抗来自淮南方面的军事威胁。后来吴越能够占有福州便与这一政策有关。

王、钱两人分别统一闽、浙，他们走到了一起，建立起友好的政治关系。通过钱镠的上奏，王潮与已经摇摇欲坠的唐王朝建立起臣属关系，被授予“本道廉察及泉州符命借印”[①]。后梁贞明二年（916），钱镠还为自己的儿子钱元珦娶了王家的女儿，钱、王两家的关系更加密切。在两年之后的虔州之役中，钱、王两家还共同出兵支援谭全播，钱元球还在福建境内的汀州驻扎军队。后唐同光三年（925），王审知去世，其后闽国诸子争立，内乱不断。后唐长兴三年（932），王延钧要求唐明宗封自己为尚书令，遭到拒绝后断绝了对后唐的朝贡，并于次年建国称帝。但王延钧“自以国小地僻，常谨事四邻”[②]，因此与吴越一直相安无事。

王氏兄弟在唐末五代也实行尊崇中原王朝的政策，但闽国离吴国核心统治区较远，对吴国的牵制作用较为有限，在朱全忠体系中的地位也不如吴越国、楚国高。朱全忠代唐，钱镠立即被封为吴越王，马殷被封为楚王，但王审知直到开平三年（909）才被封为闽王。也正因为受吴（南唐）威胁较小，闽国对中原王朝的依赖也非常有限，故闽国成为邻吴（南唐）四国中最先放弃尊崇中原政策的国家。王延钧称帝第二年，吴国就发动了对闽国的建州之役。开运二年（945）南唐灭闽。闽成为邻吴（南唐）四国中最早灭亡的国家，也是十国中除前蜀外最早灭亡的国家。

2. 楚国

楚国建立者马殷原是孙儒旧部。景福元年（892）杨行密、钱镠灭孙儒后，孙儒余部刘建封、马殷逃窜至江西，不久进入湖南。乾宁四年（897），即钱

---

① 《十国春秋》卷九〇《闽太祖世家》，第 1316 页。

② 《资治通鉴》卷二七八后唐明宗长兴四年正月庚寅条，第 9081 页。

镠平定浙东这一年，刘建封被部将杀死，马殷取代刘建封割据湖南。马殷与钱镠一样奉行尊崇中原王朝、对抗淮南的政策，与朱全忠结为军事同盟。朱全忠代唐，马殷被封为楚王。这样，钱镠和马殷这一对昔日战场上的敌人后来也变为盟友。钱、马两家还结为姻亲，钱镠第十子钱元琇娶楚王马殷之女。但楚国后来也放弃了这一政策，楚国放弃这一政策的表现并非为称帝自立，而是马殷去世后诸子争立，一方继续向中原王朝称臣，而另一方则向南唐称臣。后汉乾祐三年（950），时楚王马希广在位，马希萼叛乱，举兵攻打潭州。马希广向后汉求救。后汉朝廷也讨论过救援马希广的问题，但当时的后汉将领郭威已经举兵杀向开封，后汉自身岌岌可危，未能出兵楚国。马希萼攻入长沙后杀马希广。为了获得在兄弟争位中的优势，马希萼向南唐奉表称臣。第二年，广顺元年（951），南唐灭楚。楚国成为邻吴（南唐）四国中第二个灭亡的国家，也是十国中仅次于前蜀、闽第三个灭亡的国家。

闽、楚败亡的历史说明，谁越先放弃尊崇中原王朝政策，谁就越先灭亡。吴越国执行这一政策最坚决，也最持久，故成为十国中最迟消亡的国家，而且吴越国是以纳土归朝的体面方式自行除国。

3.南平

邻吴（南唐）四国中，南平（荆南）的情况比较特殊，它尊崇中原王朝政策的时间也比较持久，但执行力度却不是那么坚决。南平向中原王朝称臣，同时也多次向吴（南唐）表示臣服。朱梁代唐，开平元年（907），朱全忠命高季昌任荆南节度使。后唐灭梁，高季昌避后唐李克用父李国昌讳改名高季兴。同光二年（924），后唐封高季兴为南平王。高季昌原是朱全忠部下将领，因此他与后梁的关系自然比较密切，与后唐的关系相对比较疏远。这一点与吴越国比较相似。后唐时，南平与后唐关系也非常紧张。后唐向夔、忠、万三州派遣刺史，高季兴拒不接受，他还派人掠夺魏王李继岌的财货，导致后唐削夺高季兴官爵，这与后唐削夺钱镠官爵一致。后唐还曾派刘训率兵攻打荆南，高季兴向吴求救，并向吴国称臣。但后唐的南征军遇雨缺粮，主帅刘训生病，加上当时后唐内乱不止，后唐军不得不班师。唐明宗天成三年（932）十二月，高季兴去世，子高从诲继位。高从诲通过楚国与后唐的山南东道向后唐请求称藩，后唐也只好同意，任命高从诲为荆南节度使。但同时，高从诲尽量避免激怒吴国，他遣使吴国，告知向后唐称臣的苦衷。天福元年（936），即后晋代唐那年，高从诲还派人劝徐知诰即帝位。开运四年（947），契丹灭晋，高从诲向契丹入贡，同时又向刘知远劝进，向南唐、后蜀称臣，高从诲因其反复被人称为“高无赖”。南平之所以对外政策反复无常，是受其地理位置影响的。在南方诸国中，南平国土最狭，国力最弱，因此它自始至终没有称帝，而且与吴（南唐）与中原王朝接壤，同时受到两方的军事威胁，因此在对外战略上，南平不像吴越国与楚国那样只能中原一方称臣，而与吴（南唐）为敌，而是在两者之间寻求平衡，而且南平在西部还与另一个称帝国家前蜀（后蜀）相邻。南平曾对东、西、北三方政权称臣，也与三方政权发生过军事冲突，甚至面对最强大的中原政权，南平也曾主动进攻。南平向后汉求取郢州，被拒绝后，南平发兵攻打襄州、郢州，兵败后与后汉绝交。

后汉乾祐元年（948），高从诲去世，子高保融继位。至后周时，随着契丹中衰，中原王朝力量强大，南平改变了摇摆政策。后周显德五年（958），周世宗征淮南，高保融派兵助战，南平水师攻打南唐鄂州。高保融还多次遣使劝后蜀孟昶向后周称藩，被后蜀拒绝后，高保融又主动向后周表示，如果后周伐蜀，愿意以水军进攻三峡。宋建隆元年（960），就在赵匡胤建立宋朝之年，高保融去世，高保勖继位。三年后，宋因湖南动乱，发兵平乱，借道荆南。在宋军兵临城下的情况下，南平被迫降宋。

（三）闽、楚后继者

南唐灭闽、楚两国后，未能控制闽、楚两地，闽、楚后来的实际控制者也基本继承了闽、楚早期尊崇中原王朝的政策。

开运三年（946）四月，泉州刺史王继勋与南唐委派的威武节度使李弘义发生矛盾，李弘义命弟李弘通前往替代王继勋。泉州指挥使留从效废王继勋，代领军府事，又大败李弘通。十月，漳州林赞尧杀刺史作乱，已任泉州刺史的留从效又趁机控制漳州。留从效附南唐为清源军节度使，封晋江王，但他并不完全服从南唐命令。开运四年（947）三月，在吴越国攻打福州时，留从效拒绝南唐攻打福州的命令，退兵泉州，并要求南唐军队退出泉州，留从效同时也向中原王朝称臣。乾祐二年（949）十二月，后汉任命留从效为清源军节度使。后周建立后，留从效也向后周称藩，显德六年（959）六月，留从效向后周请求建立进奏院。建隆元年（960）宋朝建立后，留从效同样奉表称藩。乾德元年（963）留从效为部将张汉思所劫，疽发而亡。后陈洪进控制泉州，仍向宋称臣。宋太宗太平兴国三年（978），陈洪进和钱俶一起奉诏入朝，先于钱俶纳土归宋。

楚国灭亡后，刘言、王逵、周行逢等人先后控制湖南。他们和留从效、陈洪进一样，同时向南唐与中原王朝称臣，特别是向中原王朝称臣。广顺元年（951）六月，王逵等推刘言为武平留后，向南唐上表求节旄。次年正月，因南唐平定楚国后在湖南苛刻敛财引发不满，孙朗等带兵作乱，斩关逃往朗州，投奔王逵。四月，南唐准备派兵攻打桂州，大败，主将侯训死。十月，刘言派王逵等进攻潭州，南唐大将边镐弃城而逃，南唐湖南其他诸州守将也纷纷弃城而逃。刘言占领除郴、连二州之外的湖南全境（二州被南汉所占），刘言控制湖南后遣使报告后周。广顺三年（953）正月，后周正式任命刘言为武平节度使，王逵为武安节度使，何敬真为静江节度使。二月，湖南发生内乱，王逵斩何敬真。四月，周行逢劝王逵杀何敬真的亲戚张仿。六月，王逵袭击朗州，囚禁刘言。八月，王逵上表后周，请移湖南使府到潭州，后周遣使抚慰。不久，王逵杀刘言，以周行逢知朗州。显德元年（954）四月，王逵请求移湖南使府到朗州。五月，王逵迁朗州，以周行逢知潭州。显德三年（956）正月，周世宗下诏亲征淮南，同时命王逵攻打鄂州。二月，王逵攻克鄂州长山寨。二月，岳州团练使潘叔嗣袭击朗州，正在鄂州前线的王逵回军，被潘叔嗣击败，王逵败死。潘叔嗣回岳州，并派人迎武安节度使周行逢，周行逢斩潘叔嗣，自称武平武安留后，并报告后周。七月，后周任命周行逢为武平节度使，制置武安、静江等军事。从此，周氏控制了湖南。宋朝建立后，周行逢向宋称臣。

建隆三年（962）九月，周行逢去世，子周保权立。十月，张文表夺取印绶，自称留后。次年三月，宋发兵平定湖南。

（四）燕国与岐国

除上述政权外，五代前期北方还有两个特殊的地方势力：燕国和岐国。它们虽不名列五代十国之中，却是当时割据政权之一。它们在对待中原政权的态度迥异上述其他割据政权。

1. 燕国

燕国刘仁恭、刘守光父子的政权起于唐朝卢龙节度使。他们在唐末五代前期的汴晋争衡中，采取骑墙政策，时而倒向河东李氏，时而倒向朱全忠。刘仁恭是深州乐寿人，早年事幽州节度使李可举，善掘地道攻城，军中号为刘窟头，后附晋王李克用。乾宁二年（895），即董昌称帝那年，刘仁恭因李克用之荐为卢龙留后，但不久就与克用反目。乾宁四年（897）八月，李克用亲自攻打刘仁恭。次年，李克用与朱全忠为争夺河北南部邢、洺、磁三州展开恶战，刘仁恭趁机攻取义昌三州（沧、景、德）。但随着刘仁恭在河北势力的扩张，他又与朱全忠发生冲突。光化二年（899），刘仁恭又介入朱全忠、李克用对魏博的争夺，进攻魏博。光化三年（900）五月，朱全忠遣葛从周进攻刘仁恭，取德州，围沧州，刘仁恭向李克用求救。在这一年，朱全忠基本控制河北南部。在此后数年间，朱全忠忙于篡唐。刘仁恭则选将练兵，巩固他在幽州的统治，他曾乘秋焚契丹草场，使其不敢犯边。刘仁恭虽与朱全忠相敌，但与河东李克用也偶有冲突。

天祐三年（906），即朱全忠代唐前一年，与刘仁恭又起冲突。在此前一年七月，天雄牙将李公佺谋作乱失败后逃奔沧州。这年四月，刘仁恭之子、义昌节度使刘守文又趁魏博军乱遣兵攻贝州、冀州。朱全忠在平定魏博军乱后，八月，攻打沧州。九月，刘仁恭强征兵役，组建“定霸都”，赴救沧州。十月，刘仁恭向李克用求救。李克用恨刘仁恭反复，本来不想救，但经李存勗提醒，遂派周德威、李嗣昭攻潞州以救。

刘仁恭击退朱全忠军队后，于幽州城西之大安山营建馆宇，聚美女艳妇，穷极侈丽。开平元年（907），即朱全忠代唐这一年，其子刘守光发动兵变，囚其父，自立为幽州节度使，与兄刘守文交战。魏博节度使罗绍威趁刘守文、刘守光兄弟内斗，攻打沧州，刘守文出降。刘守光在对外关系上基本承续刘仁恭的做法，在汴、晋之间采取骑墙政策。在其开始控制幽州数年间，因兄刘守文降梁，故刘守光倚晋抗梁。开平二年（908）十一月，刘守文从沧州发兵攻打幽州刘守光，刘守光向李存勖求救，李存勖派兵赴援，击退刘守文。次年，刘守光擒刘守文。

刘守光灭刘守文后，他与后梁的关系有所改善。就在刘守光擒刘守文当年七月，后梁封刘守光为燕王，但刘守光同时也与晋保持良好关系。乾化元年（911），刘守光自号大燕皇帝，改元应天。刘守光称帝后，与尚未称帝的晋国在礼仪上发生冲突，双方关系恶化。当年十一月，刘守光不听冯道劝阻，谋攻易定。十二月，李存勖命周德威攻燕。次年，刘守光向梁求救。二月，朱全忠亲自率兵北上贝州救援刘守光。但后梁不久发生内乱，朱友珪弑父继位。乾化三年（913），周德威破幽州，俘刘守光与其父刘仁恭。刘氏父子解至太原被杀，燕国灭亡。

2. 岐国

岐国发端于李茂贞在景福元年（892）攻克凤州，开始割据西北。第二年，李茂贞兵临长安，控制朝廷。当时李茂贞拥有凤翔、山南西道等十五州之地，成为关中最大政治势力。在唐末汴、晋之争中，李茂贞与刘仁恭不同，他站队河东李氏一方。

随着朱全忠势力壮大，至唐昭宗天复元年（901），唐朝南衙北司之争加剧，双方联结朝野，发展形成两大政争集团，宰相崔胤与朱全忠为一派，宦官韩全诲与李茂贞为另一派。双方斗争的结果是朱全忠西征凤翔，朱全忠打败了李茂贞，但无力彻底征服李茂贞。天复三年（903）正月，唐昭宗、李茂贞各遣使与朱全忠议和，朱全忠迎唐昭宗回长安。但汴、岐之间只是因力量平衡而暂时休战，双方并未结束敌对状态。朱全忠代唐，李茂贞与晋、吴、蜀并为四个反朱势力之一。但四人之中，只有王建称帝，其余三人都继续沿用唐朝年号。

至李存勖称帝，李茂贞遣子李继曮入贡。李继曮回岐后，李茂贞上表请正藩臣之礼。同光二年（924）二月，岐王李茂贞晋爵秦王，四月去世，子李继曮继位。至李嗣源继位，长兴元年（930）三月，李从曮徙镇宣武。就这样，岐国从割据政权自然演变为直接受后唐统治的地方政区，岐国灭亡。

第五章 政治体制

吴越国的职官制度，可分为藩镇体制、王国体制两个系统。在吴越国的前期，钱镠仍是唐、后梁朝廷的藩镇长官，以镇海（浙西）、镇东（浙东）两镇节帅的名义统治两浙，其职官制度实际上是依唐朝藩镇制度建立的。后梁龙德三年（923）二月，钱镠被封为吴越国王，吴越建国，一整套相应的仪卫制度、职官制度随之建立，并在吴越国的政治生活中发挥越来越重要的作用。但是，在吴越国后期，吴越君主在名义上仍是中原王朝的藩镇，藩镇体制并未完全退出历史舞台。

日野開三郎在《五代史の基調》[①]中说，五代中央政府实际上是藩镇幕府组织的延长、扩大，判官相当于作为宰相的同中书门下平章事，掌书记相当于中央的大学士，孔目官相当于中央的三司。吴越建国，以行军司马杜建徽为左丞相，则吴越国的王国政府似乎也是由藩镇体制中的幕职官系统演变而来的。

一、吴越国的藩镇体制与地方行政制度

整个藩镇体制可分为三个系统：一为幕职官系统，一为内牙军系统，一为外镇军系统。在钱氏政权的前期，从钱镠时期与八都兵异己势力的斗争，到钱元瓘时期的兄弟阋墙，表明吴越国当时所面临的主要政治问题是外镇军问题。到钱氏政权的中期，从戴、阚之狱到钱弘倧被废，反映出内牙军是吴越国政治生活中的主导力量，内牙军问题是吴越国面临的主要政治问题。到吴越国后期，以文官为主的幕职官开始发挥重要作用，反映出当时武人政治逐渐被文官政治取代的历史特点。

① ［日］日野開三郎：《五代史の基調》，《日野開三郎東洋史学論集》第一卷，三一书房1980年版。

（一）节度使

吴越国王例兼镇海（浙西）、镇东（浙东）两镇节度使，以两镇节度使名义对地方州县实施行政权力，其职官制度实际上是依唐朝藩镇制度建立的。

景福二年（893）九月，钱镠就任镇海节度使；灭董昌后，乾宁三年（896）十月，任镇海、镇东两镇节度使。开平元年（907）八月，新登皇位的朱全忠为了拉拢钱镠，也为了让他能够更加有效地牵制杨行密势力，加封他为淮南节度使、扬州大都督，这就是所谓的“三镇节旄，千里封土”。[①]实际上，淮南节镇只是一个虚衔，钱镠死后，他的子孙便放弃了这个称号。真正有意义的是镇海、镇东两镇。镇海初治润州，润州落入杨行密之手后，乾宁五年（898）二月，移治杭州。镇海、镇东两军节度使由此后历任吴越国王兼任。既然一人身兼两镇，两镇实与一镇无异。我们与其说镇海管辖浙西六州、镇东管辖浙东七州，还不如说镇海镇东一镇管辖着两浙十三州的土地。

节度使是唐朝后期地方最高军政长官。节度使本身只是一个使职，其本官是所在州的刺史、都督或大都督府长史。受命时赐双旌双节，得以专杀，行则建节，府树大旗。节度使按例兼管内调度军需之支度使及管理屯田的营田使，又按例兼观察处置使（唐时始名采访使）。根据唐朝的藩镇制度，各种使职当中，观察使是最基本、最普遍的使衔，掌督察州县，实际上是地方一级行政长官。若是军事重镇，则以节度使兼领，无节度者按例加都团练或都防御使，以掌军事。故唐后期四十多个藩镇，无不带观察使，而带节度使者则不多。正因为节度使是掌握军事的，因此，对唐末五代割据一方的军阀来说，它的意义远比其他使衔重要。

唐时节度使辖下少则二三州，多则十余州，至五代时由于设置极多，很多藩镇所辖往往只有一州。

① 《全唐文》卷八五八《杨凝式·大唐天下兵马都元帅尚父吴越国王谥武肃神道碑铭并序》，第 8997 页。

（二）幕职官

节度使的幕职官主要有副使、行军司马、判官、掌书记、推官、巡官、支使、衙推等。按唐制，副使是节度使的副贰；行军司马，掌军符号令、军籍、兵械、粮廪衣赐，唐后期常常成为节度使的继任者；判官，综理本府日常事务，于幕府中处于上佐地位；掌书记，一员，掌表奏书檄言辞之任；推官，掌推勾狱讼之事，位次判官、掌书记；巡官，位次判官、推官之下，有掌军田者，有转运巡官、馆驿巡官、营田巡官等种种名目，无定制；支使，掌表笺书翰，如掌书记（或说分使出入，如节度使之随军）；衙推，位次推官、巡官之下。

在吴越国，曾任镇海节度副使者有杜稜、成及、钱元瓘、钱元球、鲍君福五人，曾任镇东节度副使者有王茂章、成及、马绰、钱元璙四人。钱镠曾任淮南节度使，危仔昌任淮南节度副使。这些节度副使在大多数情况下只是虚衔，王茂章是淮南降将，危仔昌是逃亡军阀，授予他们副使之衔，显然只起一种安置作用，而不可能有实际的职掌。至于其他几个副使，杜稜任镇海军节度副使时的真正职务是常州刺史，钱元瓘任镇海节度副使时真正的职务是湖州刺史，钱元璙任镇东节度副使时真正的职务是苏州刺史，而马绰任镇东节度副使时真正的职务是睦州刺史。

除节度使、观察使外，其他一些使衔，虽由钱氏诸王担任，但副使之职也往往赐予臣下。以《吴越备史》中所提营田副使为例：光化三年（900）九月辛卯，钱镠命浙西营田副使沈夏权婺州刺史；天祐三年（906）三月，命浙西营田副使马绰权睦州刺史；贞明二年（916）正月，敕授浙东营田副使、常州刺史杜建徽为泾原节度使；据《吴越备史·沈崧附传》，沈崧“历镇海军掌书记，授浙西营田副使”；据《吴越备史·曹仲达附传》，曹仲达父曹圭曾任“浙江西道营田副使、检校太尉”。除此数例之外，据《旧五代史》卷八《梁末帝本纪》，杜建徽曾担任浙江东道营田副使；又据《十国春秋》卷八六《郭师从传》，郭师从也曾担任浙西营田副使。所有这些副使实际上也是虚衔，马绰与沈夏都担任过浙西营田副使，但他们实任的职务却是睦州刺史、婺州刺史。据《吴越备史》，吴越国曾命丞相吴程“兼掌屯田榷酤事”。[①]又据《宋史》卷四八〇《吴越世家》，钱惟治曾任“判军粮营田事”[②]。这两条记载表明，营田之事已有“掌屯田榷酤事”“判军粮营田事”之类临时任命的官员来负责了，营田使、营田副使不再实任其事。

在所有幕职官员中，最重要、最显赫的可能是行军司马一职。吴越国的幕职官，大多数往往两镇分任，如罗隐任镇海军掌书记，而不兼任镇东军掌书记；元德昭任镇东军节度巡官，而不兼任镇海军节度巡官，只有行军司马的情况比较特殊。上引五例，除鲍君福外，其余四例全部兼任两镇。又据《旧五代史》卷二三《王景仁传》，淮南降将王景仁曾被钱镠辟为“两府行军司马”[③]，其义当与两浙行军司马同，两府即指杭、越二州，实际上也是兼任两镇，这种情况反映出行军司马一职在钱氏政权中具有不同寻常的地位。

两浙行军司马，据《旧五代史》卷九《梁末帝本纪》，其正式的称谓是“镇海、镇东等军节度行军司马”。据史书记载，曾任行军司马者有杜稜、杜建徽、马绰、鲍君福、钱铧、孙承祐六人。其中，杜稜、杜建徽父子，马绰，鲍君福，都是吴越国开国功臣，钱铧是钱氏宗室，孙承祐是外戚，总而言之，都是武将亲旧。至于行军司马以下的其他幕职官，如罗隐、林鼎、沈崧、皮光业等俱是文人。这也是行军司马之职在吴越国幕职官系统中的特别之处。

除行军司马外，其他幕职官员多由文人担任。在很长时期内，幕职官系统在吴越国的统治体制中作用非常有限，它的地位远远没有外镇军系统与内牙军系统那样显赫。

（三）内牙军

内牙军是节度使赖于割据的核心力量，是其所属军队的主力。到吴越国中期，内牙军成为吴越国政治生活中的主导力量，内牙军问题是吴越国面临

① 《吴越备史》卷四《大元帅吴越国王》乾德三年八月甲寅记事下《吴程附传》，第6257页。

② 《宋史》卷四八〇《吴越世家》，第13910页。

③ 《旧五代史》卷二三《王景仁转》，第318页。

的主要政治问题。

节度使治所所在州的军队，由节度使直辖，因驻扎于节度使所居的牙城，故称为牙军，或称衙军、内牙军、内衙军。

钱镠初崛起杭州时依赖八都兵，但八都兵并不是一个非常严密的军事组织，具有非常强烈的离心倾向。在第一次杭越战争期间，钱镠虽曾在八都兵中培养自己的亲信势力，但这种离心倾向却继续存在。为此，钱镠着手建立由自己直接控制的内牙军，其最初的渊源当是八都兵中直接受自己统辖的那部分，然后逐步网罗八都兵中其他亲近自己的势力。除此之外，他也收编降兵，如《吴越备史》卷八《文穆王》天福五年四月癸卯《鲍君福附传》："初事刘汉宏，及武肃王东讨，乃与其党归降，号曰向盟都。"（《十国春秋》卷八四《鲍君福传》作"向明都"）

吴越国内牙军的最高统帅是诸军都指挥使。钱镠时似称土客马步军都指挥使，一说土客诸军都指挥使，钱镠去世前钱元球曾任此职。钱元瓘时则称衙内诸军都指挥使，或称弓马诸军都指挥使，钱元瓘去世前立钱弘佐为吴越国王位继承人，任他为衙内诸军都指挥使，另一子钱弘倧为衙内诸军副都指挥使。钱元瓘死后，养子弘侑以弓马诸军都指挥使的身份执掌吴越军权。钱弘佐时则称内外马步都统军使，简称都统使，钱仁俊曾以此职为吴越国军队的最高指挥官。又据《宋史》卷四八〇《吴越世家》，在吴越国后期，钱俶之子惟濬任"钤辖两浙管内土客诸军事"，其职名即由此演变而来。

诸军都指挥使下设左（上）、右两都指挥使，或称左（上）、右都知兵马使，左（上）、右统军使；又有左（上）、右都虞候，或称左（上）、右都监使。如钱镠去世后钱弘偡任衙内诸军左都知兵马使，钱弘俶为衙内诸军右都知兵马使，钱弘亿为衙内诸军左右马步都虞候。钱弘佐时阚璠与胡进思分任内衙上、右统军使，章德安与李文庆分任内衙上、右都监使。

内衙军中有都的编制。都是唐后期、五代时常见的一种军事编制单位。除向盟都外，钱镠后又收罗孙儒降卒组建武勇都。除此之外，见之于史籍者尚有保成都、镇国都、匡武都等名目，唯不知其组建的时间。武勇都的最高指挥官是武勇都知兵马使，或称作武勇都指挥使。武勇都早期都指挥使或都知兵马使之下有都监使，下面还有队的编制。武勇都在徐绾、许再思和陈璋的率领下于天复二年（902）在杭州、天祐元年（904）在衢州两次发动叛乱。

到吴越国中期以后，随着镇将势力逐渐淡出历史舞台，内牙军成为吴越国政治生活中的主导力量。钱元瓘继位后杀内牙军统帅钱元球。钱弘佐时两次兴起大狱（即戴恽之狱与阚璠之狱）都与钱元瓘的义子、养子钱仁俊、钱弘侑有关。而且，由于钱仁俊、钱弘侑本身又都是内牙军的将领，这两次狱事也牵涉到内牙军与钱氏王室的矛盾。到忠让王钱弘倧时，内牙大将甚至擅行废立，将钱弘倧赶下王位。

（四）外镇军

在吴越建国初期，钱氏政权最重要的政治问题即是如何对付外镇兵、树立钱镠的统治权威。

唐时在边境地区置镇，为军事据点。镇分上、中、下三等，以镇将为长官，镇副为其副贰。唐朝中期以后，内地的一些节度使也于其辖内置镇，以镇使、镇将等为长官，五代沿袭之。这些镇将不属州县，直接归节度使领导，他们除军事防守外，另有征收械甲粮饷的责任、权力，侵夺了州县的部分民政权力。

镇将之下设有副将、押衙、虞候、将虞候、军判官、粮料官等。都头、正副兵马使、都虞候是由大将担任的高级军官，都虞候以下的十将、副将等是中下级军职，其余则为一般士兵。

唐末南方陷入混乱，悍匪遍地，盗贼横行，各种土团、义军、乡兵等民间自卫武装组织应运而生。这些土豪、悍匪趁乱而起，不受藩帅统辖，虽他们被授予镇将职位，成为外镇兵的一分子，但这些外镇兵已与以前的外镇兵有很大不同。以前的外镇兵是受节度使的派遣驻守地方，直接听命于节度使本人，而唐末这些镇将据地自雄，根本不受节度使的管辖。

杭州八都就是典型的外镇兵，其八都都将多从镇将转化而来，如董昌曾任石镜镇将，钱镠为石镜镇衙内都知兵马使，高彦曾任海昌镇将等。由于八都兵在其建立之初相当长的一段时间内是一个松散的军事组织，裴璩、周宝先后作为镇海节度使，董昌、钱镠先后作为杭州刺史，都无力直接指挥八都军队。这种松散性不仅表现在八都具有很大的独立性，而且还表现在一都之内各个派系之间也往往互不统属，一些都将可能无力对都内的全部兵力发号施令。如中和四年（884），当清平都将陈晟西进睦州扩展势力时，同在都内的临平曹氏却没有随之同往。又如海昌都，都将徐及死后，沈粲继任都将，但沈夏却带着一部分海昌都士兵离开盐官，我行我素，根本不受沈粲的约束。钱镠为把八都兵统一到自己的麾下，从第一次杭越战争期间策动海昌都兵变开始，杀刘孟安，诛徐靖，陷沈粲，付出了相当大的甚至是流血的代价。

具体来说，吴越国的外镇军系统有以下几种形式。

1. 镇——镇将

杭州八都都将多从镇将演变而来，除此之外，在唐末五代的两浙地区，见于记载者尚有以下数人曾任镇将之职：

朱威任永宁镇使（《吴越备史》卷一乾宁三年三月）；

高彦任海昌镇将（《吴越备史》卷一乾宁四年九月乙未）；

翁元轲任丈亭镇遏使（《吴越备史》卷一开平三年六月戊申）；

陆郢任常熟镇将（《吴越备史》卷一乾化三年六月辛卯）；

孙汉英任昆山镇防遏使（《吴郡志》卷二五《人物·孙载》）；

司马球任昆山镇遏使（《至正昆山郡志》卷四《人物·马友直》）；

吴公约任义和镇遏使（《至元嘉禾志》卷一《沿革》）；

吴公约任西桂镇遏使（《十国春秋》卷八五《吴公约传》）；

吴重裕任西佳镇遏使兼义和镇事（《至元嘉禾志》卷一《沿革》）；

韩章任诸暨镇遏使（《至元嘉禾志》卷二四《碑碣》引谢鹗撰朱行先墓志铭）；

翁锡任上亭镇遏使（《至元嘉禾志》卷二四《碑碣》引谢鹗撰朱行先墓志铭）；

屠龙骧任溆水镇遏使（《十国春秋》卷八四《屠瓌智传》）；

朱行先任静海镇遏使（《十国春秋》卷八五《朱行先传》）；

饶景任紫溪镇遏使（《十国春秋》卷八五《饶景传》）。

2. 军——军使

唐末五代两浙地区有关军使的记载有如下数例：

钱元珦任安国衣锦军亲从副指挥使（《吴越备史》卷一贞明三年三月条）；

钱元琇任衣锦军防遏都指挥使（《吴越备史》卷一贞明三年三月条）；

钱元懿任安国衣锦军防遏指挥使（《吴越备史》卷四广顺元年六月丙午条）；

杜雄任德化军使（《吴越备史》卷一乾宁四年十一月己卯条）；

朱褒任静海军使（《吴越备史》卷一天复二年五月庚戌条）；

高澧任武义军使（《九国志》卷二《高澧传》）。

这里所说的“军”并非由节度使统治的“军”，而是“外镇军”之“军”。据日野開三郎在《唐代藩镇の跋扈と鎮将》中的见解，军、镇设立的目的、内容与性质完全一样，不过在形式上略有区别：镇多依所在地的地名命名，而军多依驻守军队的番号命名；军的级别高于镇，有时镇能升级为军。这一点结论也可从吴越国衣锦军的设立得到证明。据《吴越备史》卷一《武肃王》，光化二年（899）二月，“所居安众营为衣锦营”；天复元年（901）五月，“升王所居衣锦营为衣锦城”；天祐四年（907）三月，“敕升衣锦城为安国衣锦军”。可见，在营、城、军三者的级别中，军高于城，城高于营。[①]

① ［日］日野開三郎：《唐代藩鎮の支配体制》，载《日野開三郎東洋史学論集》第一卷，第 416—421 页。

3. 戍——戍将

与镇、营、城、军相类似的还有戍，其长官为戍主，或称戍将，其副贰称戍副。戍在唐时分上、中、下三等，初时只是一军事据点，多设在边境地区，唐后期内地藩镇也开始置戍，钱氏吴越国时也有戍的设置。《吴越备史》卷一《武肃王》乾宁二年十月条："行密又遣安仁义、田颙等攻我镇、戍。"又《琴川志》卷五《江防》："钱镠有国，始于福山置戍，以防（南唐）[吴]之寇。"又同治《湖州府志》卷四九《乌墩镇土地乌将军庙记》引五季郑蟠《吴兴镜见录》载："吴越钱镠遣兵戍于乌程之东九十里，以立一障，谓之乌戍。"这就是旅游名镇、世界互联网大会召开地乌镇的前身，可见乌镇也是从一个戍发展而来。从中也可看出，吴越国确有一种被称为"戍"的军政单位。《吴越备史》卷二《文穆王》篇末总叙曰："[文穆]王舅陈氏列职不过一戍遏，每加厚赐，未尝迁授。"这里的"戍遏"大概就是"戍将"。据《册府元龟》卷一二二《帝王部·征讨》："[元和]二年九月，浙西节度使李锜据润州反，杀判官王澹、大将赵琦，又领苏、常、湖、杭、睦五州戍将，杀刺史，修石头故城，欲谋僭逆。"《资治通鉴》卷二三七唐宪宗元和二年十月对此事也有记载，将"戍将"称为"镇将"，可见镇、戍也具有同等性质。

二、王国体制的建立

后梁龙德三年（923）二月，钱镠被封为吴越国王，吴越建国，一整套相应的仪卫制度、职官制度随之建立，并在吴越国的政治生活中发挥越来越重要的作用。

吴越国的王国体制是龙德三年（923）二月钱镠被封为吴越国王后建立起来的。其具体内容见《资治通鉴》卷二七二后唐庄宗同光元年二月丁卯条的记载：

> 镠始建国，仪卫名称多如天子之制，谓所居曰宫殿，府署曰朝廷，教

令下统内曰制敕，将吏皆称臣，惟不改元，表疏称吴越国而不言军。（胡三省注：以建国，不肯复称镇海、镇东军节度。）以清海节度使兼侍中传瓘为镇海、镇东留后，总军府事。置百官，有丞相、侍郎、郎中、员外郎、客省等使。①

概括起来，有两项内容：一是类似天子的仪卫名称，一是以丞相为首的职官制度。其仪卫名称除上列“谓所居曰宫殿，府署曰朝廷，教令下统内曰制敕，将吏皆称臣……表疏称吴越国而不言军”外，还有建立宗庙，设立世子，使用宦官等内容。《资治通鉴》称其“不改元”，而事实上吴越国在钱镠时期也曾私设年号。吴越国的职官制度，除“丞相、侍郎、郎中、员外郎、客省等使”外，在政治生活中发挥重要作用的还有知机务、同参相府事、通儒院学士、都水营田使等。丞相之设，显然是模仿汉代分封制下的诸侯国丞相制度；侍郎、郎中、员外郎则是唐制；客省使是到后梁才有的；至于同参相府事、知机务、通儒院学士，则是吴越自己的创造。由此可见，吴越国的这套王国体制既有深远的历史渊源，又有鲜明的时代特征。

（一）吴越王、吴越国王与吴越国世子

1. 吴越王・吴越国王

根据《吴越备史》的记载，钱镠曾接受中原王朝的各种王爵，历次封王为：唐乾宁二年（895）六月封彭城郡王，光化三年（900）五月封南康王，光化三年（900）十一月封东安王，天复元年（901）五月封彭城王，天复二年（902）五月封越王，天复四年（904）四月封吴王；后梁开平元年（907）五月封吴越王，龙德三年（923）二月封吴越国王。

东安王，光化三年（900）十一月，宦官刘季述发动兵变，昭宗被废，太子李裕继位，遣使封钱镠为东安王，但未及钱镠作出反应，昭宗已经复辟。

① 《资治通鉴》卷二七二后唐庄宗同光元年二月丁卯条，第8880页。

钱镠在唐时曾要求封为吴越王，被朝廷拒绝，后经朱全忠斡旋，改封吴王。后梁与唐禅代，朱全忠广布恩赏，为了拉拢钱镠，封他吴越王。

在钱镠所有的各种封号中，人们最熟悉但也最容易引起混淆的是吴越王与吴越国王，很多人常把两者等同起来。实际上，这两者之间存在着很大的不同。钱镠早在开平元年（907）已是吴越王，但直到龙德三年（923）才被册封为吴越国王；长兴三年（932），钱镠去世，钱元瓘虽继位为君，但并未马上得到吴越王或吴越国王的封号，后唐政府只封他为镇海、镇东等军节度使、杭州越州大都督府长史，直到长兴四年（933）七月才册封他为吴王，又直到应顺元年（934）正月才册封他为吴越王，至于他被封为吴越国王，已是天福二年（937）四月后唐灭亡以后的事了。这种册封时间的不同即反映出吴越王与吴越国王是有所不同的，这种不同关系到吴越政权的统治体制问题。

据《资治通鉴》卷二七七后唐明宗长兴三年（932）二月条的记载，钱镠去世后，钱元瓘继位，"以遗命去国仪，用藩镇法"。所谓"国仪"，即指王国的统治体制，所谓"藩镇法"，即指藩镇的统治体制。后唐政府对那些独立的藩国一直实行强硬政策，他们对钱元瓘并不立即给予吴越国王的封号，即是这种政策的一个表现。既然没有吴越国王这个头衔，相应的王国体制便无从建立，钱元瓘"去国仪，用藩镇法"，实有其迫不得已的苦衷。实际上，这种情形并不限于吴越一国。据《资治通鉴》卷二七七后唐明宗长兴元年十一月条的记载，楚国马殷死后，子马希声继位，"称遗命去建国之制，复藩镇之旧"[①]。马希声终身没有再担任楚王，或楚国王。长兴三年（932）继位的马希范直到应顺元年（934）才被封为楚王。其理与吴越国同。

2. 世子与世子府

世子制度及世子府的建立，实际上也是吴越建国册封配套的一项制度。

天福二年（937）四月，后晋册封钱元瓘为吴越国王，其子钱弘僔也相应地成为世子。天福四年（939）八月，钱元瓘在首都杭州城北建立世子府。至

① 《资治通鉴》卷二七七后唐明宗长兴元年十一月条，第9052页。

于世子府的官属，由于史料缺乏，不得而知。

实际上，在吴越国历史上，一共也只出现过两个世子，一个是钱弘僔，另一个是忠懿王钱弘俶所立的钱惟濬。在忠献王钱弘佐、忠逊王钱弘倧统治时期，可能是由于当时吴越国内忧外患不断，加上两人年幼登位，都未立世子。

上述两个吴越国的世子没有一个能够顺利继位成为吴越国王。钱弘僔在他父亲在世时就早早离开人世。钱俶是亡国之君，在他统治时期，吴越国纳土入朝，继位也就无从谈起。

（二）吴越国的仪制

吴越国建立宗庙，也曾私设年号，任用宦官。

1. 宗庙制度

据《咸淳临安志》记载，在钱镠的故乡临安，曾有钱王太庙，王执礼有诗《游钱王太庙》："数间老屋半欹颓，宗祏虽存没草莱。尚有遗民呼太庙，可堪游鹿上荒台。"① 可见吴越国曾设有太庙。

钱镠、钱元瓘与钱弘佐三代国王皆曾有自己的庙号，钱镠为太祖，钱元瓘为世宗，一说太宗，又说为成宗，② 钱弘佐为成宗。至于钱弘倧与钱弘俶，一个是废王，一个举土入宋，当然不可能有庙号了。

2. 设立年号

《资治通鉴》谓吴越国"不改元"，据司马光《通鉴考异》引《纪年通谱》载，这是由于吴越国在后期，为了显示其对中原王朝的忠心，曾派人凿灭境内石刻中的年号，遂使后人不知真相。③ 据欧阳修《新五代史·吴越世家》，

① 〔宋〕潜说友：《咸淳临安志》卷七四《祠祀·钱王太庙》，载《宋元方志丛刊》，中华书局 1990 年版。

② 此据《资治通鉴》卷二七五后唐明宗天成元年十二月庚子条《通鉴考异》，太宗据陈纂《葆光录》卷一，成宗据《建炎以来朝野杂记》甲集卷二《光尧庙号议》。

③ 《资治通鉴》卷二七五后唐明宗天成元年"是岁"条，第 8997 页。

曾得吴越封落星石为宝石山的制书，内称宝正六年。[①]又据洪迈《容斋四笔》卷五《钱武肃三改元》，有《临安府石屋崇化寺尊胜幢》云“时天宝四年岁次辛未四月某日”；又有《明庆寺白伞盖陀罗尼幢》，其发愿文序称“天宝五年太岁壬申月日题”；又有《九里松观音尊胜幢》，“宝大二年岁次乙酉建”；又有《衢州司马墓志》，“宝大二年八月”；又有《水月寺幢》，“宝正元年丙戌十月，具位钱镠建”；《招贤寺幢》云“丁亥宝正二年”；又有小昭庆金牛、码碯等九幢，皆云二年至五年所刻。贡院前桥柱，刻“宝正六年岁在辛卯”造。[②]又据明张燧《千百年眼》卷九《吴越改元之证》，海宁州发现钱氏将许俊墓，云宝正三年卒。[③]又据《十国春秋》卷七八《武肃王世家》论曰：“《台州壁记》有钱镒天祐十九年之纪，而玛瑙寺幢复有作宝贞年号者。”此处“宝贞”显是“宝正”讳改。[④]另据诸葛计、银玉珍《吴越史事编年》中，《朱府君墓志铭》云“宝大元年岁次甲申”；婺州观音院钟刻云“宝大二年乙酉”；海州许俊墓署“宝正三年”于石；《凤山灵德王庙记》题“时宝正六年重光单阏为相之月二十有二三日记”；《上虞县舜井得定物记》内有“宝正三年闰八月”，“宝正四年六月二十九日差钱文殷祭神，镌云：吴越国王宝正三年八月十九日重开舜井，收得重华石一片”。阮元《两浙金石志》卷四载有吴越宝正砖，印文曰：“宝正六年十月造。”则可知吴越国确曾改元。

据上述资料，吴越在钱镠时曾三次改元，其起讫时间分别为：天宝从908—912年，共6年；宝大从924—925年，共2年；宝正从926—931年，共6年。另据《玉海》卷一三《律历·改元》，除天宝、宝正、宝大外，在天宝之后、宝正之前，尚列广初年号，因无实物资料，不知其起讫时间。[⑤]

其实钱镠改元有一个共同点，每次改元都发生在北方朝代剧变之后。改

---

① 〔明〕张燧：《千百年眼》卷九《吴越改元之证》，载《丛书集成三编》第67册，台湾新文丰出版公司1997年版，第645页。

② 〔宋〕洪迈：《容斋四笔》卷五《钱武肃三改元》，中华书局2005年版，第873—877页。

③ 《千百年眼》卷九《吴越改元之证》，第105页。

④ 《十国春秋》卷七八《吴越武肃王世家下》，第1115—1116页。

⑤ 诸葛计、银玉珍：《吴越史事编年》，浙江古籍出版社1989年版，第114—117页。

元天宝是后梁代唐之时，改元宝大是后唐灭后梁之后一年，改元宝正是李嗣源以养子身份取得后唐帝位之年。

3. 堂院（宫殿）制度

据《资治通鉴》，钱氏谓其所居曰宫殿，但有关文献中找不到“宫殿”的记载，而多以堂院相称。可能吴越国前期曾称宫殿，后期则自讳而改。据《吴越备史》载，堂院有都会堂、功臣堂、思政堂、天册堂、光册堂、天宠堂、瑶台院、丽春院、义和院等。功臣堂，天祐二年（905）十一月，钱镠于府门之西建，文穆王时毁于火，天福八年（943）正月重建，忠献王钱弘佐、忠懿王钱弘俶皆出生于此；都会堂，又称八会亭，钱镠“平吴定越，讲武计议，凡八会于此”，天成二年（927）蝗灾，他还曾在此祭祀；仙居堂，天福六年（941）九月，忠献王钱弘佐即位于此；武功堂，天福六年（941）十二月，改为文穆王庙；天宠堂，开运三年（946）八月重建，乾祐元年（948）正月，忠懿王钱弘俶即位于此；光册堂，开运四年（947）五月，吴越取得福州之役的胜利，忠献王钱弘佐曾在此犒赏军队；天册堂，开运四年（947）六月，忠逊王钱弘倧即位于此；思政堂，显德五年（958）十一月建，显德二年（955）七月，因有长虹入天长楼，钱弘俶曾避居于此，九月才回天宠堂；大庆堂，建隆元年（960）三月建；丽春院，天福六年（941）七月，发生大火；瑶台院，天福五年（940）八月，以世子府改，天福六年（941）七月，丽春院大火，文穆王钱元瓘迁居于此，八月死于院内的彩云楼；咸宁院，开运四年（947）六月，忠献王钱弘佐死于此；义和后院，开运四年（947）十二月，忠逊王钱弘倧为胡进思所废，迁居于此。

4. 公讳

钱氏诸王，甚至是世子名，皆是避讳的对象。凡犯讳者，姓名、地名、官名、习语，一皆改正。如改姓氏，为避钱镠讳，刘氏改为金氏，到宋朝才令还旧(《宋史》卷四八〇《吴越世家》)；留氏改田氏（《青箱杂记》卷二）。又如改人名，吴越国丞相曹弘达在文穆王时避孝献世子钱弘傅讳改名曹仲达（《吴越备史》附传），福建降将李弘达、李弘通避钱弘佐讳改名李达、李通（《资治通鉴》卷二八七天福十二年七月条胡三省注）。又如改地名，如虎瞟避钱镠讳改名许市（《吴地记》），瞟塘改名娄塘（《江南通志》卷三三），乐清东南港有木榴山，改名肺山（《嘉靖太平县志》卷一引顾野王《舆地志》）。又如改官名，避忠献王钱弘佐讳，改左为上，凡官名带“左”字者悉改为上，如左都指挥使改上都指挥使（《砚北杂志》卷下）。又如改习语，避钱镠讳改留住为驻住（《青箱杂记》卷二），改石榴为金樱（《青箱杂记》卷二、《齐东野语》卷四）；避钱俶讳，称季父（叔）为小伯（《经史避名汇考》卷一八）。另据《苕溪渔隐丛话后集》卷八引《诗说隽永》，吴越人写本《杜诗》，也讳钱镠嫌名流字。这种避讳并非官僚家庭内部的私讳，而是借助国家机器在统治区域内强制推行的公讳，实亦帝王仪制之一种。

（三）吴越国丞相制度

丞相之设，是模仿汉代分封制下的诸侯国丞相制度。除丞相外，吴越国还设有同参相府事之职，有“权知政事”与“摄政事”。

1.丞相

吴越国的丞相制度大概是模仿汉代的王国制度设立的。在一般情况下，吴越国丞相有左右二人。初建国时，左丞相为杜建徽，右丞相是谁，不得而知。至天福二年（937）四月，吴越重新建国，钱元瓘为了对付钱元璙、钱元珦等强镇大藩，加强了王国政府的权力，丞相的作用有所加强。当时他任命的丞相有沈崧、皮光业二人。沈崧，钱元瓘建国时任相，次年二月去世，任相时间不过十月。皮光业，忠献王时天福八年（943）去世。除此二人之外，曹仲达在钱元瓘刚建国时即已担任丞相之职。此外，尚有林鼎，在钱元瓘建国之初“掌教令”，后拜丞相。皮光业死于天福八年（943）二月，曹仲达死于同年十一月，林鼎死于次年正月。一年之内，连去三相。忠献王钱弘佐任命的丞相有吴程、钱弘倧。钱弘佐死后，钱弘倧于天福十二年（947）六月即位，去丞相之位；吴程也于同年十二月知福州威武军事，去丞相之职。在忠献、忠逊时期，被任命为丞相的人可能还有元德昭，他任相的具体时间，史书阙载，不得而知。但据《吴越备史》卷三《忠逊王》天福十二年十二月条，胡进思废钱弘倧，另立钱弘俶，曾“言于丞相元德昭”，可见他至迟在忠逊王时期已经被任命为丞相。

忠懿王时期的丞相见于《吴越备史》《续资治通鉴长编》等书记载者有吴程、元德昭、钱弘儇、裴坚、沈虎、崔仁冀等。

此外，据《咸淳临安志》卷六五《人物・杨大雅》，杨氏先祖杨岩也曾担任吴越国丞相,只不知是在什么时候。据《十国春秋》卷一五《南唐烈祖本纪》,昇元四年即后晋天福五年（940），杨岩曾以刑部尚书的官衔出使南唐，可见当时尚未任相。又同书卷八五《杨岩传》谓其“历仕武肃王父子,累官至丞相”,则其仕宦生涯至文穆王而至。而钱元瓘在天福六年(941)八月去世。据此推算,其任相时间当在天福五年(940)十一月至天福六年(941)八月之间，计其时,最多不过九月，因此声名不显。

据《嘉泰吴兴志》卷一四《郡守题名》,鲍君福曾任吴越国右丞相,但考《旧五代史》卷七八《晋高祖本纪》、卷七九《晋高祖本纪》及《吴越备史》卷二《文穆王》天福四年四月乙卯《鲍君福附传》诸条记载，此说十分可疑。

2. 同参相府事

除丞相外，吴越国还设有同参相府事之职，这是钱元瓘加强王国政府权力的另一项举措。据其名即可推知，同参相府事大约相当于副丞相。据《吴越备史》卷二《文穆王》，在钱元瓘统治时期，陆仁章、仰[仁]诠二人曾任此职。陆仁章曾任内衙指挥使，仰仁诠曾任内衙统军使，两人都以内牙军人的身份出任此职。此外，据《咸淳临安志》卷六五《人物・鲍君福》，鲍君福之子鲍修让也曾出任同参相府事之职，据《十国春秋》卷八七本传，他任此职已在建隆以后。又据《十国春秋》卷八五《郭师从传》，郭师从“忠献王时，拜同参相府事”。另据《资治通鉴》卷二八七后汉高祖天福十二年七月条，钱弘倧时，钱弘俶也曾担任此职。

3. 权知政事与摄政事

相当于丞相职位的，除了丞相与同参相府事，见于史书记载者，还有“权知政事”与“摄政事”。如《吴越备史》卷三《忠献王》天福八年十一月癸未《曹仲达附传》：“文穆即位，居谅暗，命仲达权知政事。”这一职位的任命大概与钱元瓘“去国仪，用藩镇法”有关。丞相这一职务的任命是与吴越建国联系在一起的，而钱元瓘在即位之后并未立即被册封为吴越国王，丞相的任命自然无从谈起。但自龙德三年（923）钱镠建国以来，以丞相为首的一整套官僚机构已经建立,不易一下子撤销,而钱元瓘任命曹仲达为权知政事，实即是要维护这套官僚机构的正常运转。曹仲达无丞相之名，而有丞相之实。

又同书卷三《忠献王》天福六年九月庚申条：“［忠献］王即位于仙居堂……丞相曹仲达摄政事。”摄政事之职，大概与权知政事相当。钱元瓘去世，钱弘佐于天福六年（941）九月即位，但吴越国王的册封诏书要到两个月之后才正式下达。在此期间，曹仲达摄政事，实际上也起到了临时丞相的作用。

“权知政事”与“摄政事”的设置表明，吴越国即使在“去国仪，用藩镇法”的时候，那一套“国仪”仍在继续运转并发挥着它的作用，这是由于以丞相为首的一整套官僚制度本身即是由藩镇体制中的幕职官系统发展而来。

（四）吴越国的制度创新

知机务、通儒院学士、择能院等，是吴越自己的制度创造。

知机务之设，唯《涑水记闻》有记载，谓其“如枢密院”。其职掌，司马光说“如枢密院”。但枢密院本身也有一个演变过程，五代的枢密院与北宋的枢密院，就不完全一致，不知司马光说的枢密院指的是哪个时候的枢密院。但大概来说，知机务主管军事，则是可以肯定的。唐代曾有参知机务一职，如据《册府元龟》卷二二，贞观二十二年（648），唐太宗任命崔仁师为中书侍郎、参知机务。又据《资治通鉴》卷二六二唐昭宗天复元年十一月丁卯条，以卢光启为右谏议大夫、参知机务。但唐代知机务并非常设官职，任命事例很少，不知吴越国“知机务”是否受其影响。

通儒院（殿）学士见于《涑水记闻》、吴坰《五总志》及《咸淳临安志》

等记载。《涑水记闻》卷二谓其职如“翰林学士”①。崔仁冀与宋初隐士林逋之祖林克己曾任此职。②又有唐谓者也曾任此职。③崔仁冀由这一职位升任丞相，可见它在吴越国的职官体制中占有重要的位置。

据《吴越备史》，文穆王钱元瓘刚继位，即“置择能院以选士”④，命沈崧负责。至今没有史料表明吴越国曾经实行科举制度，择能院可能部分地行使着铨选的职能。

三、帅府体制与吴越国的军事制度

历任吴越国王，除在位时间较短的钱弘倧外，都被中原王朝封为各种名目的元帅，并设置元帅府。吴越国王任职天下兵马大元帅，开始时可能只是荣誉性的，但到吴越国中期以后脱虚向实，逐渐演变成为在吴越国政治生活中占有重要地位的实体机构。

（一）大元帅与元帅府

根据《吴越备史》等史料记载，吴越国王担任元帅的具体时间与职务如下：

贞明二年（916）七月，钱镠：诸道兵马元帅

贞明三年（917）十月，钱镠：天下兵马都元帅

天福元年（936）十二月，钱元瓘：天下兵马副元帅

天福四年（939）八月，钱元瓘：天下兵马元帅

天福五年（940）三月，钱元瓘：天下兵马都元帅

开运三年（946）三月，钱弘佐：东南面兵马都元帅

① 〔宋〕司马光：《涑水记闻》卷二《知机务与通儒学士》，中华书局 1989 年版，第 38 页。

② 〔宋〕吴垌：《五总志》，《全宋笔记》第 5 编第 1 册，大象出版社 2012 年版，第 18 页。

③ 〔宋〕邹浩：《道乡集》卷三五《真淡先生唐公墓志铭》，《宋集珍本丛刊》影印明成化六年刻本，线装书局 2004 年版，第 263 页。

④ 《吴越备史》卷二《文穆王》天福三年二月《沈崧附传》，第 6227 页。

天福十二年（947）五月，钱弘佐：诸道兵马都元帅

乾祐二年（949）三月，钱弘俶：东南兵马都元帅

广顺元年（951）三月，钱弘俶：诸道兵马都元帅

广顺二年（952）二月，钱弘俶：天下兵马元帅

乾德二年（964）三月，钱弘俶：天下兵马都元帅

吴越国的元帅及元帅府，从制度渊源上讲有两个来源。一是唐初的天策上将。钱镠受封诸道兵马元帅后的第二年，即贞明三年（917），置元帅府，《吴越备史》就记载“开幕除吏，一同天策上将军府故事”。唐高祖武德四年（621），以秦王李世民平定洛阳有功而特置“天策上将”一职加以封赏，掌全国征讨，位在王、公上。以李世民为天策上将军总判府事，下设长史、司马、从事中郎、军咨祭酒、典签、主簿、录事、记室参军事、功曹参军事等官。五代后梁时拜楚王马殷为天策上将军，依唐太宗故事开天策府置官属。马殷去世后，其子马希范袭任天策上将军之职。因为天策上将军已经授予楚王，钱镠只能封诸道兵马元帅。二是唐朝征讨安史之乱时设置的天下兵马大元帅。唐天宝十五载（756），为平定安史之乱，唐玄宗任命时为太子的唐肃宗李亨为天下兵马大元帅，都统朔方、河东、河北、平卢等节度兵马。唐代宗李豫登基前也曾担任此职。此后凡遇大战事，调诸道兵马会战，唐朝一般都会设置元帅或都统，以为战时最高军事长官，多由亲王挂名，副元帅实掌军政。后唐明宗时也曾任命秦王李从荣为天下兵马大元帅。正因为李从荣已任帅职，所以钱元瓘刚开始时只担任了副元帅，屈居副职。

元帅府的幕职官员有行军长史、行军司马、掌书记、判官、参谋、兵马使、都虞候等官。吴越国元帅府幕职官员见于记载者有：

（1）元帅府判官。贞明六年三月，皮光业曾任元帅府判官，出使杨吴。皮光业之子皮灿也曾任元帅府判官。显德二年（955）十二月，元帅府判官陈彦禧入贡后周。

（2）元帅府掌书记。乾德五年十月，元帅府掌书记黄彝简入贡宋朝。

（3）元帅府典谒。沈韬文曾任元帅府典谒。

（二）元帅府与吴越国地方统治体制的演变

吴越国王任职天下兵马大元帅，开始时可能只是荣誉性的职衔，但到吴越国中期以后脱虚向实，逐渐演变成为在吴越国政治生活中占有重要地位的实体机构。这种演变与吴越国地州制度的演变有密切关系。

吴越国初期，主要依靠藩镇制度治理地方。镇东军辖浙东七州：越州、明州、台州、温州、处州、婺州、衢州。镇海军辖浙西六州：杭州、湖州、睦州、苏州、常州、润州。常州、润州为吴国（南唐）所占，但五代王朝与吴越国都不承认其政权的合法性，因在法律上镇海军包括常州、润州，实际占有仅杭、苏、湖、睦四州。

需要指出的是，按唐五代的藩镇制度，各道或各镇首州长官例由节度使兼任，因此杭州刺史或杭州大都督府长史例由镇海节度使担任，越州刺史或越州大都督府长史例由镇东节度使担任。也就是说，杭、越两州的地方长官就是吴越国最高统治者本人。

这种局面到吴越国后期都没有改变。如天福三年（938）十一月甲辰，后晋高祖石敬瑭封钱元瓘吴越国王的玉册中，钱元瓘的正式官名是“兴邦保运崇德志道功臣、天下兵马副元帅、镇海镇东等军节度使、浙江东西等道管内观察处置兼两浙盐铁制置发运营田等使、开府仪同三司、检校太师、守中书令、杭州越州大都督府长史、上柱国、吴越国王、食邑一万五千户、实封一千五百户”。

吴越国王兼任杭、越两州长官的事实进一步证明吴越国在整个制度框架上并不是一个独立政权或中央政府的制度框架，而是一个地方政府的制度框架。

这种镇海军统辖浙西四州、镇东军统辖浙东七州的局面却因几件事情的发生而改变。

第一件事是中吴军的设置。钱元璙与钱元瓘是钱镠诸子中战功最卓著的两人，且钱元璙年长，最后钱镠虽立钱元瓘为吴越国继承人，但为平衡起见，他请后唐王朝于同光二年（924）十月，授钱元瓘为检校太师，兼中书令、充两浙节度观察留后。同年十一月升苏州为中吴军，制授钱元璙充中吴军节度使。这样，吴越国内出现镇海、镇东、中吴三镇节度，苏州脱离镇海军。后来，钱元瓘为抑制中吴军，从苏州析置秀州。这样吴越国三节度，镇东军辖浙东七州，镇海军辖杭、湖、睦、秀四州，中吴军法律上辖苏、常、润三州，实辖苏州一州。

第二件事是吴越国在钱弘佐时攻占福州。福州本身就是一个节度州，有彰武节度使建置。这样，吴越国境内就出现了镇海、镇东、中吴、彰武四镇节度。

此后，婺、温、湖、明四州也陆续升级为节度州：

婺州：后晋天福四年（939）九月，武胜军节度

温州：后晋天福四年（939），静海军节度

湖州：后周显德六年（959）二月，宣德军节度

明州：宋建隆元年（960）六月，奉国军节度

最后，吴越国境内共有镇海、镇东、中吴、彰武、武胜、静海、宣德、奉国八镇，这八镇节度使在法律上都是由中原王朝任命的。其中镇海辖杭、睦、秀三州加衣锦一军，镇东辖越、台、衢、处四州。其余五镇节度虽只辖一州，但它们的出现对吴越国原本的地方制度特别是军事指挥体制的有效运行构成了严重挑战，吴越国王再也不能以镇海、镇东两镇节度使的身份对吴越国所有州县发号施令了。而兵马大元帅及其元帅府则脱虚向实，取代原来的镇海、镇东两镇节度使，成为吴越国最高军事指挥机构。追溯唐代天下兵马大元帅的源头，本来就是为了协调与统一指挥诸道兵马而设置的。这样，随着两浙地区支郡升军现象越来越普遍，天下兵马大元帅及其元帅府便代替镇海、镇东两镇节度使成为吴越国军事指挥机构。

四、吴越国的地方行政制度

州县是吴越国最基本的地方行政单位。府是与州并列的一级的行政建置。州县之上是藩镇。有关吴越国藩镇的情况，前述藩镇体制与元帅府时已经论述，这里不再赘言。

藩镇体制与王国体制之分在吴越国的地方统治体制中也有着深刻的影响。镇、戍、军、营为一系统，州府、县、乡里为另一系统；镇、戍、军是平级的行政单位，县、州府则是由低至高的上下级关系。这两个系统在职能上存在着互相重叠、互相矛盾之处，归纳起来，有三种情况：

第一种情况是外镇军侵夺州县的职权。日本学者日野開三郎指出，唐代的镇将在唐末五代的乱世里掌握了地方的科征、狱讼、田婚等原本属于县令的民政权力，侵夺了县令的职权。[①] 日野所说镇将乃指节度使系统的势力，州县则为朝廷任命的官员，镇将侵夺州县权力是藩镇割据的表现。钱镠以节帅建国，其管内上下关系，与朝廷与节将的关系有别。但镇、县并存的情况在吴越国也有存在。如据《宝庆四明志》，明州有望海镇，钱镠时更名静海镇，后置望海县（寻改名定海）[②]。又据谢鹗所撰朱行先墓志铭，朱行先于“宝大元年（924）”去世，去世前的职务是“静海镇遏使”。[③] 则静海镇直至此年仍未废止，与望海县（定海县）并存。谢鹗在说到朱行先担任静海镇遏使时说：“仍委之静海剧镇。府君之屯细柳也，锄櫌荆棘，板筑城垒，不日而就。不恃其宠，不劳于民，卒乘辑睦，镇县和同，商农工贾，不改其业，亲载耒耜，遍植桑麻，以备祗奉使臣，供承南北，十五年内外无间言，盖恩威并行、宽猛得所矣。”这里的“锄櫌荆棘”是民政事务，“板筑城垒”是军政事务，

① 〔日〕日野開三郎：《五代史の基調》，《日野開三郎東洋史学論集》第二卷，第 483—510 页。

② 〔宋〕胡榘修、方万里、罗濬纂：《宝庆四明志》卷一八《定海县志·叙县·沿革论》，载《宋元方志丛刊》，第 5225 页。

③ 〔清〕董诰等：《全唐文》卷八九八《谢鹗·佐正匡国功臣故节度左押衙亲卫第三都指挥使静海镇遏使银青光禄大夫检校尚书右仆射御史上柱国朱府君墓志铭并序》，第 9369—9370 页。

朱行先手握军政、民政大权，即是侵夺了原来属于县令的职权。但墓志铭中又有“镇县和同”之语，似乎他与望海县令相处得很好。

第二种情况是外镇军长官兼任州县长官。如据《吴越备史》，朱褒任本州（即温州）刺史，充静海军使；[①] 此外，德化军使杜雄、武义军使高澧在担任“军使”的同时担任着台州刺史、湖州刺史之职。

第三种情况是外镇军长官走出本镇、军担任州县长官时仍领本镇军务。据罗隐《东安镇新筑罗城记》，杜稜任常州刺史后，东安镇镇务由其子弟掌管，实际上杜稜仍是东安镇的土皇帝；后来正好碰上孙儒之乱，杨行密、钱镠、孙儒三方在常、润一带展开混战，杜稜被俘，他回来后修筑东安城，表明他继续掌管着东安镇军务。又如，据《吴越备史》，浙江都将、润州刺史阮结死后，钱镠以其弟右骁卫将军阮绰领其本部。[②] 据《吴越备史》，阮结死后，成及代任润州刺史。[③] 阮结死后浙江都的兵马仍由他弟弟阮绰掌管的事实表明，外镇军的职位是世袭的，具有家族色彩，州县官的职位是任命的，具有政府色彩。前者是藩镇时代的特征。

但是，以镇将为代表的外镇军长官几乎全是钱镠时期的人物，钱镠之后，除了他的故乡衣锦军外，“镇将”“军使”一类官名很少再出现于史书的记载，似乎已逐渐淡出历史舞台。这种变化也反映出吴越国后期藩镇体制逐渐让位于王国体制的事实。[④]

（一）州

除刺史外，吴越国的州长官还有制置使、权制置使、权知州事、权刺史等名称。

① 《吴越备史》卷一《武肃王》天复二年五月庚戌《朱褒附传》，第 6194 页。

② 《吴越备史》卷一《武肃王》龙纪元年五月甲辰条，第 6179 页。

③ 《吴越备史》卷一《武肃王》乾化三年六月辛亥《成及附传》，第 6207 页。

④ ［日］日野開三郎：《五代史の基調》，《日野開三郎東洋史学論集》第二卷，三一书房 1980 年版，第 483—510 页。

1. 州刺史

刺史是一州的最高行政长官。依唐制，其僚属当有长史、司马、别驾、录事参军及司功、司仓、司户、司田、司兵、司法、司士参军事等。

2. 制置使

据《吴越备史》，阮结曾任常州制置使，沈粲曾任苏州制置使，高彦曾任湖州制置使，骆团曾任台州制置使，曹珪曾任权苏州制置使，陈章为衢州制置使，方永珍为衢州制置使，钱镖为婺州制置使，吴璋为温州制置使，俞浩为处州制置使，钱元球为明州制置使。

其中沈粲被任命为制置使一事又见《资治通鉴》卷二五八唐昭宗龙纪元年十月条："以给事中杜孺休为苏州刺史，钱镠不悦，以知州事沈粲为制置指挥使。"则制置使的全称当作"制置指挥使"。又陈璋任制置使事，《资治通鉴》卷二六三唐昭宗天复二年九月讲到徐许之乱时谓"衢州制置使陈璋将卒三百出城奋击，遂夺其地，镠即以为衢州刺史"。胡三省注曰："观此，则当时诸州制置使在刺史下。"佐竹靖彦认为，制置使本是一州的军事统辖者，钱镠利用自己杭越管内都指挥使的权限、因行军上的权宜临时任命部属担任此职，实际上成为各州真正的地方长官。佐竹还认为，在吴越建国的初期，地方长官的产生存在着"镇将→都将→制置使→刺史"的一个演变过程。[①]但笔者并不完全认同这个观点，如本书第四章所论，钱镠之所以任命制置使，是因为他对地方的统治尚未被唐朝廷承认。

3. 知州事

"知州事"在唐朝后期出现，唐朝末年在两浙地区普遍存在，如据《吴越备史》卷一《武肃王》，周宝曾命钱镠为"权知杭州军州事"，刘汉宏任命刘文"知明州"，杜雄"知台州"，又任命朱褒"知［温］州事"。钱镠自己当政的初期，除沈粲外，也曾任顾全武为"权知衢州事"。时至五代吴越立国之后，这种情况继续存在，如《吴越备史》卷四《今大元帅吴越国王》

① ［日］佐竹靖彦：《杭州八都から吳越王朝へ》，《東京都立大学人文学報》1978年第3期。

乾德三年八月甲寅《吴程附传》：“天福中，文穆王子偡遥典睦州，命程知州事。”从吴程知睦州事还可知道，当时存在着刺史与知州并存的现象。当时真正的睦州刺史是钱弘偡，吴程以“知睦州事”的身份代掌州务。类似的例子又见《嘉泰吴兴志》卷一四《郡守题名》：“胡进思，开运三年二月检校太尉授刺史，以判官孙谔知州事。”[①] 真正的湖州刺史是胡进思，而孙谔以“知州事”的身份掌州务。然而，吴程知睦州、孙谔知湖州与前述沈粲知苏州、顾全武知衢州，具有不同的性质。钱镠任命沈粲知苏州、顾全武知衢州，是因为他无权任命州刺史，只好暂时让他们权知一下，本意还是要让他们做刺史的。而到吴程知睦州、孙谔知湖州时，吴越国君主已获得直接任命刺史的权力，而事实上他们也确实已经任命正式的刺史，只是因为这些刺史因种种原因未能莅州主持工作，才让吴程、孙谔来权知。

4. 节度州

吴越国内本来只有镇海、镇东两个节镇，后来两军属州有很多升级为军，如苏州中吴军、湖州宣德军、温州静海军、明州奉国军、婺州武胜军等。由于吴越国时期设置的节度军除节度所在地的州外，别无支郡，因此节度军实际上是与州并列的一级行政单位。

节镇长官例兼多种使职，其中最主要的是节度使。在吴越国，却出现了“知节度军事”或“判节度军事”这样一个带有临时差遣性质的职名。如据《吴越备史》，开运四年（947）十二月，命丞相吴程知福州威武军事；乾祐三年（950）六月，敕授东府安抚使钱弘偡知福州威胜军事；广顺二年（952）四月，敕衢州刺史钱元璛知福州威胜军事；显德三年（956）六月，钱弘俶命钱仁俊复知福州彰武军事；乾德四年（966）十一月，钱弘俶命钱弘信知婺州武胜军事；乾德五年（967）二月，除睦州刺史钱元璛知福州彰武军事；乾德六年（968）四月，命王子宁远军节度使惟治兼判奉国军事。其中福州的例子显得特别多，这是由于其他诸州节钺多由钱氏子弟担任，而福州直到忠献王时才并入吴越，

① 〔宋〕谈钥纂修：《嘉泰吴兴志》卷一四《郡守题名》，《宋元方志丛刊》本，第4778页。

其地方长官多临时任命，因此更易频繁。

（二）府

除州外，吴越国与州并列的还有府一级的行政建置，如其首都杭州被称为西府；其陪都越州则称东府。这两州的情况比较特殊，杭州刺史或杭州大都督府长史例由镇海节度使担任，越州刺史或越州大都督府长史例由镇东节度使担任。也就是说，杭、越两州的地方长官就是吴越国最高统治者本人。但吴越君主自然不能亲理庶务，于是另有实际主政的官员。如西府杭州有“判西府院事”，据《吴越备史》，吴程在忠献王时曾判西府院事，同书又讲到文穆王时有个西府院官叫滕携。[①]东府则有知东府事、东府安抚使等官，据《吴越备史》，皮光业曾知东府事。开运元年（944）十一月，钱弘保任东府安抚使；乾祐三年（950）七月，钱弘亿任东府安抚使；开运元年（944）十一月，钱弘倧出为东府安抚使；显德五年（958）四月，钱弘仪任东府安抚使。此外，钱仁俊、钱弘儇也曾担任此职。从钱弘儇等人的传记即可看出，所谓东府安抚使实际上就是越州的地方长官。

（三）县镇

唐时县置县令，为一县之长。其属官有县丞、主簿、县尉及司功曹、士曹、典狱等，员额多寡增减不一。吴越时当袭唐旧制。但据《淳熙三山志》的记载，“五代吴越时或称判县事”[②]，则当时也出现了“判县事”这样带有差遣性的职名。

（四）乡里

唐时以百户为里，置里正一人，五里为乡，置耆老一人，由本县年老持重者任之。里正掌按比户口、课植农桑、检查非违、催办赋役，一般由县司

① 《吴越备史》卷四《今大元帅吴越国王》乾德三年八月甲寅记事下《吴程附传》，第6257页。
② 〔宋〕梁克家纂修：《淳熙三山志》卷二四《县官》，《宋元方志丛刊》本，第7993页。

选勋官六品以下及白丁清平强干者充任。五代吴越国的乡里情形不见于史书记载，大概与此略同。

五、吴越国的对外交往机构

吴越立国，于中原七朝置进奏院，掌传送文书、情报，主持进贡，体现其与中原王朝在政治上的臣属关系。吴越国同时在中原王朝设置回图机构，进行商业贸易，体现双方的经济联系。

（一）客省使与进奏院

1. 客省使

唐永泰（765—766）时始置客省，以客省使、副使为长官。地方官员进京朝觐，或外族、外国使节来朝，皆待命于此，官府供给廪食。吴越国也置客省使，其职当与唐时大致相当。

2. 进奏院

进奏院，初见于唐肃宗、代宗时，又称留邸、进奏务，是方镇、直隶州在京师长安设置的办事机构。吴越立国，于中原七朝置进奏院，掌传送文书、情报，主持进贡，实际上是向中原王朝表示臣服。《资治通鉴》卷二九四记载南唐“清源节度使留从效遣使入贡[后周]，请置进奏院于京师，直隶中朝”。胡三省注：“留从效以唐国势削弱，不欲复臣事之。”[①] 因此，进奏院严格来说并不算是一个外交机构。

进奏院的办事人员称邸官、邸吏、进奏吏。《新五代史》卷六七《钱镠世家》载：“[梁]太祖尝问吴越进奏吏曰：‘钱镠平生有所好乎？’吏曰：‘好玉带、名马。’太祖笑曰：‘真英雄也。’乃以玉带一匣、打毬御马十匹赐之。”[②] 又如据《资治通鉴》卷二七六唐明宗天成四年九月癸巳条，唐明宗时安重海

① 《资治通鉴》卷二九四后周世宗显德六年六月丙子条，第 9599 页。

② 《新五代史》卷六七《吴越世家》，第 839 页。

当政，勒令钱镠致仕，“凡吴越进奏官、使者、纲吏，令所在系治之”。[①] 又如《宋史》卷四八〇《吴越世家》也提到“进奏使任知果”。[②]

3. 迎宾院

迎宾院的设置见于《宝庆四明志》的记载：“海内东寨巡检，梁贞明二年置驻扎迎宾院。”[③] 迎宾院设于吴越国的港口城市明州。由于吴越国与中原及海外诸国的交往多通过海上进行，迎宾院可能是一个外事机构。

（二）回图机构

回易务见《旧五代史》卷一〇七《刘铢传》的记载：“先是，滨海郡邑，皆有两浙回易务，厚取民利，［如有所负，回易吏］自置刑禁，追摄王民，前后长吏利其厚赂，不能禁止。铢即告所部，不得与吴越征负，擅行追摄，浙人惕息，莫敢干命。”[④]（据《册府元龟》卷六九〇《牧守部·强明》校补。）可见，回易务与博易务一样都是设在沿海郡县。唐人元结《元次山文集》卷一〇《请收养孤弱状》中有“回易杂利”[⑤]，则回易机构很可能早在唐代就已存在，并不是吴越国的首创。

除了博易务、回易务外，据记载吴越国可能还设有回图一类机构。

宋人郏亶在他的《水利书》中还提到撩浅军治水的经费开支问题，他建议北宋政府“仿钱氏遗法，收图回之利，养撩清之卒”[⑥]。“图回”很可能便是“回图”的异名。

《吴越史事编年》后周世宗显德元年十月条载吴越国台州教练都知兵马使俞让的一则墓志铭，讲到俞让的第三男仁祚，他的头衔是“军事押衙、充当直都队将、知省回图库务、银青光禄大夫、检校太子宾客、兼监察御史、

① 《资治通鉴》卷二七六后唐明宗天成四年九月癸巳条，第9032—9033页。

② 《宋史》卷四八〇《吴越世家》，第13899页。

③ 《宝庆四明志》卷一八《定海县志·官僚》，第5230页。

④ 《旧五代史》卷一〇七《刘铢传》，第1415页。

⑤ 〔唐〕元结：《元次山文集》卷一〇《请收养孤弱状》，《四部丛刊》本。

⑥ 〔宋〕范成大：《吴郡志》卷一九《水利上》，江苏古籍出版社1999年版，第268页。

上柱国”；墓志铭又讲到俞让有两个女儿，其中第二个女儿嫁给“知省回图库务盛氏”，又说“回图虽设于一方，上供曾计之巨万”。可见，吴越国曾有“知省回图库务”这一官职。

回图之职并不仅仅见于吴越国，据《资治通鉴》卷二六六后梁太祖开平二年七月条，楚国曾采纳判官高郁的建议，在汴、荆、襄、唐、郢、复州置回图务，运茶到河南、河北出售，换回纺织品与战马。胡三省注：“回图务，犹今之回易场也。”[①] 又据同书卷二八三齐王天福八年九月条，河阳牙将乔荣跟赵延寿到契丹，契丹任命他为回图使，到后晋贸易。胡三省注：“凡外国与中国贸易者，置回图务，犹今之回易场也。”[②] 可见，回图与回易本来就是一回事，那么，回图务大概也就是回易务，“图回之利”也就是吴越国的外贸收入。以上两例“回图务”都设置于外国，与《十国春秋》所记吴越国的“博易务”同，博易、回易、回图，三者实际上可能是同一机构。它们与唐代的市舶使院、宋代的市舶司有着本质的区别：市舶使院、市舶司是贸易管理的机构，而回易务、回图务本身就是一个商业“企业”；市舶使院、市舶司是针对商人设立的，而回易务、回图务是往来其他“诸道”的。

① 《资治通鉴》卷二六六后梁太祖开平二年七月条，第 8702 页。

② 《资治通鉴》卷二八三后晋齐王天福八年九月戊子条，第 9253 页。

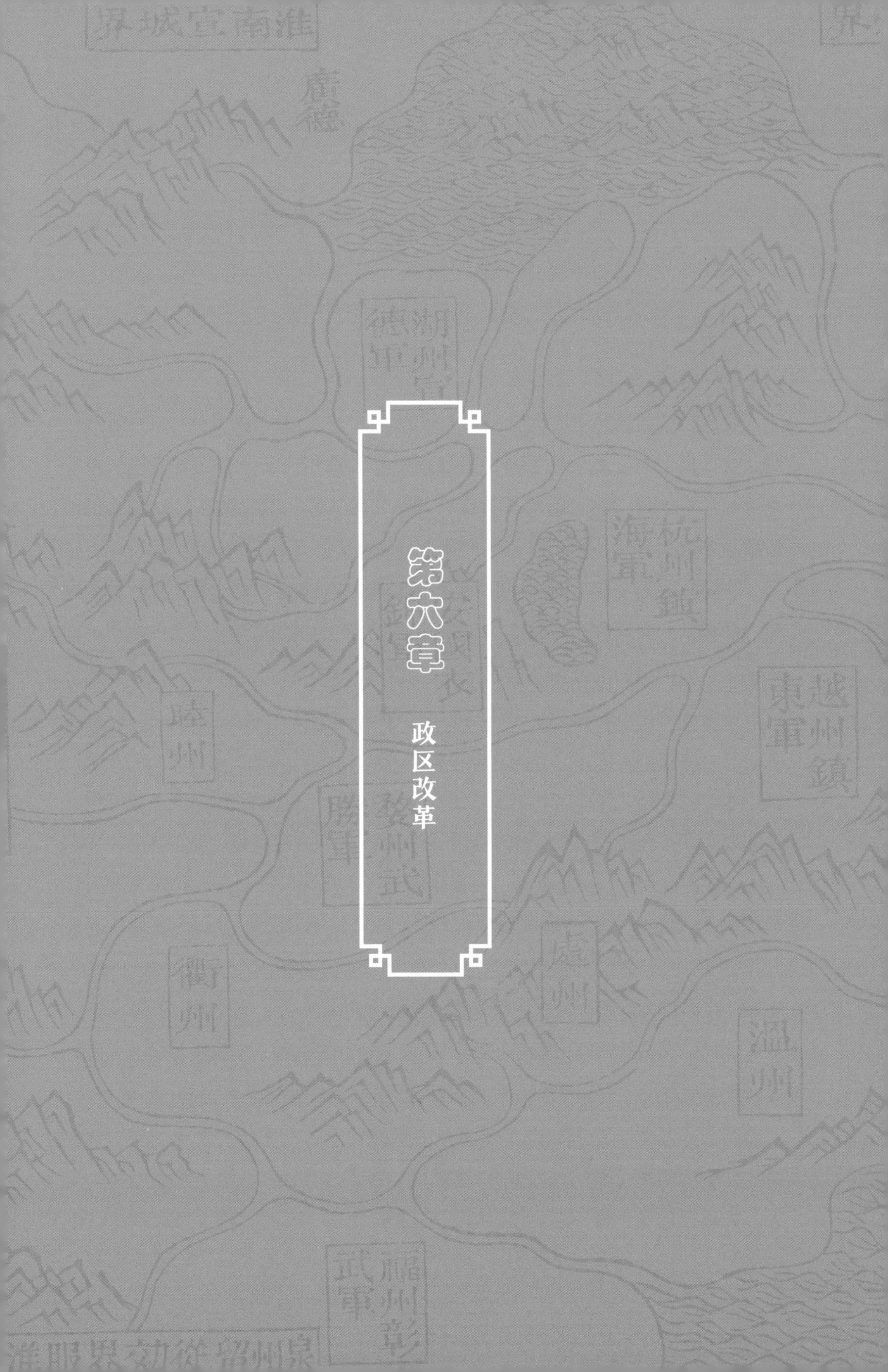

第六章

政区改革

一、吴越国的疆域

（一）吴越国疆域概说

吴越国的疆域最盛时有十三州，即浙西杭、苏、秀、湖、睦五州，浙东越、明、台、温、婺、衢、处七州，另加福州。大致相当于今浙江省全境加上海全市和江苏苏州、福建福州。其中，秀州系文穆王钱元瓘时从苏州析置。此外，钱镠早年曾占有常、润二州，在孙儒之乱时陷失，后归吴（南唐）所有。

唐僖宗光启二年（886）底，杭州刺史董昌与钱镠灭刘汉宏，董昌移镇越州，钱镠从此独据杭州。乾宁三年（896）五月，钱镠灭董昌，占有越州。同时明州、台州也归附钱氏。唐昭宗龙纪元年（889）钱镠灭徐约，占有苏州。此后适逢孙儒之乱，苏州一度为杨行密、孙儒所占。唐昭宗大顺二年（891）十二月，钱镠第二次占有苏州。两浙战争期间，唐昭宗乾宁三年（896）四月，杨行密攻占苏州，直到次年七月才由顾全武克复，吴越政权第三次占有苏州。钱元瓘时从苏州析置秀州。湖州唐末为李师悦、李彦徽所有，乾宁四年（897）九月，钱镠逐李氏，占有其地。婺州在唐末曾为蒋瓌等人所占，孙儒失败后，其部将王坛袭据其地。唐昭宗光化三年（900），钱镠攻占婺州。唐僖宗光启三年（887）黄巢余部陈岌袭占衢州，乾宁五年（898）叛，光化三年（900）九月，钱镠攻占衢州。睦州在唐末为八都将领陈晟所占，陈晟死后子陈绍权、弟陈询先后袭位。唐昭宗天复三年（903）七月，陈询叛。至唐天祐二年（905）底，钱镠平定叛乱，确立对睦州完全的统治。明州在唐末先后为杨僎、钟季文、黄晟所占。开平三年（909），黄晟死，钱镠完全占有明州。唐末台州为杜雄所占，乾宁四年（897）十一月，杜雄死，钱镠占有台州。唐末温州先后为朱褒、朱敖兄弟及卢佶所占。唐哀帝天祐四年（907）四月，钱元瓘灭卢佶，攻占温州。后梁开平元年（907）五月，钱镠灭卢约，占有处州。后晋天福十二年（947），钱弘佐派兵占有福州。

（二）关于吴越国“十三州”

吴越国拥有十三州之地，文献中关于“十三州”的记载甚多，如罗隐《甲乙集》卷七《春日投钱塘元帅尚父二首》之二：“征东幕府十三州，敢望非才忝上游。”又《甲乙集》卷八《献尚父大王》诗：“今日朱方殄平后，虎符龙节十三州。”王禹偁在《小畜集》卷一八《上许殿丞论榷酒书》中也说“钱氏据十三郡垂百(余)年”。李焘《续资治通鉴长编》卷一九太平兴国三年五月乙酉条载钱俶纳土事，也说“上表献所管十三州、一军”。但罗隐诗中所说“十三州”与钱俶、王禹偁、李焘所说之“十三州（郡）”并非一事。在罗隐的时代，吴越国尚未占有福州，秀州也未从苏州析置，吴越实际占有仅十一州土地。但当时钱镠身兼镇海、镇东两镇节度，镇海管内润、常、苏、湖、睦、杭六州，镇东管内越、明、台、温、婺、衢、处七州，相加正好十三州。常、润二州虽为杨吴所占，但钱氏在法律上从来不予承认，唯此之故，景福二年（893），杨行密已经占有润州，但唐朝廷在任命钱镠的官衔中仍有“润州刺史”；后来钱镠之子元瓘任中吴军节度使，仍兼着“苏、常、

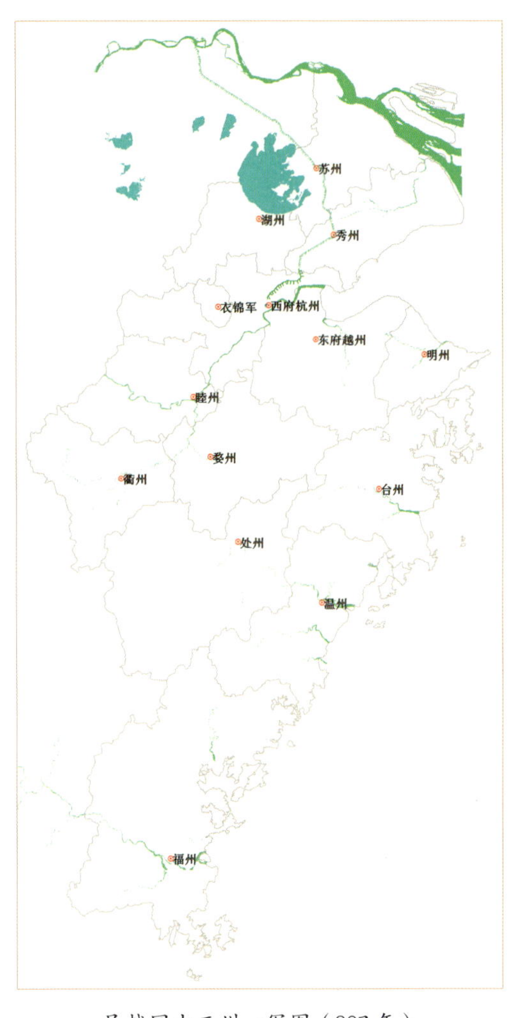

吴越国十三州一军图（907 年）

润等州团练使”。因此，罗隐所指“十三州”，乃是虚指，包括吴越国实际并不占有的常、润二州，而到钱俶纳土时，宋朝已从南唐手中夺回常、润二州，吴越自然不敢声称自己对此二州在法律上的拥有权，故其表中所指“十三州”是指吴越实际占有的土地，包括新置的秀州与后占的福州。

此外，《旧五代史》卷一三三《钱镠传》也两处提到“十三州”，其一：

> 杨行密连岁兴戎，攻苏、湖、润等州，欲兼并两浙，累为镠所败，亦为行密侵盗数州，而镠所部止一十三州而已。

其二：

> [钱]宽曰：“吾家世田渔为事，未尝有贵达如此，尔今为十三州主，三面受敌，与人争利，恐祸及吾家，所以不忍见汝。”镠泣谢之。

第一条记载既将杨行密“侵盗数州”排除在外，钱镠实际占有便不当有十三州之数；第二条记载中的“十三州”出自钱宽之口，但据《吴越备史》，钱宽在乾宁二年（895）四月即已去世，其时第二次杭越战争虽已开始，但钱镠尚未吞并越州，所部仅浙西数州之地，何来“十三州”？可见，《旧五代史》所说的“十三州”皆是宋人附会之辞。

二、吴越国的州县沿革

下面按吴越国占有先后顺序将吴越国州县沿革考述如下。

（一）杭州（西府、钱塘府）与衣锦军

唐僖宗光启二年（886）底，董昌与钱镠灭刘汉宏，董昌移镇越州，钱镠从此独据杭州。杭州本是治所设在润州的镇海军节度的一个属州，有防御军

额，景福二年（893），升为都团练，乾宁五年（898）二月镇海军治移于杭州，后梁开平二年（908）八月，杭州升大都督府。吴越建国，号为西府，又称钱塘府。唐时杭州共有八县：钱塘、於潜、余杭、富阳、盐官、临安、唐山、新城。

（1）钱塘与钱江。

钱塘，后晋天福七年（942）改名钱江，后晋灭亡后，吴越国别置钱塘县，以原钱塘、盐官县地各半及嘉兴部分地置钱江县。吴越国时期杭州行政区划最大的变更就是钱江县的设置，然而各书对此事的记载差异很大。

《太平寰宇记》卷九三《杭州》："钱塘……晋天福初改为钱江县，寻复旧。"

《册府元龟》卷三《帝王部·名讳》："晋高祖讳敬瑭，少帝天福七年敕：应殿名及州县名、职名等有与高祖讳犯者悉改之……杭州钱唐为钱江。"

《舆地广记》卷二二《两浙路上》："钱塘县，五代时晋改为钱江，后别置钱塘县，与钱江分治。"又："仁和县……晋天福中避高祖名改钱塘曰钱江，皇朝太平兴国四年改曰仁和。"

《乾道临安志》卷二《历代沿革》："龙德三年，析钱唐、盐官地置钱江县，与钱唐分治城下。"

《舆地纪胜》卷二《临安府·县沿革》："仁和县……《临安志》云：本钱塘、盐官二县之地，钱武肃王始割二县置钱江县，时朱梁龙德二年也。《国朝会要》云：太平兴国三年，钱氏纳土。四年，改名仁和。"《舆地纪胜》，据其自序，作于嘉定十四年（1221），则其所引《临安志》当指《乾道临安志》。而设置年代与现在传世的《乾道临安志》差了一年。

据《咸淳临安志》卷一六《古今郡县表》"置钱江县"条，"钱氏析钱塘、盐官地置"，时为龙德二年（922），与《舆地纪胜》的记载完全一致。

史籍的记载有两点不同：一说钱江县置于后梁龙德二（或三）年，一说置于后晋天福年间；一说是割钱塘、盐官二县之地置钱江县，一说是把原来的钱塘县改为钱江县。《太平寰宇记》《舆地广记》等全国性总志持前一说法，而《临安志》等地方志系统持后一说法。后来的史书、方志，或因前说，或因后说，纷纷未有定论。《十国春秋》卷一一二《十国地理表》：“吴越天宝十五年，割钱塘、盐官各半置钱江县，割富春之长寿、安吉二乡入钱江。”显然吴任臣是持后一种说法的，并在内容上作了补充，认为置钱江县不仅割钱塘、盐官之半，且割富春县的长寿、安吉二乡，则是割三县之地另置钱江县。然而，这一说法后人早已有人提出疑问，清人张道就在《定乡小识》中说：“钱江即今仁和，不与富阳接界，盖割钱塘以置钱江，则钱塘地隘，不得不割富阳益钱塘耳。”钱江县与富春根本不接界，怎么能从富春割出二乡划入钱江？因此，张道怀疑是先从钱塘割置钱江，再从富春把二乡划归钱塘。《（乾隆）杭州府志》卷二《建置》引《北郭三山志》的记载说：“钱江地乃有自苏州之嘉兴县割入者。临平在唐时属于苏州，……乾符中曹信与杜稜、董昌等分建八都，信因保嘉兴东界，遂家临平。……然则钱江之立，钱塘、盐官二县外，固有自他县割入之乡，传之不详，乃讹以为富春耳。”认为五代时置钱江县，除钱塘、盐官外，确实还从第三县割入土地。只是这个第三县并不是富春，而是嘉兴。又同书卷二《建置》：“盖亦先有义和地名，又避太宗藩邸旧名，遂改曰仁和。”而如下文所述，吴越国曾于义和镇置崇德县，仁和并不是义和的别名。

然而，无论是《定乡小识》，还是《（乾隆）杭州府志》，它们在钱江县的建置年代上所持的观点并无二致，都认为是在后梁时从他县割入而置。《中国行政区划通史·五代十国卷》也认为是后梁龙德二年（922）。[①]

然而，这一说法颇为可疑。在后梁建县与后晋建县二说当中，前者所据《太平寰宇记》《册府元龟》《舆地广记》等都成书于北宋，尤其是前二者，是宋初时候的作品，其时离吴越纳土未久；而后者所据则是南宋的《临安志》，相比之下，前一记载的可靠性、准确性要比后者大得多。而查《太平寰宇记》卷九三《杭州》仁和县条下有这样一段话：“仁和县，本钱塘、盐官之地，

① 李晓杰：《中国行政区划通史·五代十国卷》，复旦大学出版社2014年版，第695—698页。

唐麟德二年析二县之地置钱江县于州郭，国朝太平兴国三年平江东，改为仁和县。”与同书钱塘县条下的记载自相矛盾。而麟德二年置钱江县之说肯定是错误的，后人大概因此作了一个大胆的猜测，以为麟德二年是龙德二年之误，遂有钱江县建于龙德二年之说。

（2）余杭。

（3）临安。

临安在整个吴越国政区中具有特殊地位。

首先，从军事上讲，临安是吴越国都杭州甚至是整个吴越国的西部屏障。杭州西进安徽，传统上有三条通道，一是南线，由钱塘江溯江而上，经富阳、睦州，至徽州；一是北线，经湖州至宣州；一是中线，由余杭经临安、於潜、昌化三县入徽州。中线即是历史上著名的徽杭古道，在军事上具有重要价值，历史上有昱岭关、千秋关等军事要塞。临安地处徽杭古道要冲，又通过苕溪与余杭、湖州地区一溪相连，是杭州西部门户，唐末五代有多次著名战役在这里发生。黄巢起义军渡江时曾派一支部队从临安进攻杭州，幸得钱镠在八百里成功阻击，才保两浙安全。杨行密遣李神福攻杭州，在临安县东青山设伏，生擒吴越国名将顾全武。后梁乾化三年（913），吴国李涛进攻衣锦军，钱元瓘在千秋岭大败吴军。这些战役都表明临安在当时具有重要军事战略地位。

其次，临安是吴越国王钱镠故乡和发家之地，吴越国宗庙陵寝所在，在政治上具有象征意义。正因为如此，钱镠在临安驻扎了一支军队，名为安众营。唐光化二年（899），唐改临安县石镜乡为广义乡，临水里为勋贵里，安众营为衣锦营。天复元年（901），钱镠亲巡衣锦营，大会故老宾客。同年，升衣锦营为衣锦城。时钱镠已任镇海、镇东节度使，因此衣锦营、衣锦城具有外镇军性质。当时钱镠已封彭城郡王，《吴越备史》称安众营、衣锦营为“王所居”，则衣锦营又类似于帝王行宫，而所驻军队实际上是钱镠的亲军。天祐四年（907）三月，即后梁代唐前一月，升衣锦城为安国衣锦军。次年，临安县改为安国县。衣锦军从此成为一级行政建置。

军的设置始于唐代军镇，开始时多设在边区，只管军不治民。五代时，军不仅管兵马，也开始插手民政，从军事向行政转变，但下面一般没有属县，行政区划的意义尚不明显；至宋代，军正式演变为一级行政建置。吴越国的安国衣锦军明显具有军事性质，钱镠之子钱元琫、钱元懿都曾担任衣锦军防遏都指挥使，另一儿子钱元琰曾担任安国衣锦军亲从副指挥使兼两直都虞候。与五代其他地区不同的是，吴越国衣锦军之下辖有安国县，虽然只是一个县，但表明衣锦军与唐五代的一般军镇已经判然有别，从一个军镇演变为一级行政建置。

《吴越备史》卷一《武肃王》："［天祐］四年春三月，敕升衣锦城为安国衣锦军。……［开平］二年春正月，敕改临安县为安国县。"

《旧五代史》卷一五〇《郡县志·江南道》："杭州临安县，梁开平二年正月，改为安国县。"《五代会要》卷二〇《州县分道改置·江南道》与此同。

《太平寰宇记》卷九三《杭州》："临安县……梁开平二年改为安国，今复旧。"

《舆地广记》卷二二《两浙路上》："［钱］镠既贵，以素所居营为安国衣锦军，镠归宴故老，山林皆覆以锦。梁改临安县曰安国县以尊之。"

据上所述，吴越时在临安设立衣锦军及改临安县为安国县是没有疑问的。问题是临安县或安国县隶属何方，是杭州西府呢，还是衣锦军？《元丰九域志》卷五《两浙路》："太平兴国三年，改安国县为临安，……五年，废顺化军，以临安隶州。"顺化军即衣锦军，钱氏纳土后于太平兴国三年（978）改名顺化军。则安国县在此之前似隶属于衣锦军（顺化军），直到吴越国纳土归朝两年之后，太平兴国五年（980）才改隶杭州。

（4）富阳。

富春，原名富阳，开平二年（908）或四年（910）改名富春。

《吴越备史》卷一《武肃王》："［开平四年］夏五月，奏改西府富阳县为富春县。"此事不见于现存宋志的记载。《十国春秋》卷一一二《十国地理表》："富阳，吴越天宝元年改富阳曰富春。时武肃王与杨氏有怨，凡县名有阳字者皆易之。”其改名时间比《吴越备史》的记载提前了两年。《读史方舆纪要》卷九〇《杭州府·富阳县》:“五代时,吴越尝复为富春,寻复故。”《中国行政区划通史·五代卷》取其说。且将复名富春时间断于吴国杨氏为南唐取代之年。此说无据,本书不取。且吴越国其他地名含“阳”者皆不复名,何以富春独复名富阳?可疑。①

（5）於潜。

（6）新城。

新登，原名新城，开平元年（907）避朱全忠父讳改名新登。

《太平寰宇记》卷九三《杭州》：“新城县……朱梁改为新登县，至太平兴国四年改为新城。”《舆地广记》卷二二《两浙路上》与此同。

《乾道临安志》卷二《历代沿革》:“朱梁开平元年,改新城为新登(原注:以梁太祖父讳改城曰登）。”《咸淳临安志》卷一六《古今郡县表》与此同。

《舆地纪胜》卷二《杭州》：“《临安志》云：钱氏据有二浙，避梁太祖父名诚，改新登。”

（7）盐官。

（8）唐山。

唐山，开平二年（908）八月改名吴昌，开平三年（909）或四年（910）改名金昌，后唐同光初时恢复吴昌旧名，后晋天福七年（942）时改名横山。

《吴越备史》卷一《武肃王》：“［开平二年］秋八月，敕改杭州唐山县为吴昌县。”

《太平寰宇记》卷九三《杭州》：“昌化县……梁改为金昌县，后唐同光初复旧，晋改为横山县，后复旧，迨至太平兴国三年改为昌化县。”《舆地广记》卷二二《两浙路上》的记载几乎与此完全相同，只是把改为昌化县的时间后推至太平兴国四年。

《册府元龟》卷三《帝王部·名讳》:“晋高祖讳敬瑭,少帝天福七年敕:

① 李晓杰：《中国行政区划通史·五代十国卷》，第697页。

吴越国杭州政区示意图（907 年）

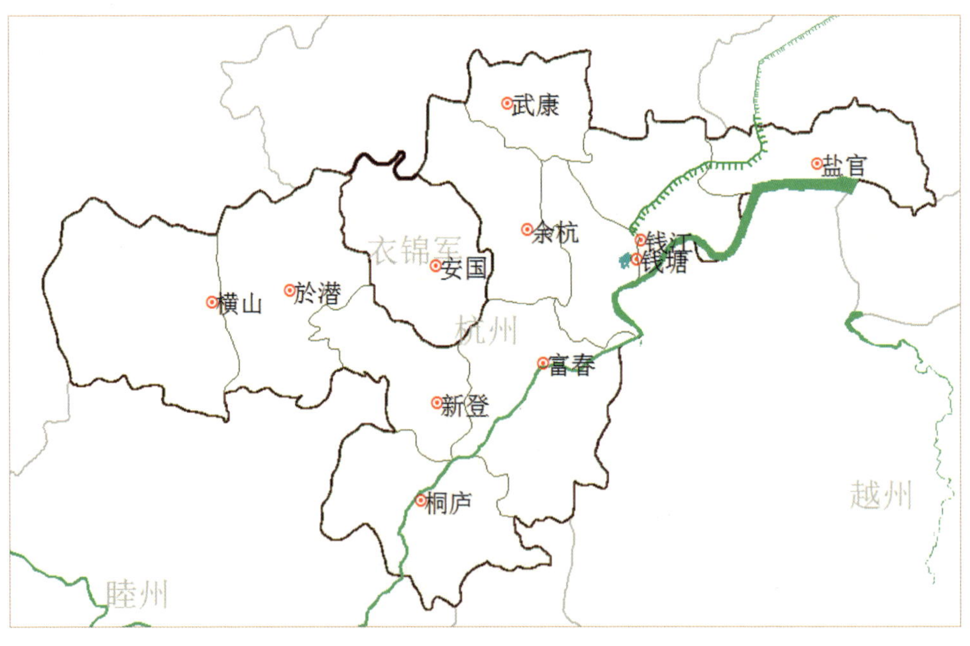

吴越国杭州、衣锦军政区示意图（978 年）

应殿名及州县名、职名等，有与高祖讳犯者，悉改之。……唐山为横山。”

《乾道临安志》卷二《历代沿革》：“[开平]四年，改唐山为金昌。……后唐同光初，复金昌为昌化，石晋改为横山，又以为吴昌。”《咸淳临安志》卷一六《古今郡县表》与此同，其“改唐山为金昌”下注云：“《乾道志》四年，《淳祐志》三年。”

《舆地纪胜》卷二《临安府·县沿革》“昌化县”条：“《临安志》云：朱梁开平三年改曰金昌，后唐同光初复曰唐山，石晋改曰横山。《国朝会要》：太平兴国四年，更名昌化。”其所引《临安志》与现在传世的《乾道临安志》又有所不同。改名金昌的时间比《乾道临安志》的记载提前了一年。

以上记载大体一致，唯有两处不同：

其一，后梁时改唐山县名，其他各书皆作“金昌”，只有《吴越备史》作“吴昌”。又《咸淳临安志》卷一六《古今郡县表》引《乾道（临安）志》的记载说石晋时曾“改唐山县曰横山，改横山县曰吴昌”，然《舆地纪胜》所引《乾道临安志》并未提及改横山为吴昌之事。

其二，《吴越备史》载唐山改名吴昌时间在梁开平二年（908）八月，而《乾道临安志》则说改名金昌时间在开平四年（910），《淳祐临安志》与《舆地纪胜》所引《临安志》作开平三年（909）。

《十国春秋》卷一一二《十国地理表》：“横山，旧为唐山，吴越天宝元年梁敕改金昌。”吴越天宝元年即开平二年（908）。则吴任臣综合了两个不同的记载，在时间上取《吴越备史》之说，在名称上取其他史籍之说。

朱梁代唐，凡与唐有关的地名纷纷改易，吴越与闽都是后梁的臣属之国，自然要服从后梁的政令，如吴越国的台州唐兴、闽国的福州福唐等全都易名。唐山的改名也不过是其中的一个例子。唐兴改名时间不可确定，福唐改名时间，据《淳熙三山志》卷三《地理类》，是在开平二年（908）。吴越地处闽国之北，接到后梁的诏令应在闽国之前，没有理由闽国已在开平二年（908）改名，而吴越要拖到第二年才改。可能成立的一种假设是：唐山在开平二年（908）改名吴昌，到开平三年（909）或四年（910）又以某种理由改名为金昌。

吴越地名改易多有政治寓意。钱镠曾于天祐元年（904）四月封吴王，开平元年（907）五月封吴越王，因此改名吴昌是一种美好寓意。而作为吴越敌对方的杨吴政权，其君主杨行密天复二年（902）曾被封为吴王。但当时唐昭宗被宦官韩全诲、军阀李茂贞控制，这一任命后来未被唐朝廷承认。杨吴君主的正式爵位是弘农郡王，而钱镠才是唐朝廷承认的“吴王”。天祐二年（905），杨行密去世，杨渥继位。当时唐朝廷受朱全忠控制，并未授予杨渥爵位。“将佐共请宣谕使李俨承制授杨渥淮南节度使、东南诸道行营都统，兼侍中、弘农郡王”，[①] 所谓承制，实际上是杨氏自立。而所自立的爵位，仍是“弘农郡王”。而开平四年（910）二月，岐王李茂贞承制加弘农王杨隆演兼中书令、嗣吴王。后来被称为吴国的杨氏政权直到此时才正式获得吴王爵位。钱镠改“吴昌”很可能也在这年。而钱镠兄弟之名皆以“金”为部首，改名“金昌”含着对吴越国的一种美好寓意。

（9）桐庐。

桐庐，原属睦州，光化三年（900）来隶。

（10）武康。

武康，原属湖州，开平元年（907）来隶。

（11）嘉兴与海盐。

嘉兴、海盐在唐末、五代初期也一度隶属杭州。当时由于孙儒南侵，占领苏州，嘉兴、海盐位于苏州南部，没有沦陷，改隶杭州。孙儒、杨行密攻陷苏州的时间是大顺元年（890），则嘉兴、海盐当于是年改隶杭州。

吴越入宋，杭州有钱塘、钱江、余杭、盐官、於潜、富春、横山、新登、桐庐、武康十县。衣锦军有安国一县。

（二）苏州与秀州（开元府）

唐昭宗龙纪元年（889），钱镠灭徐约，占有苏州。此后适逢孙儒之乱，

① 《资治通鉴》卷二六五唐昭宗天祐二年十一月庚辰条，第 8652 页。

苏州北部地区一度为杨行密、孙儒所占。唐昭宗大顺二年（891）十二月，钱镠第二次占有苏州。第二次杭越战争期间，唐昭宗乾宁三年（896）四月，杨行密攻占苏州，直到次年七月才由顾全武克复，吴越政权第三次占有苏州。同光二年（924）升苏州为中吴军，以钱元璙充中吴军节度使。

唐时苏州有七县：吴、长洲、常熟、昆山、嘉兴、海盐、华亭。

（1）吴县与吴江。

开平三年（909）闰八月，析吴县南境与嘉兴北境部分地区置吴江县。

《吴越备史》卷一《武肃王》："［开平三年］秋闰八月……是月，敕置苏州吴江县。……从王请也。"

《五代会要》卷二〇《州县分道改置·江南道》："苏州吴江县，梁开平三年闰八月，两浙奏，于吴江、松江置县。"

《太平寰宇记》卷九一《苏州》："吴江县，梁开平三年，两浙奏析吴县于松江置。"《舆地广记》卷二二《两浙路上》的记载大致相同。

《（万历）嘉兴府志》卷一《建置》："梁太祖开平三年割吴县为吴江县，分嘉兴之北境与焉。"则吴江县并不是单从吴县析置的，实是割吴县之南与嘉兴之北地合并而成。

（2）长洲。

（3）昆山。

（4）常熟。

（5）嘉兴与海盐。

嘉兴、海盐二县，如前"杭州"条所述，原属苏州，唐末一度改隶杭州。吴越国时，钱氏政权在苏州曾有开元府的建置。同光二年（924），继位不久的文穆王钱元瓘为了笼络他的哥哥、苏州的地方长官钱元璙，又将嘉兴、海盐二县改隶开元府。

长兴三年（932）钱元瓘罢开元府，仍为苏州。

《吴越备史》卷二《文穆王》："［天福五年］三月……又升嘉兴县为秀州，以嘉兴、崇德、华亭三县隶焉。"

《旧五代史》卷七七《晋高祖本纪》："［天福三年十月］以杭州嘉兴县为秀州，从钱元瓘之奏也。"同书卷一五〇《郡县志·江南道》："秀州，晋天福三年十月，两浙钱元瓘奏置，以杭州嘉兴县置。"

《五代会要》卷二〇《州县分道改置·江南道》："晋天福三年十月，两浙钱元瓘奏以杭州嘉兴县置州。"

《太平寰宇记》卷九五《秀州》："秀州，本苏州嘉兴县地，晋天福四年于此置秀州，从两浙钱元瓘之所请也。仍割嘉兴、海盐、华亭三县，并置崇德县以属焉。"

《舆地广记》卷二三《两浙路·秀州》："石晋时吴越钱氏奏置秀州。"又"嘉兴县"条："唐武德七年复置，属苏州。……五代属杭州。吴越王钱元瓘奏置秀州。"

问题之一：新建的秀州下隶几县？《吴越备史》只说嘉兴、崇德、华亭，而《太平寰宇记》卷九五《秀州》下列四县：嘉兴、海盐、华亭、崇德。同书卷九一《苏州》中，嘉兴、海盐、华亭三县下也注"已上县建秀州"，则除三县之外，另有海盐。

问题之二：崇德县在何时设置？观《太平寰宇记》之语，似乎是与秀州同时设置。《续通典》卷一二三《州郡典》也说："秀州，本苏州嘉兴县地，天福四年钱元瓘奏置秀州，仍割嘉兴、华亭、海盐三县，并置崇德县属焉。"而据《至元嘉禾志》卷一《沿革》："崇德县……晋天福间始析崇德七乡置县于义和市，因乡以名县。五年春三月，敕嘉兴县为秀州，以崇德县隶焉。"则崇德县之设在秀州之前，而《至元嘉禾志》没有具体说明设置的时间。据《（万历）嘉兴府志》卷一《建置》："晋烈祖天福三年广陵王元璙以嘉兴邑壮，请析县之西鄙义和镇为崇德县。明年，又以嘉兴为秀州，另立嘉兴县，与华亭、海盐附焉。"可见，崇德县是在晋天福三年（938）应苏州刺史钱元璙之请从嘉兴析置的，开始时属苏州，设立秀州后始属秀州。

问题之三：嘉兴、海盐在置秀州前隶属何州？此二县在钱镠占领之前属苏州是没有疑问的。《旧五代史》明确说"以杭州嘉兴置"，《舆地广记》

也说嘉兴“五代属杭州”。《（乾隆）杭州府志》卷三《建置》：“［天复］三年，改嘉兴县、桐庐县隶杭州。”将嘉兴县改隶杭州的时间置于唐末，与《舆地广记》的记载略有不同。至于海盐，《舆地纪胜》卷三《嘉兴府·县沿革》“嘉兴县”条引《五代史》云：“吴越置秀州，割苏州之海盐来属。”则海盐在置秀州之前属苏州。而《至元嘉禾志》卷一《沿革》：“海盐……昭宗大顺中割归杭州。晋天福五年置秀州，县隶焉。”则海盐早在唐末已归杭州。海盐地在嘉兴之南，如嘉兴已属杭州，则海盐焉有再属苏州之理？且昭宗大顺年间正值孙儒之乱，孙氏占据苏州长达一年之久，其间钱镠对苏州围攻不息，

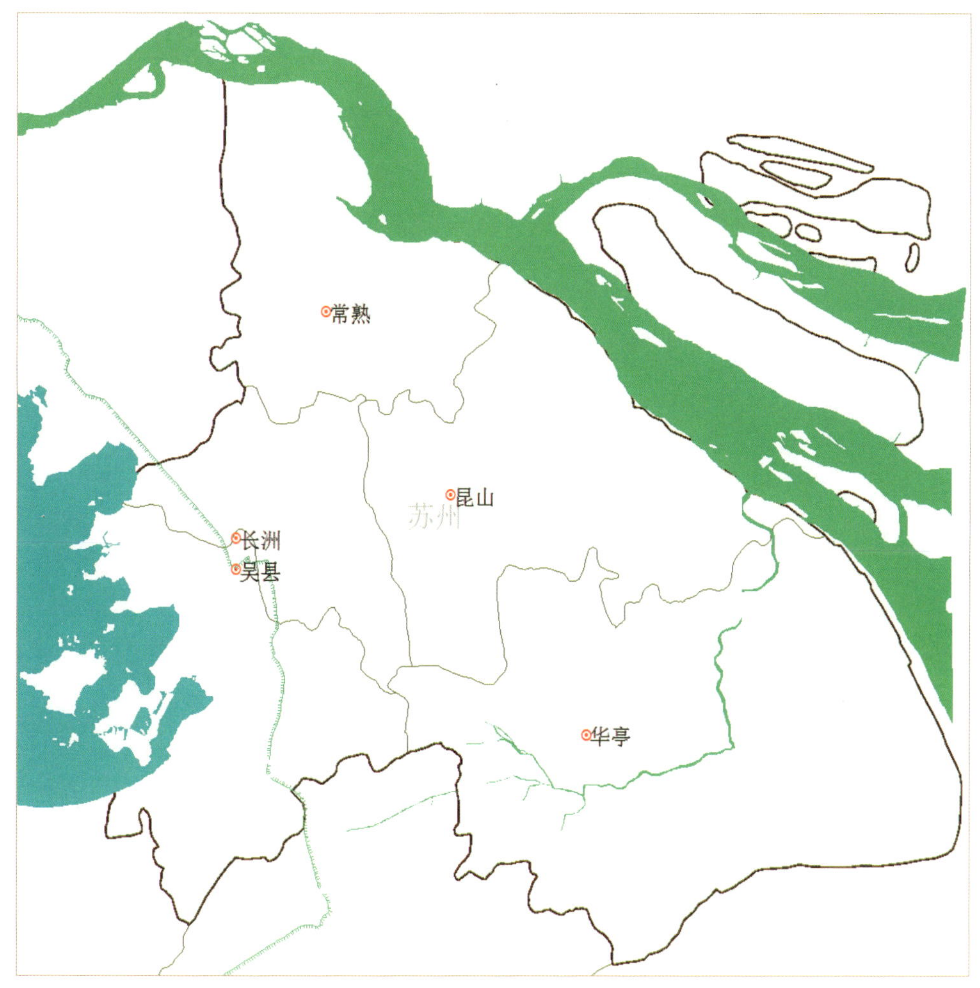

吴越国苏州政区示意图（907 年）

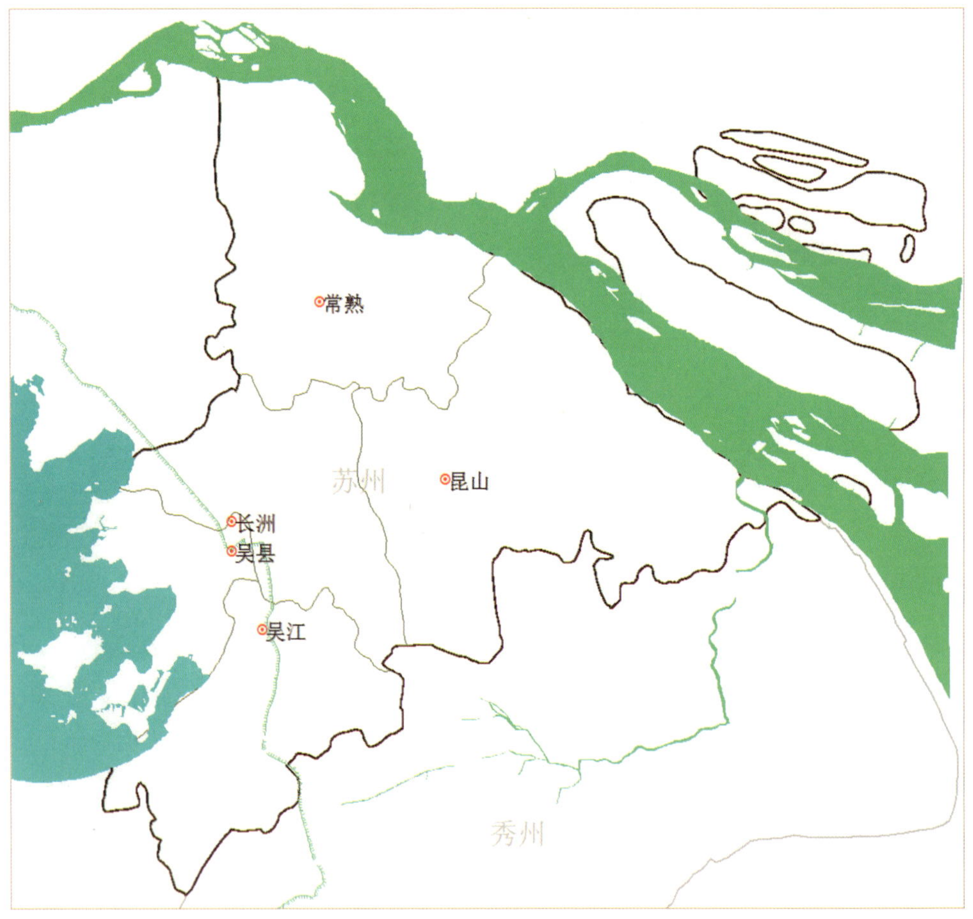

吴越国苏州政区示意图（978 年）

吴越国秀州政区示意图（978 年）

又“大出舟师以御之，儒遂绝南顾”，可能苏州落入孙儒之手，而其南部的嘉兴、海盐等地仍在钱镠的掌握之中。在苏州州城被占的情况下，钱镠将此二地划归杭州。《舆地广记》说嘉兴“五代属杭州”，大概是泛指钱氏时属杭州，实则早在唐末已属杭州了。据此，嘉兴、海盐在设置秀州以前似乎是属于杭州的。

然而，另据《（万历）嘉兴府志》卷一《建置》：“梁太祖开平三年割吴县为吴江县，分嘉兴之北境与焉。后唐庄宗同光二年吴越王为安重诲所间，不得命，遂自改元宝大，升苏州为中吴府，又于嘉兴置开元府，割华亭、海盐二县属之。明宗长兴二年，吴越武肃王钱镠薨，其子文穆王元瓘嗣，会重诲卒，复奉藩于唐，尽去旧号，罢开元府诸属，复属中吴。晋烈祖天福三年（938）广陵王元璙以嘉兴邑壮，请析县之西鄙义和镇为崇德县。明年，又以嘉兴为秀州，另立嘉兴县，与华亭、海盐附焉。自是不复隶苏矣。”这条记载颇有些错误，如吴越与后唐虽一度“断交”，但双方在钱镠在世时就已恢复关系，非在钱镠死后也。但从中也可看出，杭州的嘉兴、海盐与苏州的华亭早在后唐同光二年（924）就已合并组成与州同级的行政区划单位开元府，治所在嘉兴。而且在此以前嘉兴又将其北境割吴江县，隶苏州。钱镠部将朱行先于同光二年（924）去世，谢鹗为他撰写墓志铭，说朱氏“桑梓在开元府海盐县”。可证吴越国确实曾有开元府的建置。至长兴三年（932）又罢开元府，以其所属划归中吴军。

综上所述，嘉兴、海盐虽在唐末一度属杭州，但到秀州设置前，它们已属苏州，秀州完全是从苏州析置出去的。唯其如此，《至元嘉禾志》中“钱元瓘病支郡多厥而右藩强大，始更邑为州，遂奏以嘉兴为秀州”这句话才具有非同一般的意义。

问题之四：秀州在何时设立？综合上面各种记载，凡有三说：一曰天福三年（938），一曰天福四年（939），一曰天福五年（940）。诸葛计、银玉珍怀疑是“天福三年自置，四年奏请，至五年始获敕准”。本书姑取天福三年（938）之说。

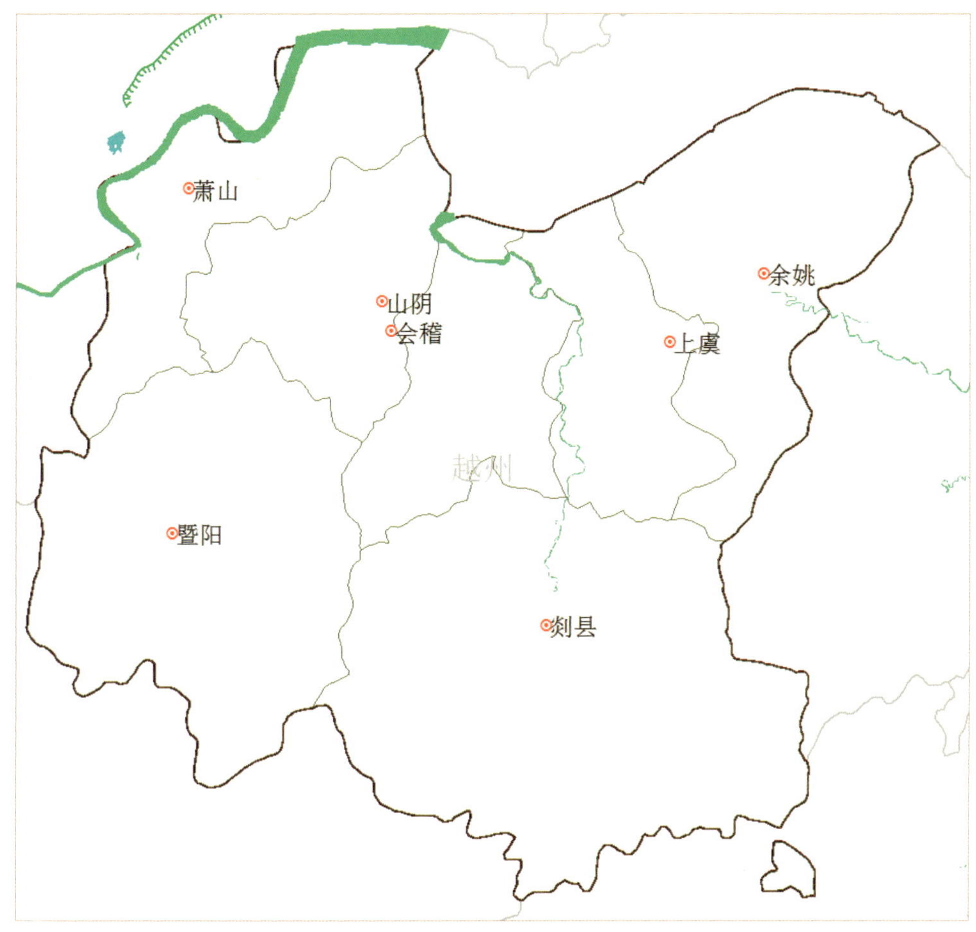

吴越国越州政区示意图（907年）

（6）华亭。

（7）崇德。

天福三年（938），应苏州刺史钱元璙之请，以嘉兴县西鄙义和镇置崇德县。

吴越入宋，苏州有吴县、长洲、吴江、昆山、常熟五县，秀州有嘉兴、海盐、华亭、崇德四县。

（三）越州（东府、会稽府）

唐昭宗乾宁三年（896）五月，钱镠灭董昌，占有越州。此前越州有威胜军额，至是改为镇东军。梁开平二年（908）八月，升大都督府。在梁贞明年间称东都。

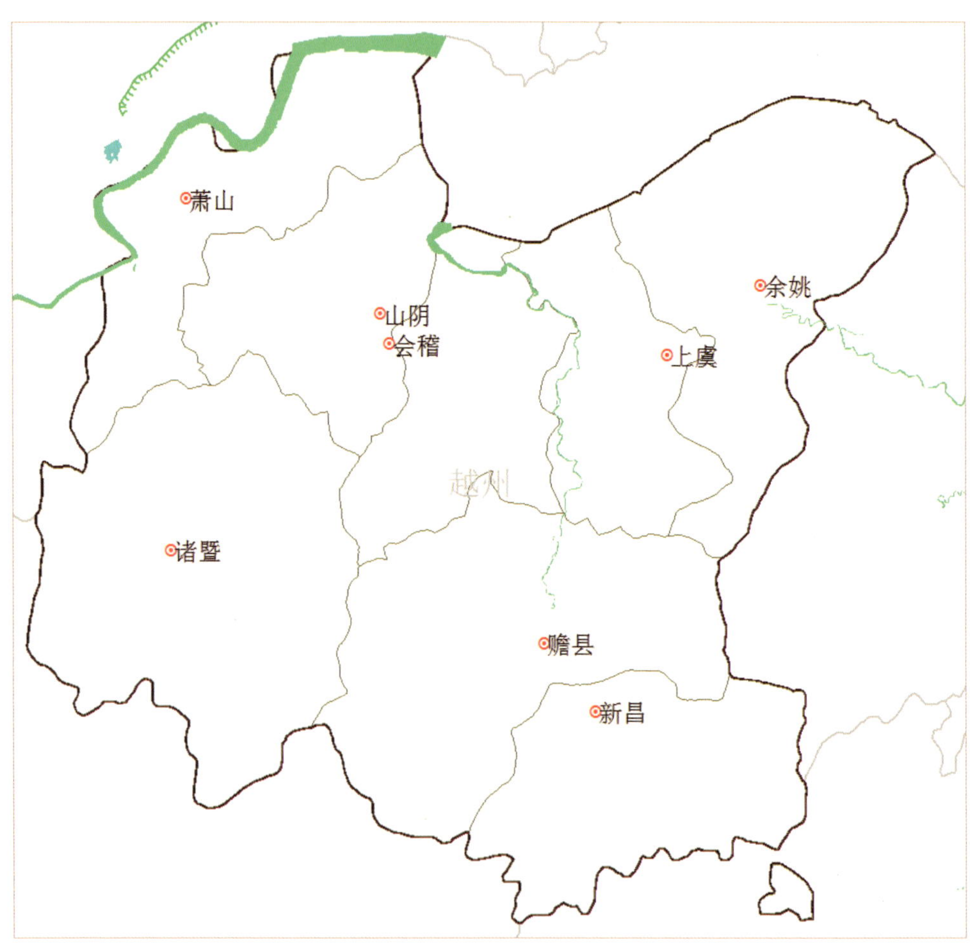

吴越国越州政区示意图（978 年）

在钱镠占有越州之前，越州凡有会稽、山阴、剡、诸暨、余姚、上虞、萧山七县。

（1）会稽。

（2）山阴。

（3）剡县。

剡县，天福五年（940），改名赡县。

吴越国时剡县行政区划的改置有两件大事：其一是析剡县置新昌县。

《太平寰宇记》卷九六《越州》："新昌县，唐末钱镠割据钱塘时，以去温州之道路悠远，此地人物稍繁，且无馆驿，乃析剡县一十三乡置新昌县。"《舆地纪胜》卷一〇《绍兴府》亦引《太平寰宇记》的记载，所记与此大致相同，唯"一十三乡"作"一十二乡"。

《嘉泰会稽志》卷一《历代属县》："梁开平中，钱镠析剡县立新昌县。"

《万历新昌县志》卷一《沿革》："梁开平二年，吴越王钱镠始析剡东鄙十三乡县新昌，治石牛镇。"

《续通典》卷一二三《州郡典》："天福五年，析剡县十三乡为新昌县。"

以上四书对设置新昌县时间的记载很不一致，一作唐末，一作梁开平中，一作开平二年（908），一作天福五年。今从开平二年（908）。

其二是剡县改名赡县。

《嘉泰会稽志》卷一二《八县县境·嵊县·镇》"剡镇"条："县西南惠安寺前池中得片石，题赡都镇……所谓赡都镇疑即旧镇也，然以剡为赡。又天庆观有钱氏时东都公移，称两都都军粮帖，检先据赡县奏云云。"下注："钱氏僭称杭为西都，越为东都，号两都。据此，则钱氏尝改剡为赡矣。疑因古语有两火一刀之说，恶其不祥，改为丰赡之赡，理或然也。"《续通典》卷一二三《州郡典》："天福五年……改剡县为赡县。"

（4）诸暨。

诸暨，大概在唐末曾改名暨阳，开平二年（908）或四年（910）又改名诸暨。

《吴越备史》卷一《武肃王》："［开平四年］夏五月，奏改西府富阳县为富春县，东府暨阳县为诸暨县，处州松阳县为长松县。"诸暨本是在秦时就已设立的旧县，查《元和郡县图志》卷二六《江南道》，其地至唐后期仍称诸暨县，则自唐元和至梁开平四年（910）间曾改诸暨为暨阳，至开平四年（910）又改暨阳为诸暨。《十国春秋》卷一一二《十国地理表》："初改暨阳，天宝元年仍奏改诸暨。"则改诸暨为暨阳的时间大概也在吴越之时。但吴任臣把钱镠改暨阳为诸暨的时间提前至吴越天宝元年（908），不知有何依据。当时钱镠因为与杨行密关系恶劣，"耻闻逆姓"，而杨、阳同音，因此凡地名中有阳字者一律改为他字。

（5）余姚。

（6）上虞。

（7）萧山。

吴越入宋，越州有会稽、山阴、赡县、新昌、诸暨、余姚、上虞、萧山八县。

（四）明州

明州在唐末先后为杨僎、钟季文、黄晟所占。黄晟在两浙战争中帮助钱镠平定董昌有功，乾宁三年（896），钱镠平定董昌，占有明州，但仍继续让黄晟担任明州刺史。开平三年（909），黄晟死，钱镠真正占有明州。宋建隆元年（960）六月，明州升奉国军。唐时明州有四县：鄮县、奉化、慈溪、象山。

五代时明州行政区划改置有两件大事：其一是改鄮县为鄞县，其二是置望海（定海）县。

（1）鄮县与定海。

鄮县，约在后梁初改名鄞县。开平三年（909）置望海县，后改名定海县。

《舆地广记》卷二三《两浙路下》："五代时改曰鄞县。"而成书在宋太宗时期的《太平寰宇记》，在卷九八《明州》中仍称"鄮县"，而不作"鄞县"。其时吴越已经纳土，难道到那时都还没有改名鄞县吗？而考《吴越备史》已经称为"鄞县"，因此，《宝庆四明志》的编纂者便怀疑《太平寰宇记》搞错了。朱温曾祖名朱茂琳，后梁时曾改茂州为汶州，疑鄮县为避梁讳而改，故系于开平元年（907）。

至于析置定海县之事，各书记载颇有不一致的地方，存在着不少问题。

《吴越备史》卷一《武肃王》：“[开平三年]闰八月……敕置……明州(靖)[静]安县，从王请也。”“明州静安县”下注云：“今定海县是也。”

《旧五代史》卷一五〇《郡县志·江南道》：“明州望海县，梁开平三年闰八月，两浙奏置。”《五代会要》卷二〇《州县分道改置·江南道》的记载与此同。

《太平寰宇记》卷九八《明州》：“定海县，海壖之地，梁开平三年，吴越王钱镠以地滨海口，有鱼盐之利，因置望海县，后改为定海县。”

《舆地广记》卷二三《两浙路下》：“定海县，本望海县，朱梁开平三年吴越钱镠奏置，属明州，后改曰定海。”所记与《太平寰宇记》同。

《宝庆四明志》卷一《叙郡上》：“又改望海镇曰静海镇，寻置望海县，梁之开平三年也。未几，改县曰定海。”

问题之一：定海县是不是从鄞县析置的？上列诸书都没有回答这个问题。

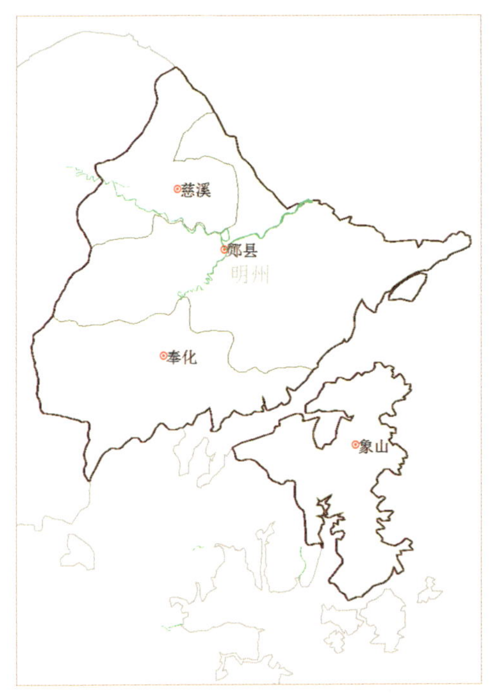

吴越国明州政区示意图（907年）

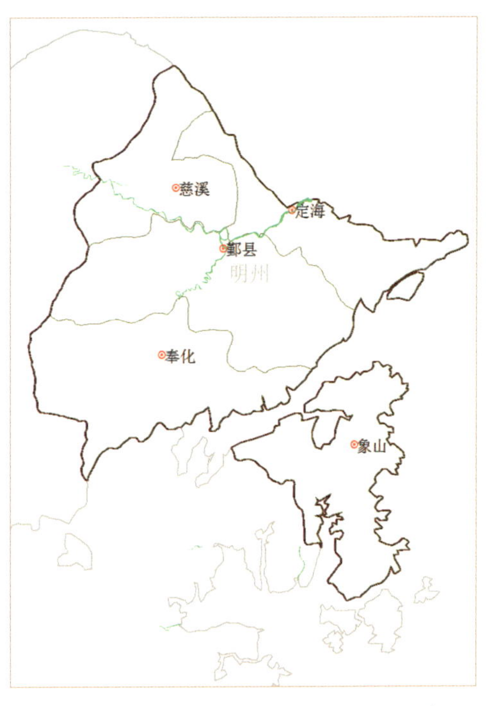

吴越国明州政区示意图（978年）

《乾道四明图经》卷一《总叙》："［定海］五代梁尝为望海军，开平三年分鄞县置定海县。"据此，则定海县是从鄞县分置的。而《宝庆四明志》卷一《定海县志·叙县·沿革论》说："望海镇……元和十四年，从［浙东观察使］薛戎言不隶明州。……钱镠奄有吴越，以明州为节镇，置望海军，又更望海镇曰静海镇，寻置望海县，梁之开平三年也。未几改县曰定海，鄮县亦改为鄞。"据此，则定海故地早在唐朝元和年间便已不属明州。据《唐会要》卷七八《诸使·诸使杂录》元和十四年（819）二月诏："诸道节度使、团练、都防御、经略等使，所管支郡，除本军州外，别置镇遏、守捉、兵马者，并合属刺史等；如刺史带本州团练、防御、镇遏等使，其兵马额便隶此使；如无别使，即属军事；其有边于溪洞、接连蕃蛮之处，特建城镇，不关州郡者，即不在此限。"同书卷七八《诸使·诸使杂录》又载："［元和十四年］八月，浙东观察使薛戎奏：'准敕诸道所管支郡别置镇遏、守捉兵马者宜并属刺史，其边于溪洞、接连蛮夷之处特建城镇者则不在此限。今当道望海镇，去明州七十余里，俯临大海，东与新罗、日本诸蕃接界，请据文不属明州。'许之。"据此，镇原来直属藩府，不属州，唐宪宗时为加强中央集权，诏隶于州，只有"边于溪洞、接连蕃蛮"的特殊城镇可以例外，望海镇因"与新罗、日本诸蕃接界"，仍属浙东观察使，不属明州。到唐末，明州又置望海军节镇，望海镇改名静海镇。直到梁开平三年（909）才以其地置县。可见，定海并不是从鄞县析置的。

问题之二：钱镠在定海地区初设之县名称是什么？各书都作"望海县"，唯有《吴越备史》称"静安县"，疑误。

问题之三：望海县改称定海县是在什么时候？以上各书或说开平三年之后，或说开平三年之后未几，辞意泛泛，都没有说明具体的时间。《十国春秋》卷一一二《十国地理表》："《顺存录》云梁改定海，《文献通考》云宋改定海，未知孰是。"据《太平寰宇记》，宋初吴越纳土，已称定海，则改定海当在吴越时期。以《宝庆四明志》有"未几"之语，姑定为开平三年（909）同年。

（2）奉化。

（3）慈溪。

（4）象山。

吴越入宋，明州有鄞县、定海、奉化、慈溪、象山五县。

（五）台州

唐末台州为杜雄所占。乾宁三年（896），钱镠平董昌，在法理上占有台州，杜雄继续担任台州刺史。乾宁四年（897）十一月，杜雄死，钱镠真正占有台州。唐时台州有临海、黄岩、宁海、唐兴、乐安五县。

（1）临海。

（2）黄岩。

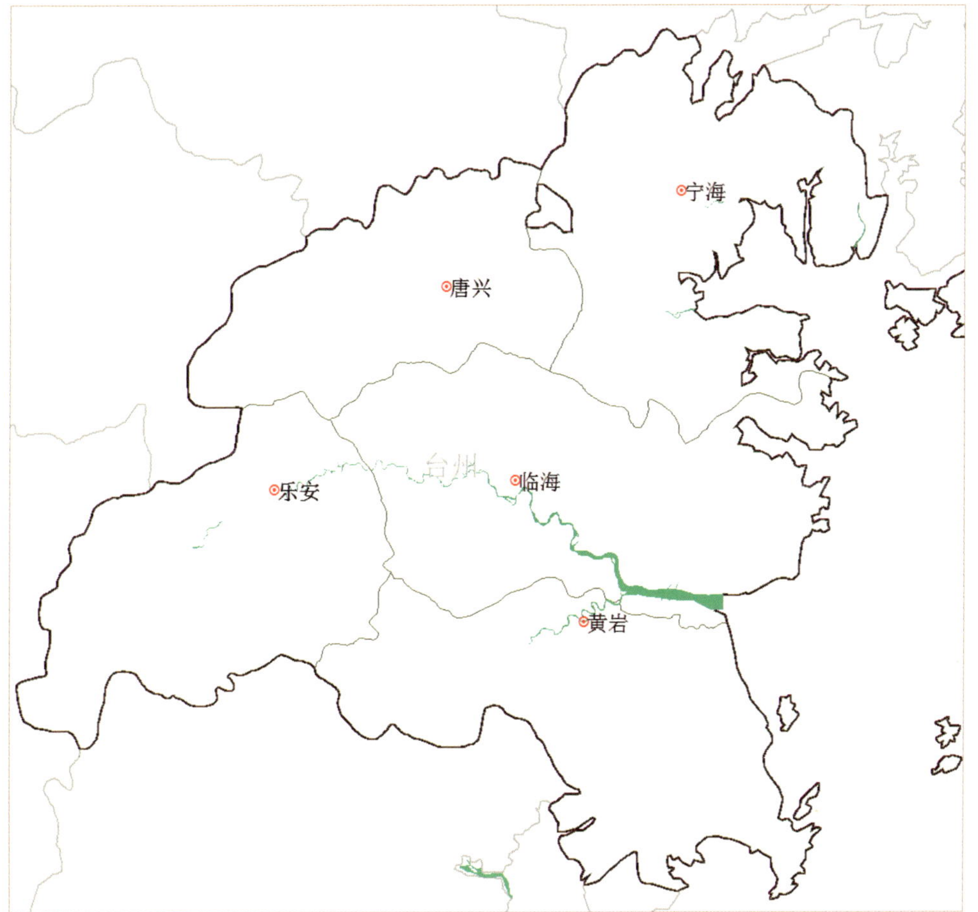

吴越国台州政区示意图（907 年）

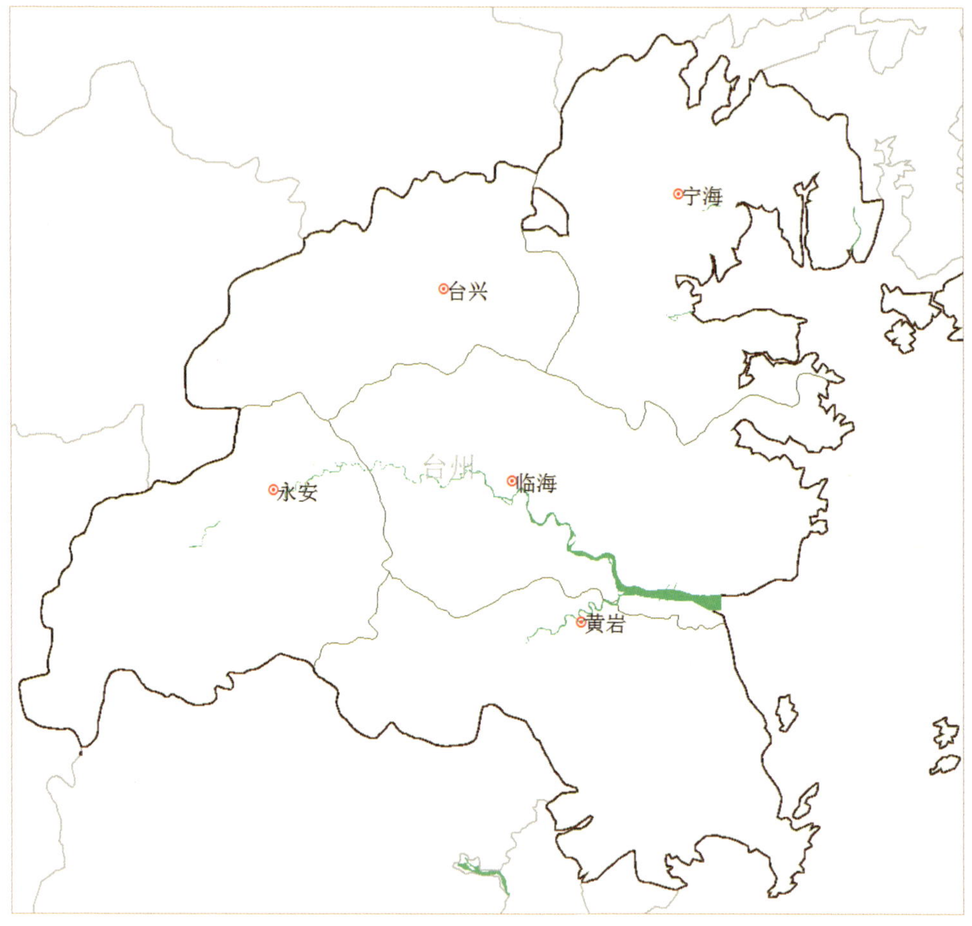

吴越国台州政区示意图（978 年）

（3）宁海。

（4）唐兴。

唐兴，开平二年（908）改名天台，开平三年（909）改名新兴，后唐时恢复唐兴旧名，天福七年（942）改名台兴，建隆二年（961）又改名天台。

《吴越备史》卷一《武肃王》：“［开平二年］秋八月，敕改……台州唐兴县为天台县。”

《太平寰宇记》卷九八《台州》：“天台县……上元二年改为唐兴县，梁改为天台县，后唐同光初复旧，晋天福初改为台兴县，今为天台县。”

《舆地广记》卷二三《两浙路下》：“天台县……上元二年改为唐兴，

朱梁改为天台，后唐复故，石晋改为台兴，皇朝建隆元年复改曰天台。”

上述记载基本是一致的，只是详略各有不同而已。然而，其他史书的一些记载却与此颇有出入。

后唐复名唐兴时间，史书中没有记载。《中国行政区划通史·五代十国卷》作同光二年（924），但考虑到杭州唐山复名时间是在同光初，姑以唐兴复名时间也在同光初，当定为同光元年（923）。

唐兴改台兴的时间。《太平寰宇记》与《舆地广记》都作天福初，《中国行政区划通史·五代十国卷》作天福二年（937）。然据《册府元龟》卷三《帝王部·名讳》：“晋高祖讳瑭，少帝天福七年敕：应殿名及州县名、职名，有与高祖讳犯者，悉改之。……唐兴为台兴。”可见，改名时间已在天福七年，不当称为天福初了。

所改县名。《嘉定赤城志》有不同的记载，其书卷一《地里门·叙州》：

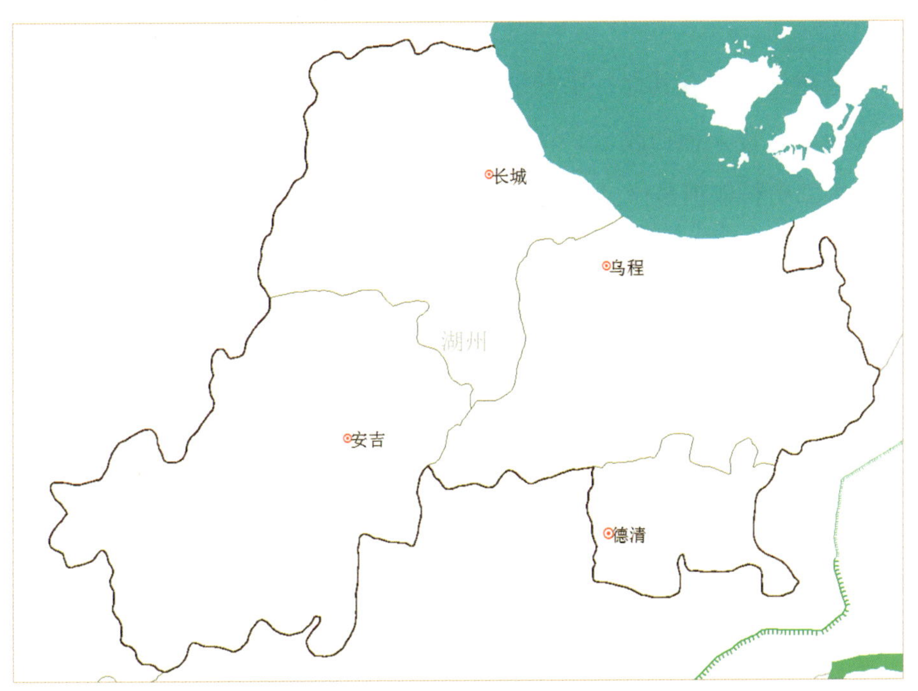

吴越国湖州政区示意图（907 年）

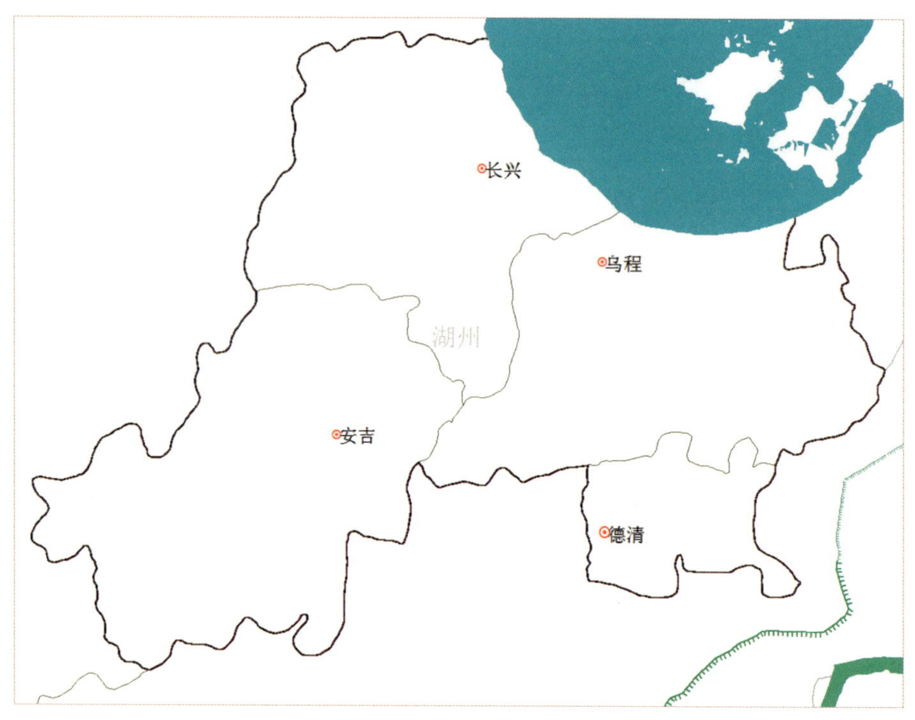

吴越国湖州政区示意图（978 年）

“唐末吴越王钱镠有其地，梁开平三年改唐兴为新兴，……后唐同光初改新兴复为始丰，晋天福初改台兴，国朝建隆初复为天台。”此书注中又说改唐兴为新兴的史料依据是徐灵符的《天台山记注》。又《十国春秋》卷一一二《十国地理表》：“《顺存录》载开平三年改唐兴为新兴，未详是非。”所不同者有二：一是后梁所改之名，《吴越备史》说是开平二年（908）唐兴改名天台，《嘉定赤城志》说是开平三年（909）改名新兴。有一种可能是：开平二年（908）改唐兴为天台，开平三年（909）又改天台为新兴。二是后唐所改之名，《太平寰宇记》与《舆地广记》都说后唐时恢复旧名，《嘉定赤城志》说“复为始丰”。疑《嘉定赤城志》记载有误，后晋改名台兴完全是因为避晋祖石敬瑭之讳，若后唐时为始丰，则后晋时没有改名的必要。当以唐兴为是。

（5）乐安。

乐安，吴越国宝正五年（930）时改名永安。

《舆地广记》卷二三《两浙路下》：“仙居县，本乐安县，……五代时改为永安，皇朝景德四年改为仙居。”

《嘉定赤城志》卷一《地里门·叙州》：“钱氏宝正五年改乐安为永安。”

吴越入宋，台州辖临海、黄岩、宁海、台兴、永安五县。

（六）湖州

湖州唐末时为李师悦、李彦徽所有，乾宁四年（897）九月，钱镠逐李氏，占有其地。唐时湖州有乌程、安吉、长城、德清、武康五县。后周显德六年（959）二月，湖州升宣德军节度。

（1）乌程。

（2）安吉。

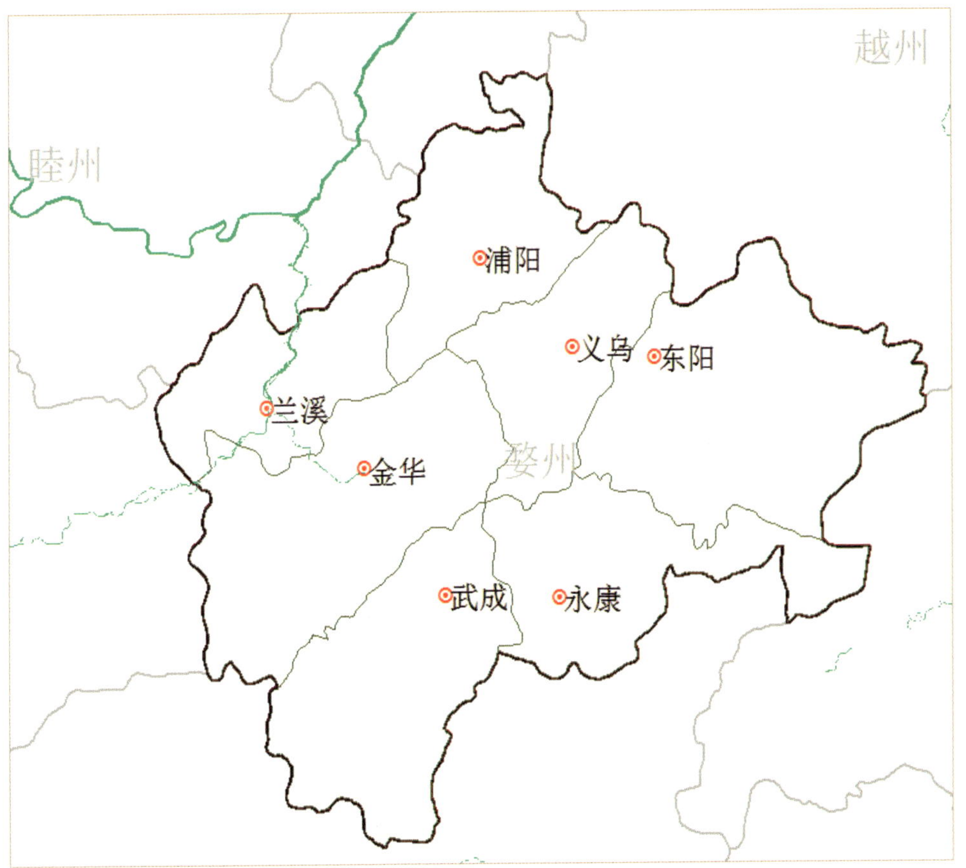

吴越国婺州政区示意图（907年）

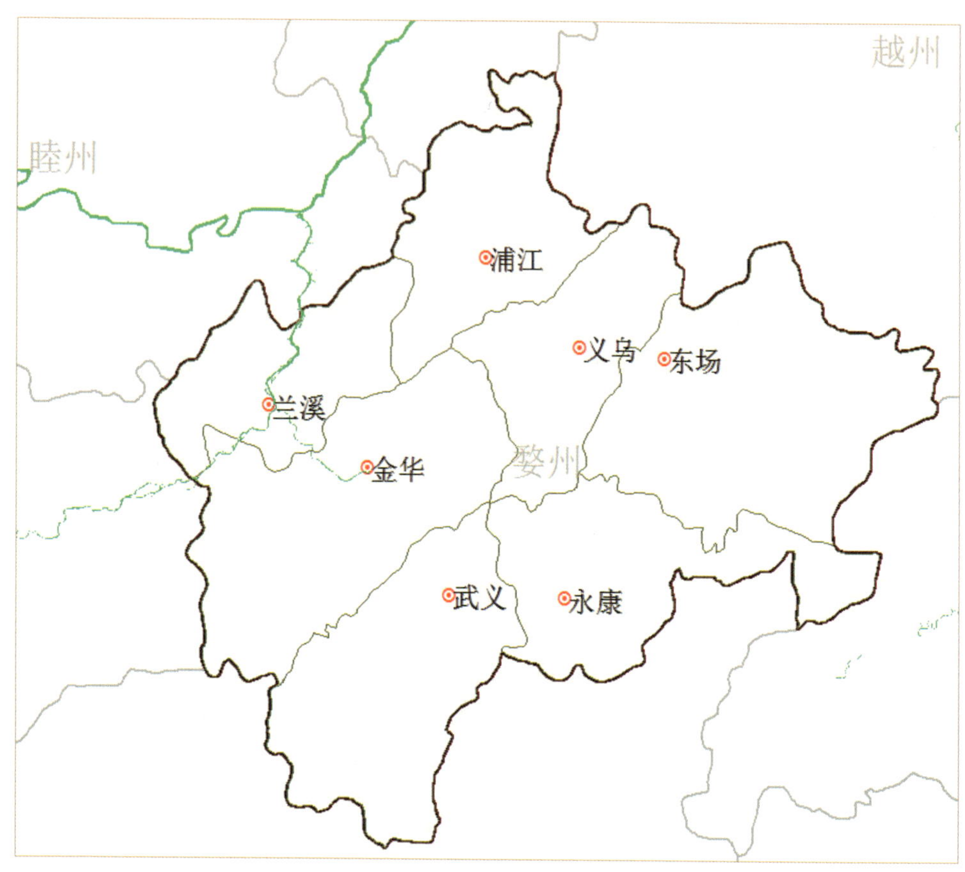

吴越国婺州州政区示意图（978 年）

（3）长城。

开平元年（907），长城改名长兴。

《舆地广记》卷二二《湖州·长兴县》：“梁避庙讳，改曰长兴。”

《太平寰宇记》卷九四《湖州·长兴县》：“今改为长兴县。”二说不同，今取《舆地广记》之说。杭州新城改名新登在开平元年（907），长城改名长兴也当在是年。

（4）德清。

（5）武康。

武康，开平元年（907）改隶杭州。

《舆地广记》卷二二《两浙路上》：“武康县……梁属杭州，皇朝太平兴国四年复来属。”

《（嘉靖）武康县志》卷一《邑纪》：“后梁开平元年，吴越王钱镠割武康隶杭州。”

吴越入宋，湖州有乌程、安吉、长兴、德清四县。

（七）婺州

婺州在唐末曾为蒋瓌等人所占，孙儒失败后，其部将王坛袭据其地。唐

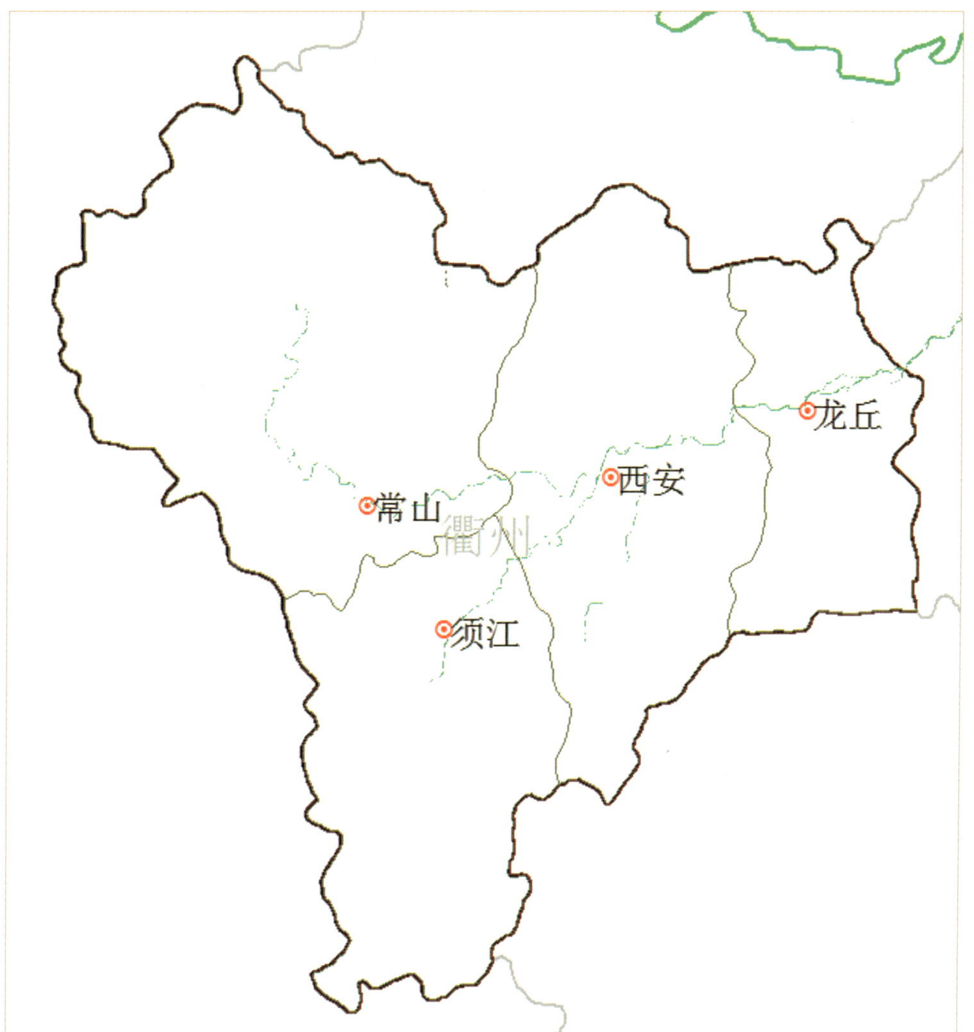

吴越国衢州政区示意图（907 年）

吴越国衢州政区示意图（978 年）

昭宗光化三年（900），钱镠攻占婺州。后晋天福四年（939）九月，婺州升武胜军节度。唐时有婺州七县：金华、东阳、义乌、兰溪、永康、武成、浦阳。

（1）金华。

（2）义乌。

（3）东阳。

开平四年（910）改名东场。

《读史方舆纪要》卷九三《金华府·东阳县》：“五代梁开平四年，钱镠奏改曰东场。宋咸平二年，复故，仍隶婺州。”

（4）兰溪。

（5）永康。

（6）武成。

武成，唐天祐末改名武义。

《十国春秋》卷一一二《十国地理表》：“唐初为武义，后改武成，天祐末复曰武义，疑避朱全忠父讳也。”

（7）浦阳。

《十国春秋》卷一一二《十国地理表》：“浦江，故浦阳县，吴越天宝三年，武肃王恶杨氏，奏改浦江。《顺存录》又作梁贞明三年改。”

吴越入宋，婺州有金华、义乌、东场、兰溪、永康、武义、浦江七县。

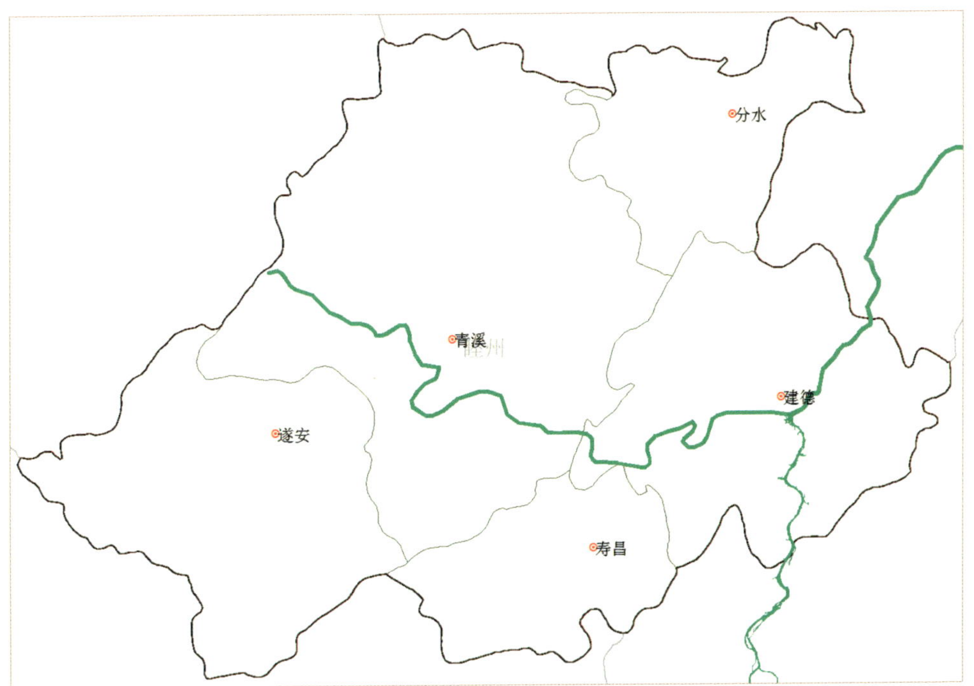

吴越国睦州政区示意图（907—978 年）

（八）衢州

唐僖宗光启三年（887），黄巢余部陈岌袭占衢州，乾宁五年（898）叛，光化三年（900）九月，钱镠攻占衢州。唐时衢州有西安、须江、龙丘、常山四县。

（1）西安。

（2）龙丘。

龙丘，长兴二年（931）改名龙游。

《太平寰宇记》卷九七《衢州》："龙丘……钱镠改为龙游。"《舆地广记》卷二三《两浙路下》的记载与此相同。

《十国春秋》卷七八《武肃王世家》："是岁（宝正六年），……王改衢州龙丘县曰龙游，恶丘为墓不祥也。"同书一一二《十国地理表》有与此相同的记载。

（3）须江。

须江，长兴二年（931）改名江山。

《太平寰宇记》卷九七《衢州》："江山县，本信安县之南境，唐武德四年分信安置须江县。……钱镠改为江山。"据《十国春秋》卷七八《武肃王世家》，改名时间在宝正六年。

（4）常山。

吴越入宋，衢州有西安、龙游、江山、常山四县。

（九）睦州

中和四年（884），余杭镇使陈晟逐睦州刺史柳超，占有睦州。陈晟死后，子陈绍权、弟陈询先后袭位。唐昭宗天复三年（903）七月，陈询叛，至唐天祐二年（905）底，钱镠平定叛乱，确立对睦州完全的统治。唐时睦州有六县：建德、青溪、桐庐、分水、遂安、寿昌。

（1）建德。

（2）青溪。

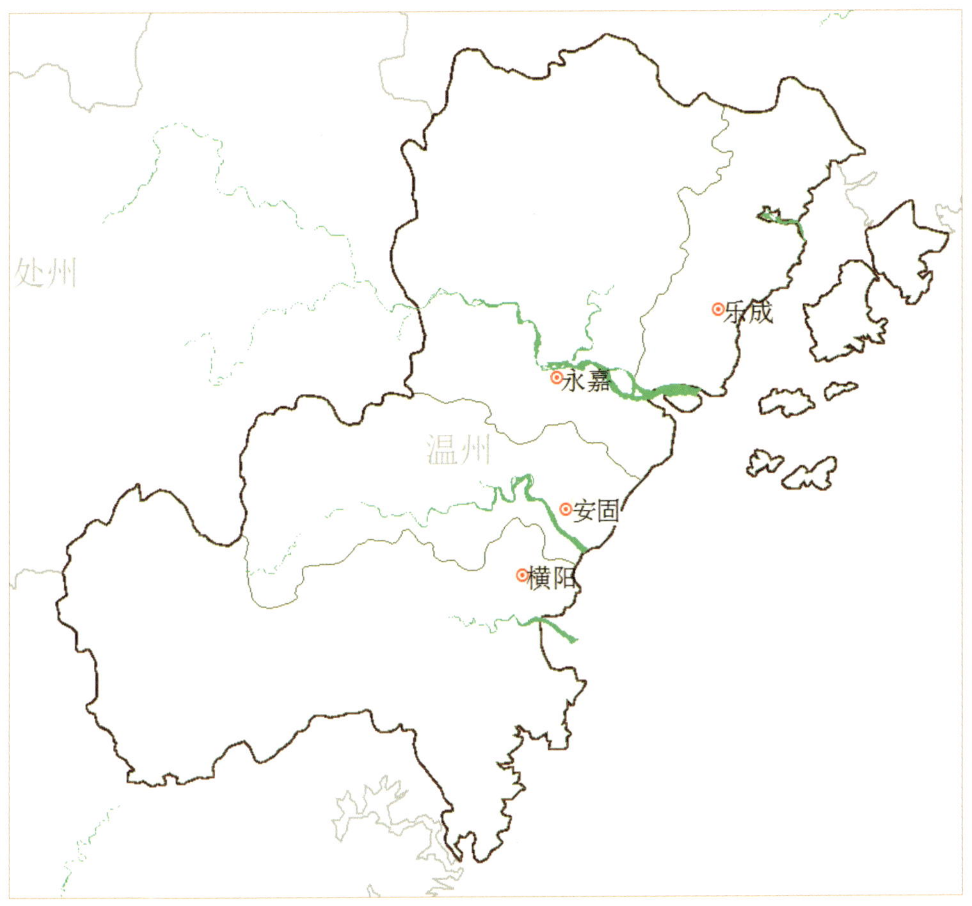

吴越国温州政区示意图（907 年）

（3）桐庐。

桐庐，光化三年（900），钱镠强迫使之改隶杭州。

《淳熙严州图经》卷一《历代沿革》：“光化三年，钱镠割桐庐隶杭州。”据《十国春秋》卷八八《陈询传》：“及王命桐庐县隶使府，且征军赋，询遂不听命。”因此，钱镠虽在光化三年（900）命以桐庐隶杭州，但遭到睦州刺史的拒绝。桐庐真正隶属杭州可能要到天祐二年（905）钱镠平定睦州时。

（4）分水。

《（乾隆）杭州府志》卷三《建置》：“天祐三年，割睦州分水县之南新、宁善、新登、广陵、铜岘五乡来属于临安。”

（5）遂安。

（6）寿昌。

吴越入宋，睦州有建德、青溪、分水、遂安、寿昌五县。

（十）温州

唐末温州先后为朱褒、朱敖兄弟及卢佶所占。唐哀帝天祐四年（907）四月，钱元瓘灭卢佶，攻占温州。后晋天福四年（939），温州升静海军节度。唐时温州共有四县：永嘉、横阳、安固、乐成。

（1）永嘉。

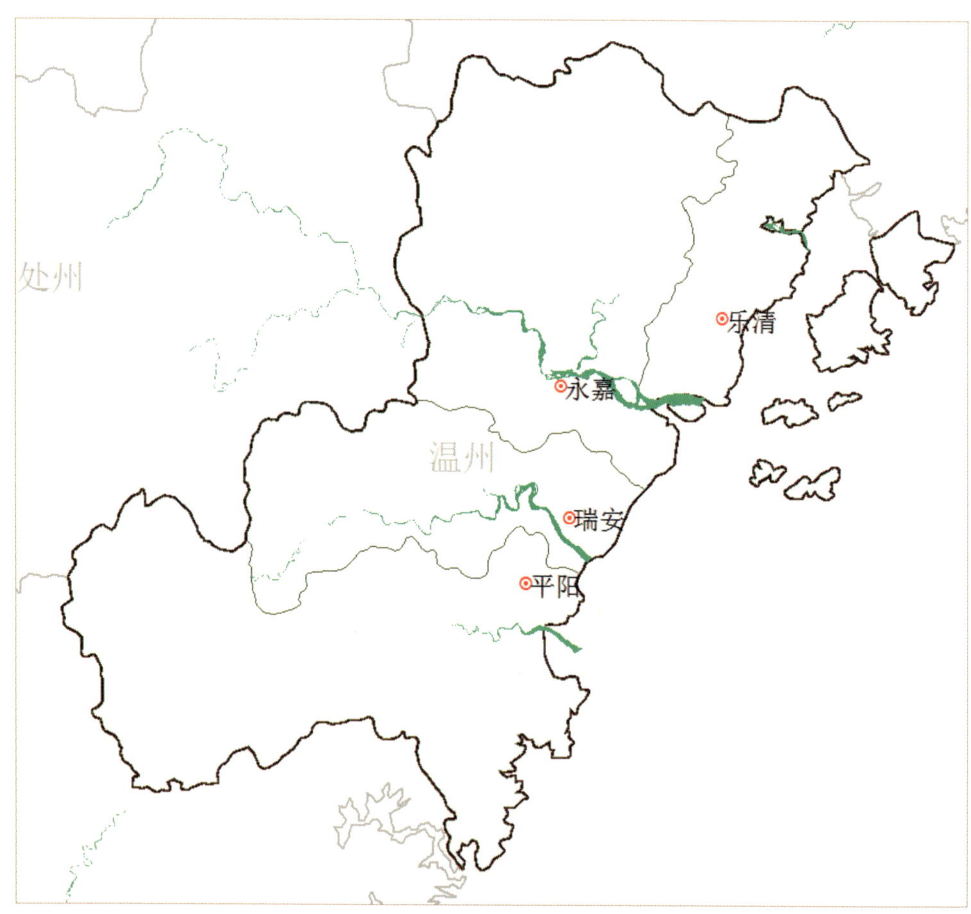

吴越国温州政区示意图（978 年）

（2）横阳。

横阳，后梁乾化四年（914）改名平阳。

《舆地广记》卷二三《两浙路下》："［横阳县］朱梁改曰平阳。"

《十国春秋》卷一一二《十国地理表》："《郡县释名》曰：横阳，取横屿及横阳江之义。后梁乾化间，横阳既平，故曰平阳。"

《读史方舆纪要》卷九四将改名时间系于乾化四年（914）。

（3）安固。

《舆地广记》卷二三《两浙路下》："［安固（国）县］五代时改曰瑞安。"《十国春秋》卷七七《武肃王世家》："天复二年……是岁，有白乌栖于安

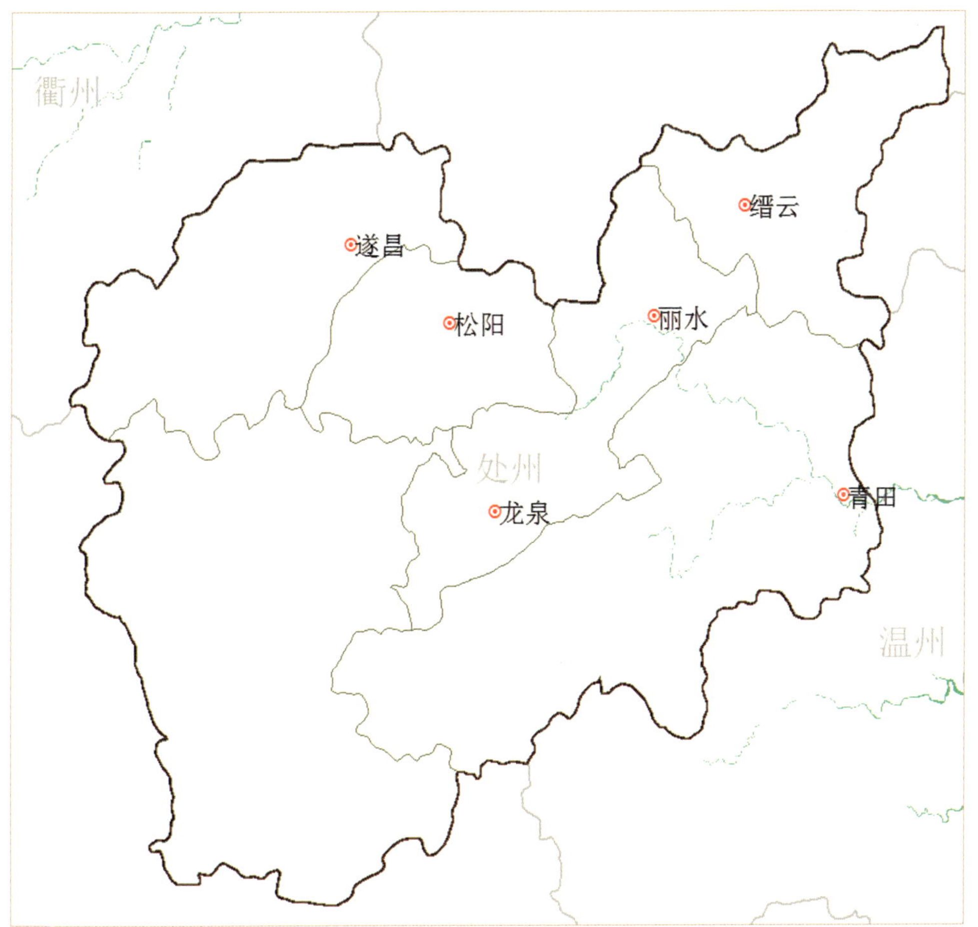

吴越国处州政区示意图（907 年）

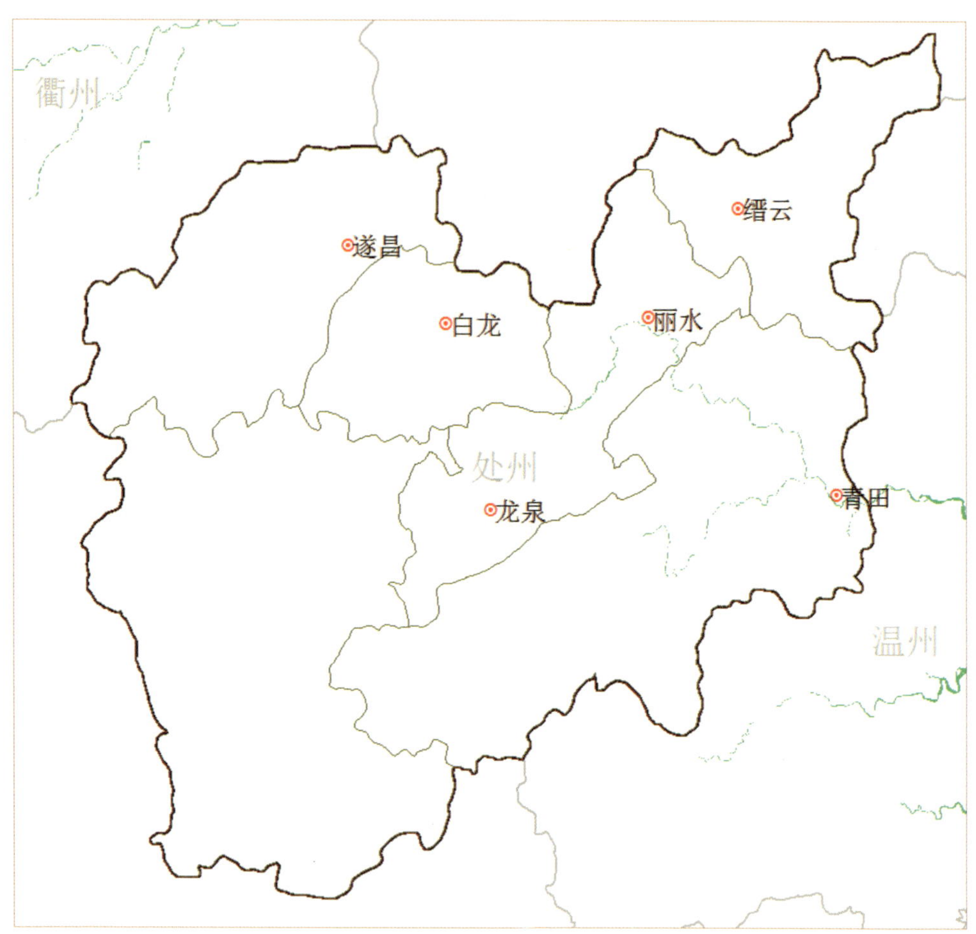

吴越国处州政区示意图（978 年）

固县之集云山，事闻于朝，诏改安固为瑞安县。”同书卷一一二《十国地理表》将其事系于天复三年（903），“集云山”为“集云阁”。所记与《舆地广记》异，未知孰是。改名瑞安时，钱镠尚未真正统治其地。

（4）乐成。

乐成，开平二年（908）八月改名乐清。

《舆地广记》卷二三《两浙路下》：“五代时改曰乐清。”

《（永乐）乐清县志》卷一《建置沿革》：“梁开平二年钱氏以避梁祖讳改乐清。”

《十国春秋》卷七八《武肃王世家》：“[天宝元年秋八月改]乐成县

曰乐清。”

吴越入宋，温州有永嘉、平阳、瑞安、乐清四县。

（十一）处州

开平元年（907）五月，钱镠灭卢约，占有处州。唐时处州有六县：丽水、松阳、缙云、遂昌、青田、龙泉。

（1）丽水。

（2）松阳。

松阳，开平四年（910）改名长松，天福四年（939）改为白龙。

《吴越备史》卷一《武肃王》：“［开平四年］夏五月奏改……处州松阳县为长松县。”又卷二《文穆王》：“［天福四年］八月戊申，……是日，白龙见处州长松县，改为龙泉县。”

《旧五代史》卷一五〇《郡县志·江南道》：“处州松阳县，梁开平四年五月，改为长松县。”《五代会要》卷二〇《州县分道改置·江南道》与此同。

《太平寰宇记》卷九九《处州》：“梁开平四年改为长松县，又改为白龙县。”

《舆地广记》卷二三《两浙路下》：“松阳县……朱梁时杨氏据江淮，于是吴越钱氏上言：‘以淮寇未平，耻闻逆姓，请改为长松。’后又改曰白龙。”

可见，松阳县在五代时曾两次改名，第一次由松阳改为长松，第二次由长松改为白龙。《吴越备史》认为第二次改为龙泉，但当时处州已别有一个龙泉县，怎能再把长松改为龙泉？疑误。

（3）缙云。

（4）遂昌。

（5）青田。

（6）龙泉。

吴越入宋，处州有丽水、白龙、缙云、遂昌、青田、龙泉六县。

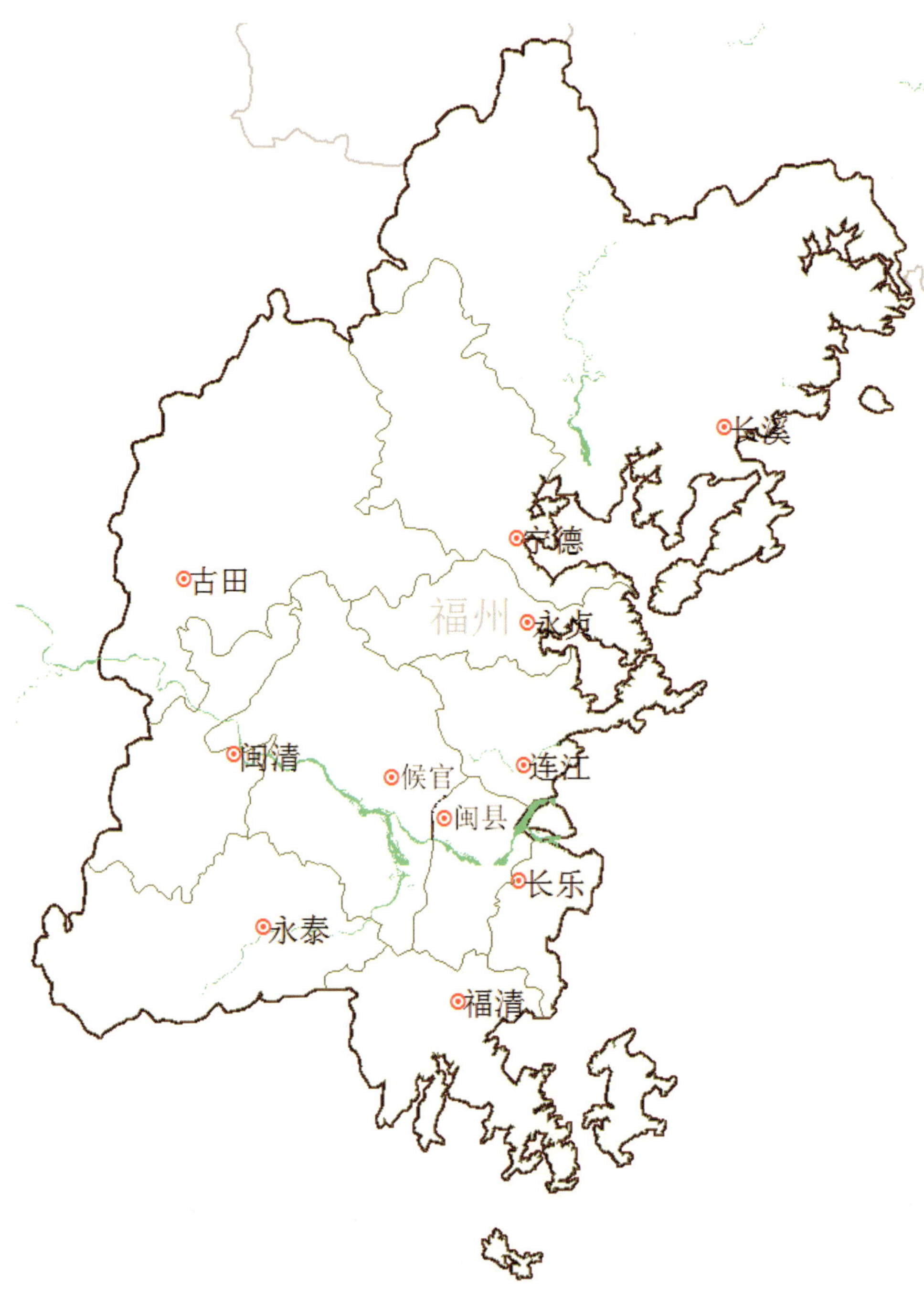

吴越国福州政区示意图（978 年）

（十二）福州

福州在南朝陈时从东扬州分置闽州，是为设州之始。隋唐时经多次变动，改为福州。唐末陈岩与王潮、王审知兄弟先后割据福建。王氏建立闽国，以福州为都城。王璘（王延钧）称帝，升福州为长乐府。天福十二年（947），吴越国占有福州，置威武军节度。

唐时，福州下辖闽、侯官、长乐、福唐、连江、永泰、长溪、古田、宁德九县。闽国时，新置永贞、闽清二县。

福州，诸县吴越接收后基本未做变动。

（1）闽县。

闽国时曾两度改为长乐县，后复旧。

（2）侯官。

闽国时曾一度改为闽兴县，而以长乐县为侯官县，寻复旧名。

（3）福唐。

后梁时改名永昌，后唐时复名福唐，闽龙启元年（933）改名福清。

据《太平寰宇记》卷一〇〇《福州》："朱梁改为永昌县，后唐同光初复旧。晋天福初改为南台县,后复旧。今为福清县。"则吴越接收时可能已改为南台县，也可能已复为福唐县。而《十国春秋》卷一一二《十国地理表》则以为改名南台之时，闽已自立，更名福清。未知孰是。今姑从闽改名福清之说。

（4）长乐。

闽国时曾两次改名，第一次改为侯官县，第二次改为安昌县，寻复旧。

（5）永贞。

闽龙启元年（933），升连江县罗源场为永贞县。

（6）闽清。

后梁乾化元年（911），王审知析侯官置闽清县。

（7）宁德。

（8）连江。

（9）永泰。

（10）长溪。

（11）古田。

吴越入宋，福州有闽县、侯官、福清、长乐、永贞、闽清、宁德、连江、永泰、长溪、古田十一县。

吴越国州县沿革表

<table>
<tr><th>州　府</th><th>县</th></tr>
<tr><td rowspan="12">杭州（886—978）</td><td>钱塘（886—978）</td></tr>
<tr><td>钱江（942—978）</td></tr>
<tr><td>余杭（886—978）</td></tr>
<tr><td>临安（886—907）</td></tr>
<tr><td>富阳（886—908），富春（908—978）</td></tr>
<tr><td>唐山（886—908），吴昌（908—909 或 910），金昌（909 或 910—923），吴昌（923—942），横山（942—978）</td></tr>
<tr><td>新城（886—907），新登（907—978）</td></tr>
<tr><td>桐庐（900—978）</td></tr>
<tr><td>武康（907—978）</td></tr>
<tr><td>嘉兴（890—924）</td></tr>
<tr><td>海盐（890—924）</td></tr>
<tr><td rowspan="3">苏州（889—978）</td><td>吴县（889—978）</td></tr>
<tr><td>吴江（909—978）</td></tr>
<tr><td>长洲（889—978）</td></tr>
</table>

续　表

州　府	县
苏州（889—978）	昆山（889—978）
	常熟（889—978）
	嘉兴（889—890，932—938）
	海盐（889—890，932—938）
	华亭（889—940）
	崇德（938—940）
越州（896—978）	会稽（896—978）
	山阴（896—978）
	剡县（896—940），赡县（940—978）
	新昌（908—978）
	暨阳（896—908），诸暨（908—978）
	余姚（896—978）
	上虞（896—978）
	萧山（896—978）
明州（896—978）	鄮县（896—907），鄞县（907—978）
	望海（909），定海（909—978）
	奉化（896—978）
	慈溪（896—978）
	象山（896—978）

续 表

州　府	县
台州（896—978）	临海（896—978）
	黄岩（896—978）
	宁海（896—978）
	唐兴（896—908），天台（908—923） 唐兴（923—942），台兴（942—961） 天台（961—978）
	乐安（896—930），永安（930—978）
湖州（897—978）	乌程（897—978）
	安吉（897—978）
	长城（897—907），长兴（907—978）
	德清（897—978）
	武康（897—907）
婺州（900—978）	金华（900—978）
	义乌（900—978）
	东阳（900—910），东场（910—978）
	兰溪（900—978）
	永康（900—978）
	武成（900—907），武义（907—978）
	浦阳（900—910），浦江（910—978）
衢州（900—978）	西安（900—978）

续 表

州 府	县
衢州（900—978）	龙丘（900—931），龙游（931—978）
	须江（900—931），江山（931—978）
	常山（900—978）
睦州（905—978）	建德（905—978）
	青溪（905—978）
	分水（905—978）
	遂安（905—978）
	寿昌（905—978）
温州（907—978）	永嘉（907—978）
	横阳（907—914），平阳（914—978）
	瑞安（907—978）
	乐成（907—908），乐清（908—978）
处州（907—978）	丽水（907—978）
	松阳（907—910），长松（910—939），白龙（939—978）
	缙云（907—978）
	遂昌（907—978）
	青田（907—978）
	龙泉（907—978）

续　表

<table>
<tr><th>州　府</th><th>县</th></tr>
<tr><td>衣锦军（907—978）</td><td>临安（907—908），安国（908—978）</td></tr>
<tr><td rowspan="4">开元府（924—932）
秀州（938—978）</td><td>嘉兴（924—932，938—978）</td></tr>
<tr><td>海盐（924—932，938—978）</td></tr>
<tr><td>华亭（940—978）</td></tr>
<tr><td>崇德（940—978）</td></tr>
<tr><td rowspan="11">福州（947—978）</td><td>闽县（947—978）</td></tr>
<tr><td>侯官（947—978）</td></tr>
<tr><td>福清（947—978）</td></tr>
<tr><td>长乐（947—978）</td></tr>
<tr><td>永贞（947—978）</td></tr>
<tr><td>闽清（947—978）</td></tr>
<tr><td>宁德（947—978）</td></tr>
<tr><td>连江（947—978）</td></tr>
<tr><td>永泰（947—978）</td></tr>
<tr><td>长溪（947—978）</td></tr>
<tr><td>古田（947—978）</td></tr>
</table>

三、吴越国政区易置原因分析

（一）钱氏捍海塘与杭州政区变革

五代吴越国时期是杭州城市发展史的一个转折点，杭州政治地位得到极大提升。表现在行政区划上，主要有三点：一是杭州成为吴越国都，二是镇海军移治杭州，三是钱江建县。

杭州政区变革主要是由于杭州城市的发展，是杭州从一个普通州郡跃升为区域中心在行政区划上的体现。

杭州城市最初的源头可以追溯到秦代设置的钱塘县（一说秦以前楚国时就已置县）。当时的西湖还是一个海湾，汹涌的钱塘江由龛、赭二山之间东流入海，后来的杭州城区尚未形成，钱塘县的县治设在现在灵隐山麓。大概到了东汉时期，西湖与江海逐渐隔绝，形成一个海湾，后来的杭州城区开始淤积成陆。当时杭州属吴郡，后来钱塘县治也由灵隐山麓东移到宝石山下。不过当时的钱塘县城十分狭小，仅局限于现在杭州的城西一隅。隋朝平陈，重新统一中国之后，整顿全国的行政区划，罢郡置州，设立杭州。杭州的州治开始设在余杭，开皇九年（589），移治钱塘，在柳浦之西，“依山筑城”，这就是后来的隋唐杭州城。其事详见《旧唐书》记载：“隋于余杭县置杭州，又自余杭移州理钱塘。又移州于柳浦西，今州城是。贞观六年（632），自州治南移于今所，去州十一里。又移治新城戍。开元二十一年（733），移治州郭下。二十五年（737），复还旧所。”[①] 对于隋杭州城，以前学者都认同隋城是一个大城。2002年，任牮时在其硕士学位论文《南宋以前杭州城郭考》中对隋杭州城“隋代一城论”提出质疑，提出了“隋代杭州筑有多城”的假说。[②]2010年，陈志坚撰文《辨隋杭州城为子城而非大城》及专著《杭州初史论稿》，进一步论证了这种假说。[③] 陈以为前人的错误是《乾道临安志》有关隋杭州城断句错误所致。《乾道临安志》：“《九域志》：隋杨素创州城，周回三十六里九十步。”其中，“周回三十六里九十步”非《九域志》中语，讲的是宋代杭州城的大小，非指隋城，隋城并没有那么大。陈志坚认为隋代杭州有二城，北为钱塘县城，南为杭州州城。柳浦西州城与后来的吴越国子

① 《旧唐书》卷四〇《地理志》，第1588页。

② 任牮时：《南宋以前杭州城郭考》，浙江大学硕士学位论文，2002年。

③ 陈志坚：《杭州初史论稿》，杭州出版社2010年版。

城（王城）、南宋大内有因袭关系，虽吴越国时曾经扩建，但其大致范围是可以根据南宋皇城来推断的。其大致范围是在凤凰山东麓、柳浦（今南星桥一带）以西。州城的北门在吴越为朝天门（双门），在南宋为和宁门，地点大致在今鼓楼一带。这样，钱塘县城在宝石山下，州城在柳浦之西，形成双城格局，前者偏重民政，后者偏重军事。而县城与州城之间的西湖以东广大地域，受潮水侵袭的影响在隋朝时既无农田，也缺少居民。

在州城与县城之间，后来逐渐形成一条人工河道。因水源出自西湖，水质较清，后人称为清湖河，清湖河也起到联通杭州州城与钱塘县城的作用。随着钱塘县治东移清湖河的开掘，西湖东岸逐渐聚积起大批人口。而西湖东岸地区既受潮水冲击，其地下水必然是无法饮用的，在唐代中期以前，清湖河沿线聚居的居民数量应该是比较有限的。唐德宗建中年间，一代名臣李泌任杭州刺史，在今涌金门、钱塘门之间建井六口，后人称为“李泌六井”。白居易在《钱塘湖石记》中说：“其郭中六井，李泌相公典郡日所作，甚利于人，与湖相通，中有阴窦，往往堙塞，亦宜数察而通理之，则虽大旱，而井水常足。”可见六井并非地下水，而是通过地下管道将西湖水引入西湖东岸居民区。六井基本在清湖河一线。

杭州城市扩大的最大障碍是涌潮。历史上，杭州地方官员与当地人民想方设法对抗涌潮。办法主要有两个：一是筑塘拦截涌潮，二是开河减缓涌潮冲击之势。汉华信筑塘为杭州城市的发展奠定了基础。唐代崔彦曾开三沙河，称为外沙河、中沙河、里沙河。唐代也修筑海塘，据《新唐书》的记载，盐官有长一百二十里的捍海塘堤，在开元元年重筑。[①] 为了保护杭州城不受潮汐的侵袭，钱镠于开平年间修筑海塘。据《宋史·河渠志》的记载，刚开始筑塘时，似仍沿用唐代修筑土塘的旧法，“潮水昼夜冲激，版筑不就”。后改用竹笼填石、固以木桩之法，终使“堤岸既固，居民乃奠”。钱镠修筑海塘时曾命强弩数百以射潮头，后世钱王射潮的故事即由此衍生而来。据说，钱

① 《新唐书》卷四一《地理志》，第 1059 页。

镠筑塘时于塘基设立铁幢以为水则，又用日本椤木植作“滉柱”以捍塘。其幢有三：一在今清泰门外，一在今候潮门东南旧便门外小巷，一在今南星桥东旧利津桥畔。而今候潮门东贴沙河上旧有普济桥，又名椤木桥，当即吴越筑塘时堆放椤木处。[①] 钱氏捍海塘的原始面貌长期不为人们所知，直到1983年初，杭州市南星桥凤山道口附近的江城路立体交叉施工现场发现海塘遗迹。综合以上文献记载与考古发掘，可推知钱氏捍海塘位置大概是在候潮门、通江门外，自六和塔至艮山门一线。

钱江置县后，钱塘、钱江两县在今杭州市区部分，基本以中河一线为界。中河以东地区为新设的钱江县，而这一地区在唐代为三沙河所在的防潮区，居民居住困难。因此，钱江设县的根本原因就是随着捍海塘的修筑极大地扩展了杭州城区的居住范围。没有捍海塘的修筑，就不会有大量居民聚集，也不会有钱江县的设置。

西湖在隋唐时一般被称作钱唐（塘）湖，也称上湖。唐白居易《钱唐湖石记》中说：“钱塘湖一名上湖，周回三十里。”[②] 明田汝成《西湖游览志》卷一中说西湖“以其输委下湖也，又称上湖”[③]。之所以被称为上湖，是因为其北有下湖。白居易任杭州刺史时，最重要的一个政绩，就是在上、下湖之间筑堤设闸。《淳祐临安志》卷一〇：“石函桥闸，在钱塘门外水磨头，遇西湖溢涨则开，此闸泄水于下湖。”[④] 白居易筑堤的地点大概是在石涵桥附近，少年宫一带。白居易筑堤大大增加了西湖水的农业灌溉功能，据《钱唐湖石记》的记载，说西湖水位“每减一寸，可溉十五余顷”[⑤]，灌溉能力由原来的五百顷增加到千顷，加快了杭州城北湖沼地的开发与农业化进程，为杭州的繁荣与人口增加奠定了农业基础。此外，杭州城北有皋亭、半山，大运河（上塘河）有时

① 魏嵩山：《杭州城市的兴起及其城区的发展》，《历史地理》创刊号，1981年。

② 〔唐〕白居易：《白居易集》卷六八《钱唐湖石记》，中华书局1979年版，第1431页。

③ 〔明〕田汝成：《西湖游览志》卷一《西湖总叙》，上海古籍出版社1998年版，第1页。

④ 〔宋〕施谔：《淳祐临安志》卷一〇《水闸》，载《南宋临安两志》，浙江人民出版社1983年版，第203页。

⑤ 《白居易集》卷六八《钱唐湖石记》，第1431—1432页。

也会面临缺水难行的困难，唐代为此一度不得不改走苕溪，白居易筑堤蓄水，稳定了大运河的供水，促进了杭州的商业发展。

在吴越国之前，杭州州城在凤凰山下，钱塘县城在宝石山下，两地南北相距甚远。六井的建设以及附近人口聚集起到了连通南北双城的作用。这样，凤凰山下的杭州州城为军事中心，宝石山下的钱塘县城为行政民事中心，两城之间的清湖河沿线为居民区。钱塘县城以北为农业区。钱塘县城、清湖河与上塘河相交的这片区域，也就是今天武林门一带，逐渐发展为商贸区。西湖则为农业区提供灌溉用水，为居民提供饮用水，为航运贸易提供交通用水，组成一个完整的城市生态。而清湖河以东地区因受潮水侵袭，仍很少有人居住。

钱氏政权兴起以后，杭州成为钱氏政权的首府，继续并发展了李泌、白居易以来的这种城市生态。白居易在《钱唐湖石记》中说，当时“田户多与所由计会，盗泄湖水，以利私田”。白居易在筑堤过程中也遭到了一些既得利益者的阻挠，他们盗湖为田，侵夺水资源，为此白居易还制定了严格的水利制度，“石函、南笕，并诸小笕闼，非浇田时，并须封闭筑塞，数令巡检，小有漏泄，罪责所由”[①]，但这种矛盾很难完全消失。到唐朝末年，西湖葑草蔓合，湖面缩小，蓄水量减少。吴越国时重新加以疏浚。据《苏轼文集》卷三〇《杭州乞度牒开西湖状》，吴越国时，“置撩湖兵士千人，日夜开浚”[②]。而且，据《十国春秋》卷七八《武肃王世家》武肃王天宝八年末记载：“是时，置都水营使以主水事，募卒为都，号曰‘撩浅军’，亦谓之‘撩清’；命于太湖旁置‘撩清卒’四部，凡七八千人，常为田事，治河筑堤，一路径下吴淞江，一路自急水港下澱山湖入海，居民旱则运水种田，涝则引水出田。”[③]西湖撩湖与太湖撩清互相配合，形成一套完备的水利管理制度，进一步加速了杭州城北湖沼开辟为农田的进程。

到吴越国时期，杭州政治地位上升，经济进一步发展，人口猛增。吴越

① 《白居易集》卷六八《钱唐湖石记》，第1432页。

② 〔宋〕苏轼：《苏轼文集》卷三〇《杭州乞度牒开西湖状》，中华书局1986年版，第864页。

③ 《十国春秋》卷七八《吴越武肃王世家》，第1090页。

国也在城中开挖了一些井，见于记载者有吴山井、钱王井。《咸淳临安志》卷三七："（井）在吴山之北，钱氏时有韶国师者始开此井。品其水味，为钱唐第一，盖山脉融液独源所钟，不杂江湖之味。故泓深莹洁异于众泉。"[①]韶国师即法眼宗高僧德韶，钱弘俶在位时被封为国师，可见此井当是钱弘俶时所开。又钱王井，《十国春秋》载，吴越宝正六年（931）浚中兴寺戒坛院井，"井九十九眼，号钱王井"。[②]当然，其中最有影响的可能是钱元瓘所建涌金池。吴自牧《梦粱录》卷一一："涌金池，在丰豫门里，引西湖水为池。"池旁有钱元瓘书"涌金池"三大字，旁刻石云："清泰三年丙午之岁，建午之月，特开此池。"[③]刻石已久不存。如上文所言，涌金池不但引西湖水入城，且连接清湖河各支流，可能起到了调节的作用，是城内水利枢纽。这些水井的修筑反映了吴越国城区居住范围扩大的情况。

在此基础上，钱镠曾多次对杭州城进行拓展扩建。第一次扩建是在唐昭宗大顺元年（890）九月。据《吴越备史》记载："王命筑新夹城，环包家山，洎秦望山而回，凡五十余里，皆穿林架险而版筑焉。王尝亲劳役徒，因自运一甓，由是骖从者争运之，役徒莫不毕力。"[④]范围大致在杭州城的南部。第二次扩建是在三年之后。《吴越备史》谓其城"自秦望山由夹城东亘江干洎钱塘湖、霍山、范浦，凡七十里"，范围大致在杭州城的北部。此外，梁开平四年（910），钱镠又命钱元瓘修筑杭州子城。乾化二年（912），又敕增广杭州牙城。

钱镠筑城后，罗隐代钱镠所撰的《杭州罗城记》，谓：

余始以郡之子城，岁月滋久，基址老烂，狭而且卑，每至点阅士马，不足回转。遂与诸郡聚议，崇建雉堞，夹以南北，矗然而峙，帑藏得以牢固，军士得以帐幕，是所谓固吾围。以是年上奏天子，嘉以出政，优诏奖

① 〔宋〕潜说友：《咸淳临安志》卷三七《井》，《宋元方志丛刊》本，第3686页。
② 《十国春秋》卷七八《吴越武肃王世家》，第1105页。
③ 〔宋〕吴自牧：《梦粱录》卷一一《池塘》，载《全宋笔记》第8编第5册，大象出版社2017年版，第202页。
④ 《吴越备史》卷一《武肃王》，第6180页。

饰，以为牧人之道，其尽此乎？俄而孙儒叛蔡渡江，侵我西鄙，以翦以逐，蹶于宛陵。劲弩之次，泛舟之助，我有力焉。后始念子城之谋，未足以为百姓计。东眄巨浸，辏闽粤之舟橹；北倚郭邑，通商旅之宝货。苟或侮劫之不意，攘偷之无状，则向者吾皇优诏，适足以自荣。由是复兴十三都，经纬罗郭，上上下下，如响而应。爰自秋七月丁巳，讫于冬十有一月某日。由北郭以分其势，左右而翼，合于冷水源。绵亘若干里，其高若干丈，其厚得之半。民庶之负贩，童髦之缓急，燕越之车盖，及吾境者，俾无他虑。千百年后，知我者以此城，罪我者亦以此城。苟得之于人而损之己者，吾无愧欤！①

钱镠筑杭州罗城，《吴越备史》记为两次，后人也多依其说，认为钱镠两次筑城，一次在唐昭宗大顺元年（890），一次在唐昭宗景福二年（893），一次筑城五十里，一次筑城七十里。但据《杭州罗城记》语意推断，这两次筑城其实只是一次，筑城从大顺元年（890）开始，但因孙儒之乱中断。这就是《杭州罗城记》中所说的“俄而孙儒叛蔡渡江，侵我西鄙，以翦以逐，蹶于宛陵。劲弩之次，泛舟之助，我有力焉”。因此，《吴越备史》记载筑城范围，也仅仅及于罗城南部，“环包家山，洎秦望山而回”。其他部分，可能已筑城基，但并未完工。孙儒之乱平定后，钱镠才在景福二年（893）重新开始他的筑城大业。《吴越备史》也完整记载了吴越罗城的范围，“自秦望山由夹城东亘江干洎钱塘湖、霍山、范浦”。

因此，钱镠筑城，是将隋唐时期的钱塘县城与杭州州城都包含在里面，历史性地改变了杭州的城市格局。但杭州城在外在形式上仍保留着双城的特点，杭州城因南北两端扩展，中间收缩被人称为“腰鼓城”，而南北扩展的部分即是原钱塘县城与杭州州城。

唐宋时期是中国城市发展史上发生大变化的一个时期。归纳起来，共有

① 〔唐〕罗隐：《罗隐集·杂著·杭州罗城记》，中华书局1988年版，第306—307页。

三点：一是厢坊制度的发展，二是小城镇的大量涌现，三是城郭的大规模化。杭州城的扩建即体现了当时城郭大规模化的时代潮流。杭州筑城，是捍海塘修筑后杭州城区居住范围扩大的结果，为此后钱江设县与杭州政治地位的提升打下了基础。

（二）苏州升藩与秀州开府的政治含义

钱元璙与钱元瓘曾竞争吴越国王位继承人。最后钱元瓘继承王位，虽兄弟两人自始至终保持和睦，但矛盾还是在政区易置中体现了出来。

钱元璙，字德辉，钱镠第六子，因钱镠长子元琏、次子元玑早逝，《吴越备史》谓为第四子。钱元璙出生于光启三年（887），母庄穆夫人吴氏。起家奏授沂王府咨议参军、宣武节度判官，累迁散骑常侍，赐金紫。后任军旅之事，改授马步厅事指挥使。

天复二年（902），徐绾、许再思叛乱，并勾结杨行密部属田頵侵略浙西边境。钱镠命顾全武带元璙前往扬州向杨行密求援，并向杨氏求婚，实际上是将钱元璙送给杨行密做人质。钱元璙伪装成顾全武的仆人。到扬州后，杨行密对钱元璙非常欣赏，说："生子当如钱郎，吾之子豚犬耳。"[1]即日遣使命頵还军，并将女儿嫁给元璙。次年，杨行密在钱镠的帮助下镇压了田頵、安仁义的叛乱。天复四年（904）三月，钱元璙带杨氏回杭成亲。

天祐二年（905）八月（一说正月），处州刺史卢约使其弟卢佶攻陷温州。开平元年（907）三月，钱元璙与钱元瓘一起奉命攻打温州，屯兵温州东北海中的青澳。后攻陷温州，活捉卢佶并斩之。然后钱元璙又移兵攻打处州。五月，卢约降。此外，钱元璙还参与了平定睦州陈询的战争，立下功勋，授邵州刺史。开平三年（909），湖州高澧叛乱，钱元璙又参与征讨高澧的军事行动。乾化三年（913）三月，李涛率兵两万越过狭险的千秋岭，进攻钱镠的故乡衣锦军。钱元瓘率军赴援，钱元璙被任命为招讨收复都指挥使，率水军进攻东洲。

① 《吴越备史》卷三《忠献王》天福七年三月乙丑条《钱王璙附传》，第6234页。

钱元瓘在千秋岭大获全胜，钱元璙在北部战场也俘获甚众，擒吴将李师愈、姚彦环等三千余人而还，以功授睦州刺史。乾化三年（913），权苏州刺史，后又任镇东军节度副使、土客诸军都指挥使兼北面行军招讨等职，后钱元璙任建武节度使。同光二年（924）十一月，升苏州为中吴军，制授元璙充中吴军节度使，同时兼任苏、常、润等州团练使。累敕授中吴、建武等军节度使，太傅、同中书门下平章事、侍中、中书令。天成元年（926）九月，授开府仪同三司。文穆王钱元瓘继位，又授检校太师，兼中书令。

由于战功卓著，钱镠生前大概曾考虑以钱元璙为王位的继承人。与钱元瓘相比，钱元璙系钱镠正室吴氏所生，而钱元瓘系钱镠侍妾陈氏所出；而且，钱元瓘年过四旬无子，而钱元璙子嗣众多，优势十分明显。但钱元璙拥戴钱元瓘继主吴越国祚。故钱元瓘即位后，元璙前来杭州觐见，元瓘即待以家人之礼，谓："今日之事，宜兄当之，俾予小子至是，实兄推戴之力。"钱元璙则谓："大王功德高茂，先王择贤立能，君臣之分，敢忘忠顺！"为了集中力量对付觊觎王位的钱元球，钱元瓘对钱元璙刻意笼络，他即位后即罢开元府，将所属华亭、海盐诸县复隶中吴军。当然，他对钱元璙并没有完全放心，当他完全解决了钱元球问题后，为了削弱钱元璙的力量，将原属苏州的嘉兴、华亭、海盐三县划出另置秀州。

天福六年（941）九月，钱元璙被封为彭城郡王。其年三月乙丑去世，终年五十六岁。天福七年（942）十二月辛未，被追封为广陵郡王。[①]

苏州是吴越北鄙，与敌国吴（南唐）接壤，且苏州经唐末战乱，残破不堪。钱元璙在苏三十年，以俭约慎静镇之，使苏州经济得以恢复发展，尤其是对境内太湖流域圩田的管理与整治，代表了当时农田水利事业的很高成就。

吴越国常以宗室子弟镇守州郡，但一般不会出现父子相继的情况，但钱元璙、钱文奉父子却是例外。钱文奉，或作仁奉，字廉卿，钱元璙第二子。善骑射，能上马运槊。又涉猎经史，精音律、图纬、医药、鞠弈之艺，皆冠

① 《吴越备史》卷三《忠献王》天福七年三月乙丑《钱元璙附传》，第6224页；《十国春秋》卷八三《钱元璙传》，第1197页。

绝一时，自号知常子。初以父荫为苏州牙内都指挥使，后迁中吴军节度副使。天福六年（941），钱元璙去世，文奉代知苏州、中吴军节度使，累加至检校太尉、兼中书令。钱文奉开宝二年（969）八月十一日去世。钱元璙父子相继镇守苏州这样一个经济发达、人口众多的城市，也体现钱元璙在钱氏宗室中特殊的政治地位。

（三）定海置县与吴越国沿海地区的发展

唐懿宗时浙东裘甫起义，《资治通鉴》记载唐朝廷的镇压起义的军事行动，两次提到“望海镇将”。第一次是咸通元年（860）正月，“望海镇将李珪”率兵五百人参与镇压起义。[①]第二次是当年五月，“命望海镇将云思益、浙西将王克容将水军巡海澨”。[②]正月朝廷依靠浙东地方军队镇压起义，到五月时名将王式带着北方军队来镇压起义。但王式所带的北方士兵可能不习海战，因此水军仍由望海镇的地方军队率领。《资治通鉴》记载此事，胡三省注曰：

> 望海镇在明州界，今定海县即其地。元和十四年，浙东观察使薛戎奏望海镇去明州七十余里，俯临大海，与新罗、日本诸蕃接界。[③]

唐僖宗乾符四年（877），王郢南下浙东，也是先“攻陷望海镇”，然后“掠明州”。[④]

杭越战争时，刘汉宏曾派“朱褒、韩公攻、施坚实等以舟兵屯望海”。[⑤]

唐末长期割据明州的黄晟，他的军事生涯也是从“始应募于望海镇”起步的。[⑥]

---

① 《资治通鉴》卷二五〇唐懿宗咸通元年正月乙丑条，第8079页。

② 《资治通鉴》卷二五〇唐懿宗咸通元年五月己巳条，第8086页。

③ 《资治通鉴》卷二五〇唐懿宗咸通元年正月乙丑条，第8079页。

④ 《资治通鉴》卷二五三唐僖宗乾符四年二月条，第8189页。

⑤ 〔宋〕欧阳修：《新五代史》卷六七《钱镠传》，中华书局1974年版，第837页。

⑥ 路振：《九国志》卷五《黄晟传》，第3279页。

这些都反映出望海镇极其重要的海防战略地位，至迟唐中期以后这里就设置了水师。

吴越国向海立国，依靠海上交通发展对外贸易，也依靠海上交通与中原王朝建立政治联系。吴越国海上对外航运线路，主要有浙西路、浙东路。浙西路主要港口是福山，浙东路主要港口是望海。

浙西路福山，与南唐静海镇隔江相对，福山是具有重要战略地位的一个港口。钱元瓘曾率领吴越国水师在狼山一战中大败吴国军队，战争就发生在这一海域。但对吴越国来说，浙东路比浙西路更加重要，这是因为：第一，使用浙东航线可以有效地利用季风；第二是淮南沿岸有很多沙滩，沿浙西路航行非常危险；第三是由于浙西路易受吴（南唐）的军事威胁；第四，是浙东路的航行面更加广阔,它不仅与浙西路一样可以抵达中国北方的登州、莱州，还可直达朝鲜半岛与日本诸岛。胡三省注中“俯临大海，与新罗、日本诸蕃接界”一语正说明了这一点。因此，明州港是吴越国最重要的出海港。

在唐代以前，浙江的发展重心是在绍兴平原与太湖流域，绍兴与苏州是吴越地区的两个中心城市。具体到今浙江境内，绍兴、湖州则是辉映钱塘江南北的两个最大城市。这种局面一直保持到唐朝，越州、湖州两个城市不但城市规模、经济发展水平在浙江处于领先水平，在诗人数量上也明显占优。

当然，到了唐代，浙江其他地区也开始发展，发展得最快的地区是钱塘江流域的杭、睦、婺、衢四州。也就是说，到唐代以后，浙江经济文化的发展重心逐步从绍兴平原与太湖流域转移到了钱塘江流域。这可从唐代浙江各地的户口变化中得到反映。①

① 下表据梁方仲《中国历代户口田地田赋统计》，见《梁方仲文集》，中华书局 2008 年版，第 111—129 页。

唐代前期浙江诸州郡户数表

州县	贞观户数	天宝户数	贞观至天宝间新增户数
湖州	14135	73306	59171
杭州	30571	86258	55687
越州明州	25890	132486	106596
台州	6583	83868	77285
婺州衢州	37819	212558	174739
睦州	12064	54961	42897
处州温州	12899	85750	72851

图示如下：

唐代浙江诸州郡户数图

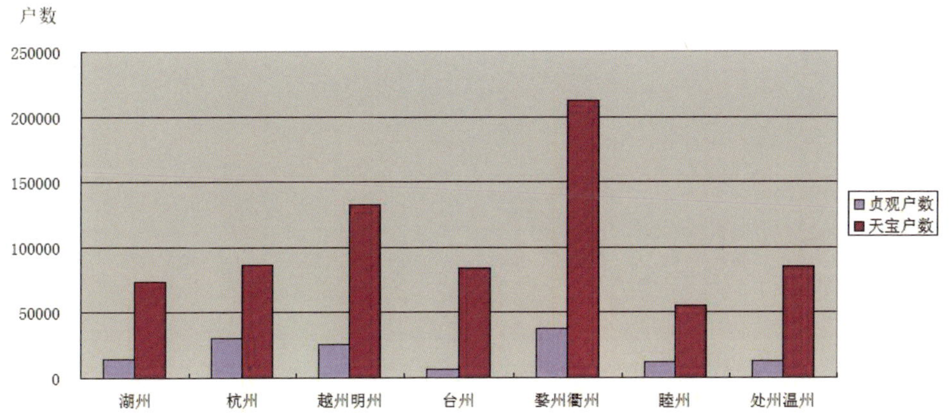

贞观时明州、衢州、温州尚未分置，为便于对比，故将越州明州、婺州衢州、处州温州各合为一项。从中可以看出，婺衢二州户数在唐初就名列浙江诸州第一，到天宝年间更是遥遥领先其他州郡。再看唐元和年间浙江诸州户数：

唐元和年间浙江诸州户数表

杭州	湖州	睦州	越州	明州	温州	婺州	衢州	处州
51276	43467	9054	20685	4083	8484	48036	17426	19726

唐后期户口数据残缺不全，加上户口隐匿现象严重，因此不能与唐前期一起比较。但我们从中可以作一些相对比较：处州户口数在唐代浙江各州中处于中流。钱塘江流域的两个城市杭、婺二州户口增加最为突出，超越作为浙东政治中心的越州与浙江的另一老牌城市湖州。沿海明、台、温三州，台州数据缺乏，明、温二州户口数都非常低。钱塘江流域的另两个城市睦州、衢州，虽户口数量低于处州，但诗人数量多于处州，这可能与钱塘江水上运输线的繁忙与商业发展有关。尤其是睦州，在唐代一度是钱塘江的交通枢纽，与外地的经济联系、文化交流十分频繁。

图示如下：

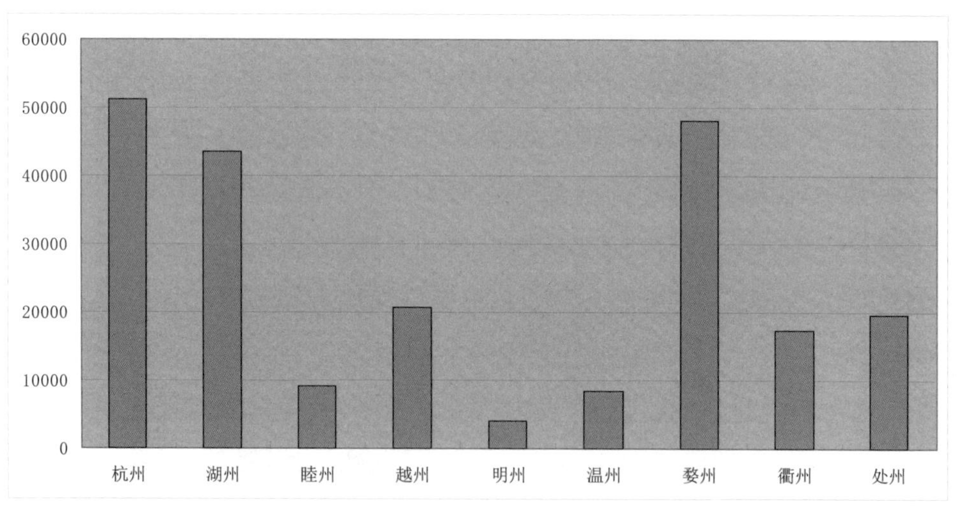

金衢盆地是唐代浙江人口增加最多、开发力度最大的地区。而到两宋以后，浙江的发展重心逐步从钱塘江流域转移到沿海。虽然杭州作为政治中心，其经济、文化综合实力仍居浙江诸州之首，但当时发展最快的无疑是沿海地区，这一点仍可从户口变化中得到反映：

	杭州	湖州	睦州	秀州	越州	明州	台州	温州	婺州	衢州	处州
开元	86258	59000	27700		64100	42400	21000	16100	33982	27100	19700
元和	51276	43467	9054		20685	4083		8484	48036	17426	19726
宋初	170457	38748	12251	23052	56491	27681	31941	40740	34046	19859	20586
元丰	202816	145121	76751	139137	152922	115208	145713	121916	138097	86797	89358

宋代部分图示如下：

以户口数量而论，钱塘江流域四州，除杭州因其特殊地位一枝独秀外，婺州从第一梯队降到第二梯队，衢州从第二梯队降到第三梯队，睦州仍处第三梯队，但相对位置继续下降。而隋唐时期处在第三梯队的明、台、温三州到宋代升到第二梯队。

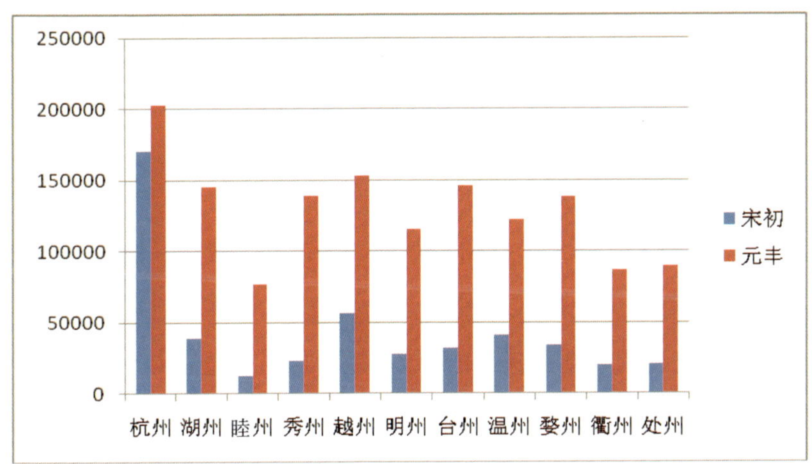

这种情形实际上反映了宋代中国海洋文化的兴盛。唐代以前，中西交流主要通过陆上进行，即令人盛赞的“丝绸之路”。至唐以后，随着阿拉伯势力的崛起，加上唐与吐蕃等族的连年战争，中国与西方的陆上交通受到很大影响。

而这个转折点正是发生在吴越国。吴越国于明州置定海县，明州、温州升节度州，是浙江沿海州县地位上升的反映。

五代以后，海运在浙江交通史上的作用日益加强。五代吴越国依靠其发达的海上交通，除中原王朝与南方诸国外，又与契丹、日本及朝鲜半岛诸国建立起政治关系，发展贸易关系。而且，自后梁贞明四年（918）吴国攻克虔州以后，吴越国与中原王朝的陆上联系被吴（南唐）切断，双方的交往也被迫通过海上进行。吴越国在北方地区建立多个商业据点，发展贸易，[①]至于闽、南汉二国，都是近海之国，彼此海上交往更是频繁，甚至与地处内陆的楚国的联系，也由于陆路通道为吴（南唐）所隔，双方的交流也以南汉为中介、通过海上进行。吴越国通过海运，将大量茶叶、纺织品、瓷器、香料运往中原地区与契丹、日本与朝鲜半岛诸国，还与东南亚、西亚等地区发生贸易联系。

入宋以后，宋与西方的陆上通道又为辽、夏两国控制。在这样的背景下，中国海上交通的重要性逐步凸显。浙江明、台、温三州，在唐宋时期经济文化重心南移的大背景下，发展迅猛，反映到经济上，便是航海业迅速发展，海外贸易特别繁荣。

（四）新昌建县与吴越国对东南地区的控制

《太平寰宇记》卷九六《越州》载："新昌县，唐末，钱镠割据钱塘时，以去温州之道路悠远，此地人物稍繁，且无馆驿，乃析剡县一十三乡置新昌县。"[②]这段记载正说明了新昌建县的原因，是为加强吴越国对东南州县的控制。

浙江的经济文化中心早期是在绍兴（会稽郡），后期是在杭州。由于天台山诸山阻隔，陆上从绍兴、杭州到东南州县的交通并不那么便利。因此，三国东吴时初设临海郡，郡治刚开始在临海，但马上移治章安，章安是一个

① 《旧五代史》卷一百七《刘铢传》的记载："先是，滨海郡邑，皆有两浙回易务，厚取民利，[如有所负，回易吏]自置刑禁，追摄王民，前后长吏利其厚赂，不能禁止。铢即告所部，不得与吴越负负，擅行追摄，浙人惕息，莫敢干命。"

② 〔宋〕乐史：《太平寰宇记》卷九六《越州》，中华书局2007年版，第1937页。

港口城市。这可能意味着，当时台州前往绍兴的交通主要是通过章安港由海上航运实现的。

到南朝时，乐安（仙居）、天台北上通道被打通。据史书记载，南朝宋元嘉五年（428），谢灵运“尝自始宁南山伐木开径，直至临海，从者数百人”。他作诗谓“邦君难地崄，旅客易山行”，[①] 说的就是这条山道。这条新开辟的陆上通道，连通了绍兴与台州，历史上称为台越孔道或“谢公道”，也打通了仙居陆上与北方中心城市的联系。而回顾刘宋初立时，永初三年（422），谢灵运任永嘉太守，当时他从首都建康，到会稽始宁老家，再到永嘉，行走的路线是：沿浦阳江而下，渡渔浦，沿钱塘江、富春江溯流而上，沿途经桐庐、兰溪、婺江、金华，舍舟陆行，至丽水、青田，然后沿瓯江至永嘉。[②] 也就是说，谢灵运沿钱塘江、瓯江绕了一大圈，避开了浙东山地。

至唐武德四年（621），唐朝廷重建台州，移州治至临海，这可能与台越陆上孔道的发展有关。唐代大量北方诗人来此寻仙问道，被后人称为唐诗之路，也与台越孔道的开通有关。

而由台州则可南通瓯江流域。台州一境，永安溪自仙居流向临海、章安，东西横亘全境。临海山上有很多溪流流向永安溪，这些溪流形成一个个隘口，沟通了仙居与瓯江流域。仙居向南进入瓯江流域的通道主要有两个：一个溯永安溪的源头，从仙居西南进入缙云；一是由东南方向进入永嘉，或从黄岩进入永嘉。

唐末温州、处州朱氏兄弟割据东南。朱褒，温州永嘉人。兄诞为本州通事官，唐末动乱，兄弟聚兵自卫，以功摄司马。副使胡燔去世后，朱氏兄弟据温州。朱褒善属诗文，礼贤下士，但性情凶残，后收朱诞印绶，投降刘汉宏，最后甚至将朱诞杀死。刘汉宏署朱褒知州事。杭越战争爆发后，朱褒率兵支持刘汉宏。中和四年（884）四月，出战船于望海，助刘汉宏训练水师。在董昌、钱镠与刘汉宏的决战中，光启二年（886）十月，朱褒所率水师与钱镠在曹娥

---

① 〔南宋〕沈约：《宋书》卷六七《谢灵运传》，中华书局 1974 年版，第 1775 页。

② 侯云龙：《谢灵运年谱》，《吉林师范大学学报》2005 年第 5 期。

埭相遇，战船被焚溺殆尽。后以同姓结援于朱全忠，朱全忠奏授其为本州刺史，充静海军使。天复元年（901）五月庚戌，朱褒去世，兄朱敖代之。当时钱镠虽名义上为镇海、镇东两镇节度使，温州为其属州，但实际上不受控制。因朱氏兄弟结交朱全忠，而钱镠在政治上要依靠朱全忠，因此在很长时间内对温州朱氏兄弟采取忍让政策。两浙南部的温、处二州是较迟纳入吴越国土的州郡。

新昌地处剡溪流域，连接宁绍平原与瓯江流域之中，是“台越孔道”的节点。唐代有大量诗人到此寻仙问道，但诗人们一般从越州进入台州，很少再往南前进了。吴越国新昌置县，设置馆驿，畅通与越州、台州与瓯江流域的联系通道，加强了吴越国政府对东南地区的控制。

第七章 政治群体与政治人物

一、开国功臣

吴越国开国功臣群体主要有三类人物，一是随钱镠一起崛起杭州的八都旧臣，二是各方降将降臣，三是钱镠在争战两浙过程中培养起来的亲信将领。

（一）八都旧臣

八都旧臣也分为三类，一类是和钱镠一样从社会底层升上来的“战争英雄”，一类是原来的唐朝地方官员，一类是官僚出身的地方豪强。

唐末五代，频繁的战争、动荡的政局使社会各阶层的纵向流动加剧，很多平民通过战争、军功跻身社会上层。吴越国的创立者钱镠即是一个典型例子。钱家虽有一定财力，但据《旧五代史》，其父钱宽曾谓“吾家世田渔为事，未尝有贵达如此”，[①]可见钱氏身处社会下层，后钱镠曾以贩盐为业，最后立霸两浙，贵极人臣。又如吴越国的内牙大将胡进思，早年曾以屠牛为业，后在高彦、高澧部下，发迹后成为吴越国一人之下、万人之上的权臣。在当时的战乱环境中，类似事例当是非常普遍的一个社会现象。

八都旧臣的主体是和钱镠一样出身平民的社会底层人物，其典型代表是马绰和杜稜、杜建徽父子，高彦父子。

马绰是钱镠临安都旧部，与钱镠的私人关系非常密切。马绰原是余杭县人，与钱镠都是董昌临安都部下头目。董昌曾使钱镠点阅部伍，当时士兵名籍遗失，但钱镠记得每一个士兵的姓名。马绰密告钱镠，认为这样做容易引起董昌的忌讳，叫钱镠点阅军队时拿一张白纸，充作军籍。钱镠从此对他颇为感激，把自己的从妹嫁给他。第一次杭越战争后，董昌任浙东节帅，马绰

① 《旧五代史》卷一三三《钱镠传》，第1768页。

跟着董昌来到越州。乾宁二年（895），董昌称帝，钱镠率兵讨伐，马绰弃家反正，投奔钱镠。后奏授诸城都指挥使。天复二年（902），徐绾、许再思叛乱，马绰有发悬门之功。钱镠进入杭州内城，命马绰守北门，马绰为平定徐许之乱立下功勋。后钱镠命钱元瓘娶马绰之女（即恭穆夫人）。后马绰任浙西营田副使。天祐三年（906）三月，权睦州刺史。马绰累职镇东军节度副使、两浙行军司马、睦州刺史，奏授秦州雄武军节度使。贞明四年（918）三月，敕授守检校太尉、同平章事，显贵非常。

杜稜、杜建徽父子，与高彦、高渭、高澧父子，则是其他都的代表。

杜稜，字腾云，新城人。父杜仲明，不仕，累赠水部员外郎。可见杜氏与钱镠一样出身平民。唐末王仙芝、黄巢起义，南方地区盗贼充斥，杭州西部复有居于深山穷谷中的少数民族武装时时下山劫掠，杭州各地纷纷组织自卫义军。杜稜屯兵东安镇，成为新城自卫义军的首领。八都兵成立，杜稜率领的自卫义军也成为八都之一，号东安都，又号武安都，或称武安营。杭越战争爆发，杜稜遣次子杜建徽率兵赴援。战争结束后，临安都势力膨胀，董昌东之越州，成为浙东观察使，钱镠也在战争中树立了威望，成为杭州刺史。杜稜告诉儿子："吾每责人，不过十罚，则为之伤心，而观钱公，每有斩决，皆谈笑自若，成大事者是人也，汝当事之，必贵吾族。"从此归顺钱镠。成为钱氏政权中仅次于镠的第二号人物，为吴越国的建立立下大功。

光启三年（887）三月，镇海军将刘浩发动兵变，推度支催勘使薛朗为留后。镇海节度使周宝逃奔常州依丁从实。杜稜奉钱镠之命与浙江都将阮结、靖江都将成及率兵讨伐薛朗。六月，他们在常州西南面的阳羡击败了润州的军队，获战船八百艘。九月，杭州军进次禹城，斩敌将丁从德，另一敌将赵君度败逃，并进而围攻常州。十月，杜稜率军攻占常州，刺史丁从实出逃。十二月，杜稜被任命为常州制置使，寻为刺史，同时杜稜仍是东安都的最高指挥官。孙儒之乱时，大顺二年（891）正月，杨行密遣安仁义、田頵、李宥等攻陷常州。他们掘地道入城，将杜稜俘虏。不久，杨行密迫于孙儒的巨大军事压力，被迫向钱镠求援，杜稜大概在那时被放还。大顺二年（891）七月，杜稜奉钱镠之命修筑东安城，依山为城，环地为池，次年二月十七日，城成。景福二年（893），当钱镠被任命为镇海节度使时，杜稜就任镇海军节度副使。两浙战争爆发，董昌向杨行密求援，乾宁二年（895）九月，杨行密派驻守润州的安仁义与驻守宣州的田頵一北一南攻打杭州西部诸镇，紫溪、富口、火口、建宁诸镇纷纷陷落，独有东安镇在杜稜的坚守之下保持完璧，使杨行密东侵杭州的意图不能得逞。据载，东安被围时，城中缺水，凿井百尺仍不见泉水。后因杜稜祈祷，泉水上涌，后人遂称此井为杜公井。在这一战役中，杜稜杀淮南兵数千人，为保卫杭州及最终击败董昌作出了重要贡献。战争结束后，钱镠兼任镇海、镇东节度使，杜稜则成为两浙指挥使、行军司马。乾宁四年（897）春正月，安仁义进攻婺州。杜稜奉钱镠之命与都监使吴璋率兵赴援。安仁义不逞而遁。光化二年（900）二月，唐赐杜稜赞忠去伪功臣号。同年，唐朝廷在新城县敕立杜稜生祠,钱镠部下将吏,唯有杜稜一人享受到如此荣耀。生祠后世名为杜将军庙。光化三年（890）八月，授杜稜检校太子太保。杜稜去世年月不见于史书的记载。早在武勇都刚刚建立的时候，八都将领杜稜就向钱镠提出警告："狼子野心，稜观武勇将士终非大王所蓄，愿以土人代之。"徐许之乱爆发后，钱镠感其先见之明，曾去杜稜墓前致祭。

杜建徽，是杜稜之子。史载杜建徽曾于山庄造小茅斋，栋上私置署军州押衙记，受到杜稜的责备，杜建徽回答："大丈夫何止一军事押衙邪？"从军曾参与董昌、钱镠讨伐刘汉宏的杭越战争。大顺二年（891）正月，杜稜在常州被俘，杜建徽曾率兵赴援，不及境而常州已被攻陷。杜建徽回新城，后杜稜从淮南回来，见东安都在杜建徽的领导下严整无改，对他非常称赞。杜稜临死前把财产分与诸子，而给杜建徽的只有一笏，说："此吾历任所秉者，惟汝能传之。"杜建徽没有辜负父亲的期望，从征刘汉宏到灭董昌，从克复苏州到平定武勇都之乱，杜建徽几乎参加了钱氏霸权形成过程中的所有重大战役，为吴越国的建立立下了赫赫战功。史载杜建徽每逢战斗，皆单骑入阵，贼众无不披靡，所至辄立大功，军中称为虎子。杭越战争时，杜建徽从钱镠讨伐董昌，被射中肩，但仍战斗不休。徐绾、许再思叛乱，杜建徽闻讯后立即率兵赴难。当时叛军堆积木材，正准备焚烧北门，杜建徽遣人拿火钩取其木先焚之，使叛军的计划不能得逞。有人劝钱镠撤离杭州，东保越州，杜建徽按剑说："事苟不济，当同死于此，必东渡亦售命与贼耳。"他还建议钱镠向杨行密求救，为钱镠度过这场军事危机立下大功。开平二年（908），张仁保攻陷吴国东洲，但不久被陈璋、柴再用夺回。吴军随即包围了苏州。次年四月，钱镠派杜建徽与钱镖等率兵赴援，与苏州城内的军队里应外合，大败吴军，活捉吴国大将何朗、闾丘直等三千余人，并向北一直追到皇天荡，复大败之。杜建徽后继任武安都将，累官至国子祭酒、浙东营田副使、常州刺史。钱镠子钱传珍尚梁寿春公主，贞明二年（916）正月，杜建徽奉命护送传珍进京，被封为泾原节度使。贞明四年（918）八月，制授检校太傅、同平章事。又任昭化军节度使、两浙行军司马。同光元年（923），吴越初建国，杜建徽首任左丞相，累官兼中书令，封郧国公。

尽管杜氏父子为钱氏政权的建立立下殊勋，但钱镠对杜建徽仍有忌讳。睦州陈询叛乱时，因杜建徽是陈询的姻戚，钱镠对他颇为怀疑，遣马绰来探伺其意，杜建徽说："陈氏负背义，自贻覆族之祸，徽既姻娅，义当见疑，然累书以谕之，皇天后土，苟或见照，则拔城获书，方明徽心耳。"适有人从睦州来降，拿着杜建徽给陈询的书信，钱镠一看，皆是劝诫之词，这才放心，并赐钱一百万。杜建徽之兄杜建思曾向钱镠诬告，说杜建徽将要作乱，钱镠派人到他的府第检查，使者强行闯入杜建徽的卧室，杜建徽正吃饭，见状但食不顾。使者回去后将检查的情况报告钱镠，钱镠从此对杜建徽益加厚待。杜建徽在城南建造府第，钱镠亲自为他规划。每次会见中原王朝的使者，都要指着杜建徽说："此杜丞相，今日尘忝，多其力也。"杜氏一族在吴越国享尽荣华，史称其"子弟孙侄多连姻公室，朱紫车马，充溢门庭，有国以来莫比其盛"。而杜建徽也很注意自我约束，出入导从，不过数人，凡财物多散与乡里亲属。忠献王时，其孙杜昭达为内衙都监使，盛治第宅，杜建徽说："乳臭儿不谙事乃尔。"后杜昭达果被杀。

高彦的身份又与杜稜、杜建徽不同，他并非一都之将，而是海昌都将徐及部下的将领。高彦是海盐人。杭越战争期间，董昌、钱镠讨伐刘汉宏，徐及遣沈夏与高彦率本部相助钱镠。钱镠以功名利禄相诱，密令高、沈二人回海盐杀徐及。徐及死后，海昌都分裂，沈夏入海为盗，高彦则拿着徐及的首级投奔钱镠，后遥领费州刺史。乾宁三年（896），授检校司空。乾宁四年（897）九月，湖州李彦徽弃郡投奔淮南，钱镠亲巡湖州，以高彦为湖州制置使，寻命为刺史。天复二年（902），徐绾、许再思叛乱，高彦遣子高渭赴难，在灵隐山为叛兵所害。

八都旧臣中也有一些人并非平民出身，而是地方豪强。成及就是地方豪强的代表，据《吴越备史》："及字弘济，钱塘县人也。祖克评，嘉王府长史。父贞，国子博士。及性淳厚，为乡里所重。（咸通）[乾符]中戊戌间，捍山贼，逐齐寇，声名遂振。及八都浸盛，复分十三都，以富春镇为静江都将。"[①]可见，成及出生在一个官僚家庭，他本人虽不曾为官，在当地大概也算得上是一个有威望、有影响的大地主。杭越战争爆发，成及与钱镠同事攻讨。在战后处理刘孟安事件中，成及保护钱镠，立下大功，钱镠奏迁散骑常侍，复为静江镇。光启三年，润州薛朗逐镇海节度使周宝而叛。五月，钱镠命成及与东安都将杜稜、浙江都将阮结率兵讨伐。时常州刺史丁从实具羊酒犒劳杭州兵，又送诸将美女，成及取而斩之，因克常州。寻平润州。钱镠奏授兵部尚书，充常州防御使。龙纪元年（889）五月，润州阮结去世，命成及代领润州。适值孙儒南下，这年年底，孙儒部将刘建封攻打润州，成及逃归。累迁检校司空。乾宁元年（894）二月，以成及权苏州刺史。杭越战争期间，杨行密遣兵攻苏州。乾宁三年（896）五月，常熟镇将陆郢、巡检郭用与其党赵邯以为敌军内应，苏州城陷，成及被俘，被押送淮南。杨行密见其府库私室中只是一些药物图书而已，对他非常尊敬，想辟他为淮南行军司马，但遭到成及的拒绝。光化元年（898），钱镠与杨行密互相交换俘虏，杨行密把成及还给钱镠，钱镠把魏约还给杨行密。成及后累署镇海军节度副使，奏授司徒，至太傅。天

① 《吴越备史》卷一《武肃王》乾化三年六月辛卯《成及附传》，第6207页。

复二年（902），钱镠巡衣锦军，命武勇都将士修治沟洫，军中多怨言，成及生怕发生不测，请钱镠罢役，钱镠不听。不久徐绾率武勇都作乱，成及保护钱镠回杭，到杭州北郊，钱镠微服入城，成及又代乘钱镠的车，建钱镠的旗，率先与叛军作战。史载“王性严急，每有所检发，必亟加斩决，或及至，王虽盛怒，必为之解”。累奏授赞正安国功臣。开平二年（908）九月，授大同军节度使、同平章事，后授彰义军节度使。累授开府仪同三司、检校太尉兼侍中。成及是钱镠最信任的将领之一，以其女妻成及儿子成琇。

也有一些将领本身就是唐朝官员，典型代表是临平曹家。据《吴越备史》，曹信曾“知嘉兴监事，累赠司徒，本歙州人，寻归杭州为临平镇将。八都建时，信因保嘉兴东界，遂家临平焉”。后为八都都将之一。曹信之子曹圭，官至浙江西道营田副使、检校太尉。曹圭有胆气，两浙战争期间，杨行密遣兵攻克苏州，进而围攻嘉兴，曹圭与其族人曹师鲁固守嘉兴。两浙战争结束后，乾宁四年（897）四月，顾全武从海道率兵北上，与守城的曹圭部队内外夹攻，解嘉兴之围。光化元年（898）十月，顾全武攻克苏州。曹圭功授苏州制置使，寻命为刺史。开平二年（908）九月，周本、吕师造率兵围攻苏州。曹圭固守。曹圭卒于苏州任上。

曹圭之子曹仲达，本名弘达，避忠献王兄弟讳改名仲达。生于大顺二年（891），曹信孙，曹圭子。曹圭对儿子要求严格，据《吴越备史》，曹圭对曹仲达“节其衣食，虽严冬未尝挟纩品，膳悉与仆吏等同，日令运甓”。曹圭在苏州时，曾与曹仲达向陈询求婚，将要迎亲之前，请人占卜，以为“陈氏亲必不就，当聘他门，由是荣贵”。途经杭州，钱镠对曹仲达非常赏识，把自己的妹妹嫁给他（一说从妹）。曹仲达累授台、处二州刺史。钱元瓘即位后，命曹仲达权知政事。时大赉中外诸军，军人以赏赐不均闹事，诸将不能制，钱元瓘命曹仲达出面晓谕，才把事态平息下去。史称曹仲达“性仁厚，好施与”，很受钱元瓘的尊敬，很少直呼其名，只呼“丞相”。天福七年（942）十一月癸未去世，终年六十二岁。曹氏三代效忠钱氏。

这些八都旧将中大部分固然忠于钱氏成为吴越国的开国功臣，但因八都本身的松散性质,也有一些后来背叛钱氏政权,走上了与钱氏政权对立的道路。八都叛将的代表人物是沈夏与陈晟、陈询兄弟。沈夏,海盐人,与高彦同为海昌都将徐及部下将领。杭越战争期间,海昌都分裂,高彦拿着徐及的首级投奔钱镠,沈夏率所部七千余人聚于临平山下,择幼弱者尽杀之,唯留三千余人,径往嘉兴,劫吴公约,同入海剽掠。后又把吴公约放回。沈夏后因怕图事无成,也投奔钱镠。累从征伐,历奏职官,遥领夷州刺史。乾宁三年(896),授检校司空。乾宁四年(897)四月,随顾全武等往解嘉兴之围。史称沈夏性凶暴,以杀戮为事,左右指令稍不称意,即加屠害,甚至自己的长子也未能免祸。他在杭州北郭构筑私第,制度雄壮,几乎超过钱镠,这一切都引起了钱镠的反感。光化三年(900)九月辛卯,钱镠平定婺州王坛之乱,出沈夏权婺州刺史。天祐二年(905),衢州陈璋叛乱,会同睦州陈询、淮南陶雅攻打婺州,钱镠故意不发兵相救,婺州城陷,沈夏被俘。

与沈夏类似的还有清平都将陈晟及其弟陈询,他们先据睦州,后投奔淮南。

也有的八都将领,父兄效忠钱氏,子弟则走上叛乱之路。如上述杜稜、杜建徽父子两代效忠钱氏,成为八都旧臣中最显赫的功臣家族,但到杜昭悦时却参加了内牙军的叛乱。又如高彦、高渭父子效忠钱氏政权,高渭死于武勇都之乱,而高彦另一儿子高澧在继任湖州刺史后叛附杨吴。

(二)降将与移民群体

吴越开国功臣的第二大来源为降将与移民群体。

唐末五代初期是中国历史上北方人民南迁的一个高潮,江浙地区是北方移民的重要迁入地。这些移民中,很多是降将,他们后来成为吴越国开国功臣另一重要来源。

唐朝末年,北方军人南下,成为当时移民潮中非常引人注目的一个群体。五代十国时期,南方诸国中,除吴(南唐)与吴越外,其他政权都是由北方人建立的。吴越国虽由南方土著居民建立,但其军队中仍吸收了大量南下军人。

景福元年（892）钱镠助杨行密平定孙儒之乱，收罗孙儒的降兵建立武勇都，人数有五千余人。孙儒部将王坛在孙儒死后南下浙江，占领了婺州，他曾一度投靠钱镠，后与钱镠发生军事冲突，转而投向杨行密的大将田頵。

吴越与吴（南唐）边界相接，自立国以来战事不断，淮南军人在战争中也大量南迁，或降或被俘，最终成为异地臣民。天祐三年（906）初，即在杨行密去世两月之后，淮南的宣州观察使王茂章与继位的新主杨渥失和，弃城投奔钱镠，这是淮南军人投降吴越较显著的一例。在战争中被俘成为吴越臣民的则为数更多。如据《吴越备史》，乾宁四年（897）四月，顾全武攻打嘉兴之役，"擒贼将李宗礼、偏将顾金等二十余人，俘馘不可胜计"。开平三年（909）苏州之役，吴越"生擒淮将何朗、闾丘直等凡三千余人，获兵甲生口三十万，战船二百余艘"。乾化二年（912）四月千秋岭之役，钱元瓘"生擒李涛等八千余人"，钱元璙在东洲"获贼将李师愈、姚彦环等三千余人而还"。六月，攻克广德，"获花虔、涡信及吏卒七千余人而还"。乾化四年（914）九月，钱元瓘攻打无锡，"获将卒五百余人而还"。贞明四年（918）六月，钱元球、鲍君福等攻信州，"生擒偏将冯一等一千余人"。贞明五年（919）四月，狼山江之役，钱元瓘"生获士卒七千余人"。开运四年（947）三月，福州之役，吴越军队"擒戮裨将孟坚等并余党二万余众"。显德三年（956）正月，吴越军队攻克常州，"生擒刺史赵泽，偏将诸承、向重霸等一百余人"。在这过程中，也必有大量吴越军人因俘北迁，唯史书记载较少而已。

到吴越国的后期，由于与北邻吴（南唐）长期对峙，来自北方的移民渐渐减少。相反，由于吴越国实行睦邻政策，来自南方邻国的移民反而多了起来。如唐末洪州军阀钟传为杨行密所灭，他的第二十子钟匡范带着母亲投奔钱镠。信州刺史危仔昌，是危全讽之弟，其地被淮南所灭，遂携子元德昭等投奔钱镠。而在这些南方国家中，闽国与吴越关系最为密切，历史渊源最为深厚，加上福州之役的展开，福建居民北移吴越者尤多。闽国自王审知之后，一直内乱不止，吴越成为闽国政治斗争中失败者的避难场所。长兴二年（931）四月，王延禀被王延钧所杀，他的余部拥着他的两个儿子王继升、王继伦逃奔吴越。

清泰二年（935）十月，王延钧的儿子王继鹏在皇城使李仿的帮助下弑父继位，是为康宗。事后，王继鹏与李仿又互相猜疑。十一月，李仿被杀，部下抢了他的人头逃奔吴越。天福四年（939）七月，拱宸军使朱文进与控鹤军使连重遇发动兵变，杀死王昶，后者的亲军宸卫都一哄而散，余部逃到了吴越。吴越占领福州之后，福州与两浙诸州的居民流动可能更加频繁。

吴越国的移民与降将情况也可从吴越国官僚机构中外来人口的比例中反映出来。收集吴越国人物传记资料最为全面的当数《十国春秋》，《十国春秋·吴越》列传中除了钱氏宗室与僧人外，共有 82 人，除去籍地不明者 11 人，余下 71 人中，出身吴越国所属州县者 54 人，占总数的 75%，外来者 17 人，占总数的 25%。这 17 个外来人中，又可分为三类，第一类是唐末因战乱来到吴越的，如饶景，青州淄水人。饶景是八都将领之一，他可能是唐末战乱之前就已来到杭州的地方官员。谢鹗，南康人，曾“举唐进士”，后仕钱镠，可见他来吴越也是在唐朝末年。钟匡范，是唐末洪州军阀钟传的第二十子，钟传为杨行密所灭，钟匡范带着母亲前来投奔钱镠。元德昭，唐末军阀信州刺史危仔昌之子，信州被淮南所灭，危仔昌遂携子投奔钱镠。杨岩，弘农人，他的父亲杨承休是唐朝的刑部员外郎，天祐年间出使两浙，册封钱镠为吴王，“会淮南道阻”，就留在了杭州。郭师从，“合肥人，田頵妇弟也，隶頵部下为都虞候。文穆王质宣州时，頵每战不利，辄顾左右索钱郎杀之，师从与頵母多方保护，得不死。頵败，师从随归杭州”。此外，还有徐绾、陈璋，都是孙儒的旧部，因孙儒之败投降了钱镠。第二类来自福建，如刘甫，“其先泉州人，徙居闽县。□□王时甫舍闽来仕，遂不复还，乡间称其廉孝”。黄彝简，“福州人，父延枢，为闽太祖从事，甚被亲遇，闽惠宗以女妻之。忠献王得福州，延枢来降”。陆崇扆，“其先吴郡人，后徙福州侯官县”，最后投奔钱氏为官。又如沈崧，是闽人，林鼎，是侯官人，这两人后来都成为吴越国的丞相。第三类，除前两类之外的外来人员，共有三人：曹杲，真定人；杜叔詹，秦人；毛胜，景陵人。至于他们何时来到吴越，如何来到吴越，因文献不足，皆不甚明了。

由此可见，外地人来到吴越主要是在唐朝末年，主要是北方人。他们或因避战南下；或因战乱，归途被阻，被迫留在南方；或因与钱氏作战，战败投降；或因军阀混战，战败逃奔钱氏。但到新的政治格局基本形成、钱氏霸权初步确立之后，类似的外来人口几乎不见了。这是由于吴越西、北两面与吴（南唐）接壤，双方互为敌国，这种关系不仅阻碍了双方的人员交流，也使北方与吴越人员交流面临重重困难。而闽国是吴越的盟国，因此吴越后期来到吴越的几乎全是福建人。

这些降将中，有的成为叛将，有的也成为开国功臣。叛将的典型代表是武勇都徐绾与许再思、陈璋，降将功臣的代表人物是黄晟、鲍君福与王茂章。

黄晟，明州鄞县人。唐末应募于望海镇，因身材矮不中选，乃隶镇都虞候林膺。黄晟个性强干，很受林膺器重。后潜还本乡鄞江，募众据平嘉埭。时权知州事杨僎署晟为平嘉浦将，有众千余人，败刘汉宏所署知明州事刘文。刘文余党杜宗据奉化，黄晟从平嘉埭以所部攻打，将杜宗逐出明州，将所获粟帛全部上交刘汉宏，刘汉宏命他为奉化镇将。在杭越战争期间，黄晟大概是站在刘汉宏一边的。战争结束后，董昌任浙东观察使，余姚镇将相嘉侵越州，明州刺史钟季文遣黄晟领兵攻相嘉，擒杀之。董昌奏授黄晟左散骑常侍，充浙东道东西副指挥使。钟季文卒，黄晟遂为本州刺史。乾宁二年（895），董昌称帝，黄晟移书劝谕。钱镠举兵讨伐，黄晟举师相应。乾宁三年（896），顾全武攻打余姚，黄晟遣指挥使梁从晊率兵应援。后累官佐理推忠去伪功臣、镇东节度行军司马、金紫光禄大夫、检校太子太傅、持节明州诸军事、守明州刺史、兼御史大夫、上柱国、江夏县开国子、食邑五百户。黄晟任明州地方官十八年，颇礼贤下士，幕中集结了前进士陈鼎、羊绍素等儒学之士；又创筑罗城、浮桥，为明州的经济文化发展作出了贡献。他对钱镠也非常忠顺，凡府库所蓄，必题曰“送使”。开平三年（909）四月丁巳去世，葬隐学山，临终前遗疏请求不让自己的儿子继承刺史之职。黄晟开始时是与董昌、钱镠一样的地方割据势力，后成为董昌巡属，最后在钱镠讨伐董昌时归降钱镠。

鲍君福，字庆成，余姚人。生于咸通十一年（870）。祖鲍兴、父鲍璨，俱不仕。鲍君福性淳厚，有胆气，能马上舞双剑。后从军，事刘汉宏。第一次杭越战争时归降钱镠，钱镠以其降军组建向明都（或作向盟都）。累从征伐有功。沉默少语，军中称为鲍闹。曾为衢州应援指挥使，天复四年（904）十二月，衢州刺史陈璋叛乱，淮南杨行密出兵相应。陈璋以杨行密的名义授鲍君福郡职，遭到拒绝。钱镠担心鲍君福被害，密赐绢书，让他暂且应允。鲍君福逃出衢州，寻授衢州刺史。杨行密部下信州刺史周本屡侵衢州，鲍君福每每将之击败。贞明四年（918），吴国攻打虔州谭全播，鲍君福与钱元球等率兵应援，攻打信州，斩吴国大将吕师造，生擒偏将冯一（一作敏）等一千余人，刺史周本仅以身免。龙德元年（921），钱元瓘任清海军节度使，辟鲍君福为清海军节度副使。后迁湖州。累职镇海军节度副使、浙西行营司马，奏授登州刺史，保大、保顺等军节度使。清泰元年（934）八月，任湖州刺史。清泰三年（936）七月，制授鲍君福检校太尉、同平章事、兼侍中。天福五年（940）四月癸卯去世，终年七十一岁。鲍君福子鲍修让也曾担任吴越国丞相，鲍修让之子鲍汉文曾任吴越国湖州刺史。鲍汉文之子鲍仁爽从钱俶归宋，鲍汉文另一子鲍当任职方郎中，赠谏议大夫，鲍当之子鲍宗师官至殿中丞。

王茂章，庐州合肥人，初为吴王杨行密部将，在淮南累职为都指挥使。杨行密与朱全忠作战，王茂章数败梁兵，朱全忠曾叹："使吾得此人为将，天下不足平也！"杨行密署其为润州团练使。杨行密死，子杨渥自宣州入继王位，以王茂章为宣州节度使。杨渥求宣州故物（一说求王茂章亲兵）不得，又忌其勇悍，遣兵五千袭击，王茂章奔杭州，投归钱镠。钱镠辟为两府行军司马，梁太祖复命遥领宣州节度使、检校太傅、同平章事。钱镠命王茂章奉表至阙，向梁太祖面陈攻打吴国的水陆之计，请后梁出兵相助。王茂章在梁极受重用，也颇立战功，然开平二年（908），与晋人战于柏乡，惨遭败绩。后曾领兵伐吴，不逞而归。不久病疽而卒。

（三）钱镠培养的亲信将领

无论是钱镠早期依赖的八都旧部，还是后来归降的武勇都，都存在不稳定因素，也产生了很多叛离分子，钱镠也一直对他们心存戒心。钱镠在战争中也逐步培养亲信将领。除钱氏子弟外，亲信将领的代表人物就是顾全武。

顾全武，越州余姚人，生于咸通六年（865）。少时曾出家为僧，故军中号为“顾和尚”。为人机警有才略，深受钱镠器重。屡从钱镠征战有功，钱镠助杨行密灭孙儒，以孙儒降军组建武勇都，以顾全武为武勇都知兵马使。钱镠在组建武勇都时，指挥人选既没任用八都旧部，也没任用蔡州兵降将，而任用自己直接培养的亲信将领顾全武，正体现了他作为一个政治家的用人智慧。

乾宁二年（895），董昌称帝，钱镠率军讨伐，杭越战争爆发。顾全武率领的武勇都成为钱镠讨伐董昌的主力部队。十月，董昌遣裨将崔温、李蕙率兵屯石侯。顾全武与马步军都知兵马使王球率众击破之，临阵斩崔温、李蕙。湖州刺史李师悦响应董昌，率兵四千余人围困嘉兴。钱镠命内衙都虞候方密袭之不克，更命顾全武率所部御之，破乌墩、光福。顾全武遣偏将孟宝、蒋璠屯兵西陵。乾宁三年（896）正月，董昌将徐珣、李元宾据肃清、四封、九卿之地，顾全武自西陵击破之，徐珣、李元宾投降。董昌又遣裨将汤臼守石城，袁邠守余姚，顾全武从西陵趋石城，与汤臼相遇，大战于石城东，斩首千余级，汤臼仅以身免。三月，顾全武又攻余姚，袁邠坚壁自守。董昌遣徐宣率兵接应袁邠，顾全武断其要冲，杀二百余人，生擒徐宣。袁邠以城降。四月，顾全武进军围越州。在攻打越州的战役中，他担任诸军都虞候、东面都知兵马使，攻五云门。当杨行密出兵支援董昌，遣大将台蒙攻陷苏州，钱镠本来想遣顾全武回师，但顾全武认为越州是董昌的根本之地，主张先取越州。五月，攻陷越州，俘虏董昌。钱镠奏加顾全武检校太保、明州刺史。

乾宁四年（897），顾全武与沈夏、许再思率兵从海路救嘉兴之围。与董昌将李宗礼战于城外，大破之，生擒李宗礼，乘胜大破贼寨十有八所，又擒敌将魏约、张宣、杨璠、阎建等三千余人，成功解嘉兴之围。当时杨行密部将田頵屯兵湖州，闻讯遁去，顾全武趁大水追袭百余里，大败田頵军。

在杭越战争期间，杨行密攻占了钱镠的苏州。在解除嘉兴之围后顾全武趁胜北上。八月，屯兵昆山，在乾宁四年（897）下半年又先后攻占松江、无锡、常熟、华亭，完成了对苏州的包围。次年上半年，杨行密派周本救苏州，被顾全武击败。但昆山却被杨行密的另一大将秦裴攻占。同时无锡也重新落入淮南军队的掌握之中。十月，顾全武收复苏州，吴国守将台濛弃城而逃。独秦裴守昆山不下，还因顾全武曾出家为僧，故意送佛经侮辱。但顾全武对他非常钦佩，在引水攻下昆山、俘虏秦裴后建议钱镠不杀秦裴。

在苏州之役正在进行的时候，婺州刺史王坛、衢州刺史陈岌也起兵叛乱，钱镠发兵讨伐。光化元年（898）闰十月，也即顾全武收复苏州之后不久，顾全武受命攻打衢州。光化二年（899），顾全武在龙丘大败陈岌，并获陈岌送给杨行密的地图、州印。光化三年（900），陈岌降，顾全武权知衢州事。

天复元年（901）十月，杨行密遣李神福攻打衣锦城，钱镠遣顾全武、方密率兵御之。顾全武向来轻视李神福。李神福故作退军的假象，顾全武领兵追击，为李神福所败，顾全武、方密被俘。钱镠闻讯惊叹“丧我良将”。天复二年（902）四月，钱镠与杨行密议和，钱镠将在苏州之役中俘虏的秦裴归还杨行密，杨行密也将顾全武、方密归还钱镠。

顾全武被俘后，武勇都最高指挥官由许再思、徐绾接任。天复二年（902），徐、许叛乱，叛军占据杭州外城。钱镠担心他们东占越州，想让顾全武东守越州。但顾全武认为越州无关整个战争的大局，他估计杨行密的部将、宣州田頵将会支持叛军，建议钱镠向杨行密求援。钱镠乃命以六子钱元璙为人质，让顾全武带着他去扬州向杨氏求婚，并求援。后田頵果如顾全武所料，应徐绾的请求带兵入侵杭州。杨行密也担心田頵坐大，难以控制，应顾全武之请，向田頵施加压力，迫使其退军。天复三年（903），顾全武带钱元璙回杭州。

天祐二年（905）正月，淮南将阚（一作阎）晊入侵睦州，钱镠命从弟钱镒与指挥使顾全武等迎敌，战败，钱镒被俘。

顾全武人称宽厚长者，富有谋略，又善抚士卒，史称“喜怒未尝形于色，每大敌在前，鼙鼓动地，分布行阵，颐指口授，怡怡如也”。他担任钱氏精锐之师武勇都的最高指挥官，参与了钱氏政权建立过程中最重要的几次军事行动，而且在战争中发挥了极其重要的作用，立下卓著战功，堪称是吴越立国过程中的第一战将。

可以说，钱镠早期军事行动主要任用八都旧部，中期任用顾全武，后期才逐步任用钱氏子弟。

二、义子、职业军人与武人政治

职业军人在吴越国的政治舞台上扮演了极其重要的角色，占有非常重要的地位。不仅吴越国早年的立国命运与他们息息相关，甚至到吴越国中期以后，一些重要政治事件的发生仍与这些职业军人有着密不可分的联系，如钱元瓘之杀钱元球、元珦之狱，戴恽之狱，阚璠之狱，以及后来胡进思擅行废立，都与内牙军势力有关，这也反映出当时武人政治的一大特色。

战争的特殊环境，使职业军人成为当时非常特殊的一个社会群体。前述杭州八都兵，实际上也是一群职业军人。从杭州八都兵的情形分析，在第一次杭越战争期间，刘汉宏出动的兵力动辄数万，甚至超过十万，与之直接对垒的八都兵，其所部兵力应该不会与此数相差太远。况且，并不是所有的八都兵都参与了杭越之争。推算起来，八都兵的总兵力大概会接近甚至超过二十万人，这一推测也可从海昌都的兵力数量得到证实。海昌都将徐及死后，沈粲继任都将之职，高彦投奔钱镠，沈夏入海为盗。沈粲、高彦到底从中得到了多少遗产，史书阙载，不得而知，而沈夏所得之众有七千余人。据此估算，海昌都原有兵力当在二万人左右，这大概也是其他各都兵力的一个平均数。而临安都既为各都的领头羊，其所部兵力更应远在此数之上。杭州先有八都，后有十三都，其一都兵力，既至如此之数，其总的兵力可想而知。而据有关资料，杭州的户数，在唐开元年间是84252，元和年间是51276，宋太宗时期是70457，或者这些统计数字不尽准确，但经过吴越定都及北宋初年的迅猛发展，直到北宋元丰年间，杭州户数仍不过202806。[①]就算唐朝末年杭州户

① 以上四则数据据《元和郡县图志》卷二五《江南道》、《太平寰宇记》卷九三《杭州》与《元丰九域志》卷五《两浙路》。

数就已达到此数，平均起来，大概也得每户一兵，由此可见当时杭州地区武装化程度之高。因此，职业军人成为吴越国政治生活中的一个重要群体。这些职业军人与唐五代时期盛行的义儿之风结合在一起，成为这一政治群体的显著特点。

养子之风，在中国有两个源头：一是传统的继嗣之俗。如钱弘佐（或仁俊）即属此例。二是起源于游牧民族的假子或义儿。游牧部族的社会结构建立在血缘关系的基础上，并自上而下（部落联盟—部落—氏族—家庭）以血缘为纽带联结为一体。部落贵族在对外扩展的战争中捕获生口，除少数被杀戮外，剩下的通常用两种方式处置：一部分直接吸收为本部落的成员，主要是贵族的氏族或家庭的成员，他们使用这个部落和氏族的称号和姓氏，并取得这个部落成员的一切权利；另一部分则作为部落贵族的奴隶，他们及其后裔只有得到部落首领的特别恩赐，才能成为部落成员，改换姓氏，取得同等权利。这种起源于游牧民族的义父子关系在东汉末年随着五胡势力的进入而进入汉人的生活当中，隋唐以后，特别是安史之乱以后迅速发展起来。安禄山“养同罗、降奚、契丹曳落河八千人为假子”，成为其发动叛乱的军事核心。陈寅恪谓“军队部落制，即外宅男，或义儿制”，“至军队组织，则胡人小单位部落中，其酋长即父兄，任将领。其部众即子弟，任兵卒。即本为血缘之结合，故情谊相通，利害与共，远较一般汉人以将领空名，而统率素不亲切之士卒为优胜”。安史之乱以后，安史部属占据河北，河北渐成胡化的区域，义儿制也逐渐为其他藩镇仿效，以此加强藩镇军队的凝聚力。唐朝后期各个藩镇能够割据一方，唐朝廷对此束手无策，很大程度上便是依靠他们手上有一支依靠假父子关系建立起来的强大军队。藩镇军队的核心是内牙军，而义子更是内牙军中的核心之核心，而义子复有义子，这样层层统属，加上彼此婚姻交结，代代相传。唐朝后期，整个中国是建立在藩镇基础上的国家，即使唐朝中央政府实际上也是一个特殊的藩镇，以宰相为首的廷臣实与藩镇的幕职官并没什么两样，由宦官控制的禁军实际上就是它的内牙军。最后，在各个藩镇中盛行的义儿制便为本来就没有生殖功能的宦官效法，蔓延于禁军之中。到五代时，北方由于沙陀势力的进入，收养义儿之风更加炽盛，即使南方诸国，受唐朝藩镇风气的影响，收养义儿之风也是普遍存在的。如出身于神策军的前蜀建立者王建即以收养义子闻名，他手下的重要将领，几乎全部改名换姓，成为他的义子。即使钱镠，如前文所述，“麟趾公子，不下百人”，其中也有不少是义子。

但是，这种义儿制与汉族固有的伦理道德、价值观念格格不入，因为根据游牧部族的传统，一旦成为义子，即与亲子一样享有同等的权利。五代时期，李嗣源、李从珂、郭荣皆由此登上帝位，欧阳修“干戈起于骨肉，异类合为父子，开平、显德五十年间，天下五代而实八姓，其三出于丐养”的批评便由此而发。五代中期以后一系列的帝位争夺实际上就反映出这两种观念的冲突和斗争。在南方诸国，由于受游牧民族的影响比较小，这个问题并不十分突出，但矛盾同样是存在的。如徐知诰为击败徐温的亲子夺取淮南的统治权可谓费尽心机；在闽国，王氏的内乱与王位争夺也是由王审知的养子、建州刺史王延禀首先挑起的；在前蜀，王建大杀那些“义儿”功臣。这些义儿为何如此神通广大？究其原因，义儿制自其在中原盛行以来，即与藩镇制度、与内牙军制度联系在一起，唯其如此，这些义儿们才会在中国的政治舞台上翻云覆雨，掀起一浪又一浪的层层波澜。

在吴越国，情况又如何呢？收养义子的情况同样是存在的。钱镠、钱元瓘都收养了很多养子。由于内牙军主要控制在义子们的手中，吴越国中期多次政治动乱都与他们息息相关。

钱元瓘义子的代表人物是钱弘儇与钱弘侑。

钱弘儇字智仁，钱元瓘第二子。钱弘儇出生于乾化三年（913），本名弘僔。起家上直副兵马使、检校尚书右仆射。二十余年为东府安抚使。钱弘儇洞晓政术，吏不敢欺。钱元瓘对他颇为嘉许，赐金酒器一副，命兼领睦州。钱弘儇性情简俭，善于骑射，能书，有文而自晦。乾祐三年（950）六月，敕授知福州威胜军事。当时吴越国攻占福州不久，驻守福州的将士之间即存在着矛盾与斗争，彼此“诬构交生”。钱弘儇以为：“人各有憾，如一启之，诬构交生，人相疑惧，岂国家推心怀远之道也？”来到福州之后，对此种种诬构，释而不问。广顺三年（953），改任温州刺史。愈事清率，所蓄声伎悉放之。每食不过鲍鱼菘菜而已。显德中，入觐杭州，温州人以为将要解职，乃卧辙阻之。钱弘儇伺夜而出，却发现有人宿于城门挡道。第二天，钱弘儇让侍妾以篮舆先出，人们怀疑钱弘儇也在其中，拥之而回。官吏将此事上闻，钱弘俶答应让钱弘儇继续担任温州刺史，人们这才作罢。温人原来苦于徭役，钱弘儇采取措施，置簿书，均徭役；温州俗尚淫祀，钱弘儇下令关闭淫祠，没收器玩以充公用。钱弘儇离开福州、温州时，两州居民有人携家以从，被称为“随使百姓”。钱弘儇出城之日，百姓送行，哭道：“愿公早回。”乾德四年（966）九月癸卯（十六日），钱弘儇离开人世。据说，灵柩从温江运归杭州，越、温、福三州百姓一路号踊送行。钱弘儇两镇福州、越州，一镇温州，通任二十余年，承制累授检校太尉、拜丞相。

钱弘儇与钱氏政权善始善终，但钱元瓘的另一养子钱弘侑却与吴越国中期的内牙军之乱纠结在一起。钱弘侑为钱元瓘第三子，本名孙本。钱元瓘去世后，钱弘佐刚继位时，钱弘侑任弓马诸军都指挥使，为吴越国最高军事统帅。与钱弘侑一起掌握吴越国军事大权的还有指挥使戴恽和章德安。戴恽早年随钱元瓘去田颙那里做人质，共经患难，深受钱元瓘宠信，在世时“悉以军事委之”。而且，戴恽的妻属还与钱弘侑有着姻亲关系。钱元瓘去世不久，就有人报告，说戴恽要谋立钱弘侑。章德安秘不发丧，在幕间伏下士兵，等戴恽入府，即执而杀之。钱弘侑也被贬为庶人，幽禁明州。开运二年（945）十一月，钱弘佐杀阚璠、杜昭达，钱弘侑同时被杀。

三、宗室与外戚

（一）宗室

钱镠自杭州崛起以来，一直重视对钱氏子弟的提拔任用。钱镠父钱宽有子五人，钱镠有弟四人：钱锜、钱镖、钱铎、钱铧。钱锜、钱铎早卒，钱镖、钱铧均得到钱镠重用。

钱镖骁勇善战。钱镖在天祐二年（905）平定衢州叛乱时出现在历史舞台上。当时睦州陈询与淮南将领陶雅进攻婺州。钱镠命钱镖讨伐，无功，后钱镠命杨习等攻陷婺州。天祐三年（906）闰十二月，钱镠命钱镖为婺州制置使。后梁开平二年（908），吴遣周本、吕师造围攻苏州。钱镠遣张仁保夺取东洲，但吴国陈璋率领援军重新夺回东洲。苏州被围，开平三年（909）四月，钱镠命钱镖与江海游奕都虞候何逢、司马福等率师援苏州，内外夹击，生擒淮将何朗、闾丘直等凡三千余人，获兵甲生口三十万，战船二百余艘，陈章、周本、吕师造等夜遁。开平三年（909）十月，湖州刺史高澧叛乱，遣兵焚烧义和、临平等镇，钱镠命钱镖率师讨伐。高澧部将盛师友、沈行瑜反正，湖州平。开平四年（910）三月，钱镠命钱镖为湖州刺史。后钱镖嗜酒杀人，因惧钱镠督责，于开平五年（911）十月，杀湖州防戍指挥使潘良（一作潘长）、推官钟德叛奔吴国。吴武义初，为右龙武统军。钱镖初奔时，有子二人在吴越国，长子五岁，次子尚未满周岁，钱镠给他们起名可团、可圆，希望钱镖能够回国，一家团聚。①

钱铧是钱宽第五子，钱镠少弟。钱铧出生于景福二年（893），生时脚上有“王”字纹（一说在手上），长大后消亡。出生时适值钱宽去世，由钱镠将他抚养成人。钱镠去世时，钱铧请服通丧。钱铧性多艺，擅长绘画，尤精音律。承制累授温、明二州刺史，检校太尉，奏授恩州防御使、惠州防御使。贞明二年（916）十二月，奉钱镠之命率官吏僧众前往明州鄮县阿育王寺迎释迦舍利塔归于杭州。文穆王钱元瓘时授两浙行军司马，拜命之日，仪注特盛。寻奏改本州团练使、顺化军节度使。

至钱镠诸子长成，他们在吴越国政治舞台上所起作用就更大了。当时钱镠将诸子封为诸州刺史，逐步形成一种准分封的体制。其中比较著名的有钱元璙、钱元球、钱元珦等人，具体内容已见于上文，这里不赘述。这种情况

① 吴任臣：《十国春秋》卷八三《钱镖传》，第 1192 页。

到吴越国后期仍被延续，钱元瓘诸子也多担任地方长官，也多有善政。钱弘俶继位吴越国王前曾任台州刺史，其兄弟也大多如此。钱元瓘第八子钱弘偡，字惠达，生于天成四年（929）正月乙亥，母陈氏。起家内衙诸军都知兵马使、检校司空。开运三年（946）十二月，年十八，出为湖州刺史。时有妖巫登衙门大树，假装鬼神说语，州人惊畏，钱弘偡以为："妖由人兴。"乃命注弩射之，妖巫果然露出原形。显德中，杭州灾，钱弘偡悉以器用服玩上献。显德六年（959）四月，敕升湖州为宣德军，授钱弘偡特进、检校太尉，充本军节度使。建隆初，敕授同中书门下平章事。乾德四年（966）正月乙亥，以饮酒过度去世，终年三十八岁。据载，钱弘偡吏术明敏，能为诗，颇有奇句。

又如钱元瓘第十子钱弘亿，字延世，出生于天成四年（929），母沈氏。初孕时钱弘亿，钱元瓘梦见一僧入寝帐，故字曰和尚。未出阁即制授礼部郎中，寻改中直都指挥使、检校司徒、开国伯，食邑七百户。起家内衙诸军左右都虞候、检校左仆射。天福八年（943）六月，授起复云麾将军、检校太子太保，寻历太傅、太尉、尚书右仆射、开国侯，加食邑至一千五百户。开运三年（946）十月，时值福州之役正在进行，吴越国财政困难，议铸铁钱，钱弘亿上书切谏，认为铸铁钱有八不便。铸铁钱之议乃罢。《十国春秋》谓不久即任丞相。乾祐元年（948），钱弘亿判两浙盐铁，仍封新定郡公，加食邑五百户。乾祐二年（949）时内牙指挥使钭滔谋乱，辞连钱弘亿，有人劝钱弘俶穷治其事。钱弘俶将钭滔黜于处州。五月，钱弘亿出为明州刺史，判四明诸军事。乾祐三年（950）六月，改任东府安抚使。显德中，时值周征淮南之役正在进行，吴越参与其役，命括民丁，以益军旅，州县长吏因此多所残毙，钱弘亿手疏切谏，辞理切直，钱弘俶感悟，遂寝其事。钱弘俶与丞相以下论民之劳逸都由人君奢俭，作诗二章以言节俭之志，命钱弘亿应和，钱弘亿作诗讽刺北方侯伯多献淫巧，受到钱俶称赞。建隆元年（960）四月，敕升明州为奉国军，授钱亿（入宋后去弘字）金紫光禄大夫、检校太保、充本军节度使。乾德五年（967）二月戊辰去世，终年三十九岁。钱亿在明州任上颇著善政，凡科率旧制悉予蠲除。明州有广德湖，在县西十二里，旧名鹦脰湖，因唐大历八年

（773）县令储仙舟有修治之功，更名广德。贞元元年（785），刺史任侗又加修治，后湮塞。建隆间，钱亿于诸县农隙集乡夫万人为十队，以官吏分董开凿之役。费给米九千硕、钱五十万，又出金千缗以助其费。修筑堤塘周回凡万有二千八百七十一丈。它山堰损坏，不可修复，钱亿跪请于神，使之存固。明州又有东津浮桥，唐长庆三年（823），刺史应彪置，共十六舟，亘板其上，长五十五丈，阔一丈四尺。后大和三年（829），刺史李文孺、唐末刺史黄晟曾加修复，开宝中钱亿又加修复。明州有纯孝庙，为东汉孝子董黯之祠。董黯母亲的塑像在南郭外草堂中，钱亿访问迎归孝子庙，乞封为纯德征君之庙。

钱元瓘第十二子钱弘偓，字赞尧，生于清泰元年（934），母陈氏。钱弘偓性仁慈，事母恭勤。广顺二年（952）二月，为衢州刺史。时逢旱灾，衢州人民将往他处就食，不忍与钱弘偓相别，有人到郡厅告白而去。他为政宽恕厚重，钱弘俶对他极为友爱。

又如钱元瓘第十四子钱俨，字诚允，生于天福二年（937）。本名弘信，避宋讳改名信，淳化初改名俨。钱俨幼时曾出家为僧。及长，颇谨慎好学。钱弘俶时，命为镇东军安抚副使。显德四年（957），奏署衢州刺史。太祖平扬州，钱俶遣钱俨入贺，宋赐赉甚厚。回来时赐玉带、名马、锦彩、器皿。开宝三年（970），知湖州，充宣德军安抚使。钱俶攻常州，命钱俨督漕运。太平兴国二年（977），宋廷从钱俶之请，授俨新、妫、儒等州观察使，仍知湖州。

钱镠一些年幼的儿子，年龄与钱元瓘诸子相仿佛，在吴越国后期也继续担任地方官员。如钱镠第二十八子元璙，生于天复二年（902）九月二十八日，生母童氏。钱元璙少强直，好诗学武，及长，从征有功，屡获升迁。曾任衢州刺史，广顺二年（952）二月，知福州威胜军事。乾德三年（965）十一月，改任睦州刺史。乾德五年（967）二月，复知福州彰武军事。乾德六年（968）九月壬辰去世，终年六十七岁。史载钱元璙“处兄弟不疑，事文穆及王尽臣礼”，上下和睦。

但到吴越国后期，钱氏子弟虽多任职地方长官，但多是流官，很少再出现钱元璙、钱文奉这样在苏州父子相继的情形。这反映出吴越国后期王国政府权力加强。

（二）外戚

钱镠在建立吴越国过程中，多与八都旧部结为婚姻，但他们的主要身份是吴越国开国功臣，纯粹以婚姻关系为官的情形很少出现。到吴越国后期，一些外戚开始在吴越国政治生活中发挥作用。如水丘昭券，是钱镠母水丘氏族人，忠献王钱弘佐时任内牙都监使。开运三年（946），南唐攻福州，福州李仁达向吴越求援。吴越将吏多反对出兵，水丘昭券力主参战。钱弘佐命其掌用兵，主持福州战事，终取得福州之役的成功。开运四年（947），钱弘佐去世，钱弘倧继位，想除掉大权独揽的内牙军大将胡进思，与水丘昭券商量，水丘昭券以胡进思党盛难制，主张暂缓其事。其年十二月，胡进思先发制人，废钱弘倧，并杀水丘昭券。

第二个在吴越国政治生活中发挥重要作用的外戚是钱镠的女婿吴程。吴程，字正臣，越州山阴人，生于大顺元年（890）。祖吴可信，定州虞唐县令。父吴蜕，大顺中登进士第，解褐榜官镇东军节度掌书记、右拾遗，累官礼部尚书。吴程起家校书郎，累授检校户部员外郎、借绯。长兴初，被钱镠选为女婿，迁检校户部（一说金部）郎中、借金紫。钱镠命提举诸司公事。钱元瓘继位，奏授吴程为职方郎中、观察支使、节度判官。天福中，钱弘僎遥典睦州，命吴程知睦州事。忠献王时，钱弘佐以吴程判西府院事，寻拜丞相。开运四年（947）十二月，福州李孺赟叛乱被杀，钱弘倧授吴程知福州威武军事，寻为威武军节度使。乾祐三年（950），南唐查文徽、陈诲攻打福州。吴程授诸军节度。陈诲趁大雨水涨，一夕行七百里，至福州城下，大败吴越军队，擒吴越将马先进等。但南唐另一大将查文徽冒险轻进，为吴程所败，查文徽被擒。后以国用繁广，钱弘俶命吴程兼掌屯田、榷酤事。后周征淮南之役，吴越出兵相助。显德三年（956），吴程轻信苏州营田副使陈满的建议，与鲍修让、罗晟仓促出兵，攻打常州。开始时取得了一些小胜。罗晟的战舰进驻江阴之后，南唐的静海制置使姚彦洪率兵民万人投奔吴越。三月，吴越军队攻占常州，生擒刺史赵泽与偏将诸承、向重霸等一百余人。但常州之战遭到另一丞相元德昭的反对，鲍修让、罗晟与吴程不睦，在战争中罗晟故意不力战，纵南唐军队攻打吴程的营帐，致使吴越惨遭败绩。

到钱弘俶当政时期，外戚执政的情形更加明显。除吴程外，沈承礼与孙承祐二人是吴越国后期军事体系中的重要成员。

沈承礼，湖州乌程人，贞明三年（917）生。《宋史》谓钱镠辟置幕府，署处州刺史。然长兴三年（932）钱镠去世时沈承礼不过十六岁，沈承礼可能没有实任其职。后钱元瓘把女儿嫁给沈承礼，署为府中右职，出为台州刺史。钱弘佐继位，以沈承礼掌亲兵。钱弘俶袭位，命沈承礼知威武军节度，充两浙都钤辖使。宋征江南之役，钱俶遣沈承礼率水陆数万人帮出兵相助，先后攻下常州、润州。攻下润州后，率兵至昇州，与宋师会合。宋灭南唐后，录其功，真授福州节制（一说授宁海军节度使）。太平兴国三年（978），钱俶纳土地，徙沈承礼镇密州。

孙承祐，杭州钱塘人，生于清泰三年（936）。其姊为钱弘俶之妻、吴越国王妃。累迁浙江东道盐铁副使、镇海镇东两军节度副使、知静海军节度事。开宝元年（968），随钱惟濬入贡宋朝，诏授光禄大夫、检校太保、镇东镇海等军行军司马。钱俶又私署中吴军节度。开宝七年（974），钱俶复遣孙承祐入贡，赐袭衣、玉带、鞍勒马、黄金器五百两、银器三千两、杂彩五千匹，且令谕旨钱俶，将要伐江南。宋征南唐，命吴越出兵相助，又命内客省使丁德裕率步骑一千监吴越国军队，攻打常、润二州。孙承祐随钱俶攻克常州，立功居多。诏改中吴军为平江军，真授孙承祐为平江军节度使。太平兴国三年（978），钱俶入朝纳土，徙孙承祐泰宁军节度使。

此外，曾经出现在吴越国政治舞台上的吴越外戚还有钱俶的母舅吴延福。显德六年（959）二月甲申，钱弘俶曾遣丞相元德昭、宁国军节度使吴延福入宋进贡。但在建隆元年（960）九月庚申，钱俶以“有异图”的罪名将吴延福兄弟五人除名，配外郡。吴氏另一舅舅、睦州刺史吴延遇自杀。

从水丘昭券、吴程、沈承礼与孙承祐的经历可以发现，四个外戚虽也有任地方官的经历，但主要作用是在执掌军队、领兵打仗上。因此，到吴越国后期，吴越国形成这样一种政治格局：文官主决策，宗室主政州郡，外戚执掌军队。诸外戚中，吴程的地位可能比较特殊，他虽是钱氏外戚，但祖、父都曾在唐朝任职，算是士大夫的一员，因此他的执政经历最为丰富，他既曾担任丞相，参与决策，也曾执掌军队，领兵作战。

四、吴越国文人群体

（一）吴越国前期文官

吴越国的文官群体主要有两个来源：一是本土士大夫，二是在唐末避战迁入吴越地区的外地士大夫。

唐末，北方陷于战乱，大批士大夫南下避祸，钱镠非常重视从中选用人才。据《方镇编年》：钱镠镇吴越时，尊贤渴士，曾使名画工二三十人候在沿江一带，号“鸾手校尉”，看北方士子流移南来，画下他们的容貌，择清俊福厚者录用。胡岳渡江，画工画下容貌上报，钱镠称“面有银光，奇士也”，实时召见。[①]又如杨承休、杨岩父子在天祐时出使两浙，道阻不得归，留居杭州。杜氏祖先五代时“南渡至会稽，乐其风土，因而居焉”。[②]

吴松弟《中国移民史》第三卷对此曾作统计，制成《唐后期五代南迁的北方移民实例（江南部分）》。表中所反映的大多是士大夫阶层南迁的情形，更多的普通百姓则往往失之于史书的记载，有时虽有点滴提及，却连姓名也没有留下。这些人构成吴越国早期士大夫群体主要来源。

曾任吴越国丞相的沈崧是南归文人的代表。沈崧的父亲沈超曾任福州长溪县令。乾宁二年（895），沈崧登进士第。寻归宁，途经淮南，杨行密辟之不就，

① 〔唐〕冯贽：《云仙散录·鸾手校尉》，中华书局 1998 年版，第 76 页。

② 〔宋〕李光：《庄简集》卷一八《杜府君墓志铭》，《宋集珍本丛刊》，线装书局 2004 年版，第 94 页。

遂投奔钱镠。沈崧虽是闽人，但唐末登进士第后一直在北方，是北方南归文人。他到钱镠幕府后历镇海军掌书记，授浙西营田副使，奏授秘书监，检校兵部尚书、右仆射。钱元瓘袭位后，置择能院择士，命沈崧主持。吴越重新建国后，拜丞相。

吴越本土文人的代表是皮光业。皮光业先世为襄阳人，他的父亲皮日休是晚唐著名诗人，曾在黄巢起义军中任职。因皮日休曾任苏州军事判官、太常博士，皮光业于乾符五年（878）生于苏州，到他这一代已经算是吴越本土文人了。皮光业十岁即能属文，长大后谒钱镠，累署浙西节度推官、赐绯。钱镠命入贡京师，后梁特赐进士及第，赐秘书郎，授右补阙、内供奉，赐金紫。贞明六年（920），吴越与吴议和，皮光业出使扬州。回来时吴国赠钱三百万，但禁止他直接将钱运出吴国，建议他换买其他商品。皮光业断然拒绝，吴人最后还是将钱送给他。后梁太祖选钱镠子传珍（元璙）为驸马都尉，钱镠命光业去京师，不久兼两浙观察度支使。钱元瓘即位，命知东府事。吴越建国后，拜丞相，史称“凡教令仪注，多出其手”。皮光业美容仪，善谈论人，或以为神仙中人。亦善诗，每以贾岛自比，有“烧平樵路出，潮落海山高”之句。又曾有一联：“行人折柳和轻絮，飞燕冲泥带落花。”也自负警策。有子皮文璨，任元帅府判官，吴越归宋后，任鸿胪少卿。文璨子皮子良官大理寺丞。

林鼎是另一本土文人的代表。林鼎祖先可能是闽人，他的父亲林无隐以诗著名，投奔明州刺史黄晟。大顺二年（891），林鼎生于明州慈溪大隐村。林鼎初谒钱镠，为观察押衙推，寻入钱元瓘幕府。钱元瓘屡次向钱镠推荐，都没被接纳。钱镠告诉元瓘：“我观林鼎骨法，真辅相器，然我不贵者，欲汝贵之，庶其尽心于汝也。”钱元瓘即位，署林鼎镇海军掌书记、节度判官。史称林鼎“性谠正而强记”，善书法，学欧阳询、虞世南体，又好读书，虽至中年，仍夜夜读书达曙，所聚图书悉由手抄。吴越建国，掌教令，寻拜丞相。每政事有不逮者必极言直谏。天福五年（940）正月建州之役，王延羲攻打王延政，钱元瓘出兵相救，林鼎“指陈天文人事，累疏切谏”，后吴越军队果遭败绩。著有《吴江应用集》，行于世。

（二）吴越国后期文官

吴越国后期，文人在吴越国政治舞台上的地位逐步提高。在吴越国中期，整个国家的大政基本上控制在内牙军人手中，但到钱弘俶上台以后，随着内牙军问题的基本解决，以丞相为首的文人政府的力量有所加强。

五代时期，南方诸国，文事最盛者，首称吴（南唐）与前、后蜀，稍稍次之者则为吴越。在蜀与南唐，其文化高潮的形成，往往表现为君臣宴游，侍臣们在宫廷文化的发展中起了非常重要的作用。吴越国与南唐一样兴起了诗歌唱和之风。如据《小畜集》卷二十《右街僧录通惠大师文集序》：

> 长兴三年，武肃王薨，文穆王讳嗣位，大师声望日隆，文学益茂。时钱氏公族有若忠懿王讳、宣德节度偡、奉国节度亿、越州刺史仪、金州观察使俨、故工部侍郎昱，与大师以文义切磋。时浙中士大夫有若卫尉卿崔仁冀、工部侍郎慎知礼、内侍致仕杨恽，与大师以诗什唱和。又得文格于光文大师汇征，受诗诀于前进士龚霖，由是大为流辈所服。[①]

王禹偁写的是赞宁，实则反映了当时整个吴越国的歌诗唱和之风。参与唱和的人群中，有三类人非常引人注目：一是僧人，不但赞宁，其他如延寿等也有很多诗作问世。二是钱氏子弟，如钱俶本人即将其诗作集为《政本集》。而且，钱氏子弟在入宋之后，形成了蔚为壮观的一个诗人群，其中，钱惟演还是宋初西昆诗体的三大代表人物之一。第三类即是吴越国后期的士大夫群体。

吴越国后期文官代表人物有元德昭与崔仁冀二人。

元德昭，字明远，抚州南城县人，生于大顺二年（891）。本姓危，后因

① 〔宋〕王禹偁：《小畜集》，载《景印文渊阁四库全书》第 1086 册，台北商务印书馆 2008 年版，第 197 页。

钱镠之命改姓元氏。伯危全讽、父危仔昌。危全讽曾任新、抚、饶、信四州刺史，淮南节度使、检校太傅，与钱镠关系融洽。两浙衢州陈璋、睦州陈询叛乱，危仔昌曾助钱镠作战，有犄角之力。开平元年（907）十二月，吴国军队进攻信州，钱镠也曾遣师赴援。开平三年（909），危全讽进攻吴国洪州，其下内叛，在象牙潭一役被周本击溃，危仔昌投奔钱镠。元德昭起家镇东军节度巡官、钱塘县令，累授睦州军事判官，知台州新亭监。元德昭虽出身将门，但年幼时因日者对危仔昌说“独此子非武官”，遂从文。钱元瓘继位，因丞相林鼎推荐，命掌文翰机密事，“兵机细务悉以委之”。开运三年（946）十月，钱弘佐发动福州之役，元德昭被委以军谋。寻拜丞相。开运四年（947）十二月，胡进思废忠逊王钱弘倧，迎立钱弘俶，元德昭立于帘下不拜，直到胡进思等亟出褰帘，看到果是钱弘俶才下拜。钱弘俶即位后，对元德昭因遇尤加。周征淮南之役，吴越出兵相助。显德三年（956），吴程轻信苏州营田副使陈满的建议，仓促出兵攻打常州，元德昭强烈反对。吴程擒南唐常州刺史送杭州，元德昭认为“宥之足以劝忠”，力保不杀。显德六年（959），与吴延福入贡后周。史称元德昭“厚重多谋，临事而不挠”。性嗜酒。理家以孝爱，曾有诗：“满堂罗绮兼朱紫，四代儿孙奉老翁。”

崔仁冀，字子迁，杭州余杭人，生于天成元年（926）。少笃学，有文采。事吴越王钱弘俶，累迁至元帅府推官、通儒院学士。开宝七年（974）十月壬辰，宋发动征南唐之役，命吴越国出兵相助。吴越丞相沈虎子以为南唐是吴越屏蔽，谏阻钱俶出兵。崔仁冀则认为“保族全民，策之上者”，主张响应宋朝。最后钱俶听从崔仁冀的意见，罢沈虎子丞相，命崔仁冀代其任。太平兴国三年（978）二月，崔仁冀随钱俶入宋朝觐。三月，抵达开封。当时同时来京朝觐的还有割据漳、泉二州的陈洪进。四月，陈洪进纳土。宋朝的宰相卢多逊也竭力劝宋太宗扣留钱俶。为免被扣留，崔仁冀力劝钱俶纳土。宋授崔仁冀淮南节度副使。钱俶又荐崔仁冀称才可用，擢授卫尉卿、判大理寺。崔仁冀在宋曾任鸿胪卿。

吴越国后期，以丞相为代表的文官群体在政治生活中的作用越来越大。

钱弘佐时期发动福州之役，元德昭是主要决策人；钱俶时纳土归宋，崔仁冀也是主要决策人。

（三）唐朝遗民

在五代的战乱环境中，唐朝遗民也是非常引人注目的一个社会群体。他们有的效身钱氏政权，有的隐居乡野，讲学于民间，如孙郃、韩必、方昊、朱滋等，对吴越国文化的发展作出了一定的贡献。

在唐末五代的战乱环境中，另一类非常引人注目的社会阶层是隐士。在这些隐士的眼里，不但朱全忠是篡夺唐室的乱臣贼子，即使钱镠，也不过是趁乱劫地的盗贼。旧的王朝崩溃了，新的王朝正在建立，他们中的很多人视功名利禄为粪土，选择了与新朝拒不合作的态度，《嘉泰会稽志》即说："会稽自汉、魏、晋、唐，衣冠人物最盛，五代之乱，钱氏有国，私置丞相以下官，惟此邦人士耻之，多自抑退，无为其国显仕者。"[①]类似的事例见之于史籍者甚多，有孙郃、韩必、方昊、朱滋等人。孙郃，奉化人，唐末为左拾遗，朱全忠篡唐，著《春秋无贤臣论》《卜世论》，即脱冠裳、服布衣以隐。著书纪年悉用甲子，以示不臣之义。韩必、吴崧，钱镠遣罗隐前去征召，二人隐入石壁中。方昊，淳安人，生于唐末。唐朝灭亡后，隐居于岩谷，聚徒讲学，世称静乐先生。吴越王召之不往。朱滋，曾应钱镠之召，进入钱氏幕府，最后辞归乡里。石延翰，新昌人，其父石渝、兄石延俸，皆仕吴越钱氏，石翰隐居沃州山白云谷。这些人虽不投效钱氏政权，但一些人讲学于民间，对吴越国文化的发展作出了一定的贡献。

（四）罗隐

吴越国文人中，最著名者莫过于诗人罗隐。罗隐是杭州新登县人，是一个地地道道的吴越本土文人，但他长年生活在北方，直到唐末乱起才回南方。

① 〔宋〕沈作宾修、施宿等纂：《嘉泰会稽志》卷一四《人物》，《宋元方志丛刊》本，第 6961 页。

因此，从某种意义上来说，他也是一个南归文人。

罗隐出身官僚家庭，他的祖父罗知微曾任福唐县令。父罗修古，应开元礼。罗隐本名横，参加科举考试，凡十上不中第，遂更名隐。

罗隐是唐末、五代著名诗人。据《唐诗纪事》卷六载，令狐绹子令狐滈登进士第，罗隐作诗祝贺。令狐绹对儿子说："吾不喜汝及第，喜尔得罗公一篇耳。"当时是咸通元年（860），罗隐年仅二十八岁，可知罗隐不到而立之年，诗作已享有盛名。其作品深受唐宰相郑畋、李蔚赏识。罗隐容貌丑陋，郑畋的女儿对他诗作非常倾慕，但自从见罗隐的真容之后，从此不读罗氏之诗。但从中亦可见他的作品深入闺房。邺王罗绍威对罗隐也非常倾慕，致书称为叔父，因罗隐有《江东集》，还把自己的诗集命名为《偷江东》。吴越国人对罗隐更是深以为自豪，称"四海知有罗江东"。

罗隐虽天纵奇才，名震天下，然恃才傲物，故屡举不第。据《北梦琐言》卷六，黄巢起义之后，朝廷曾想起用罗隐。韦贻范说："某曾与之同舟而载，虽未有识，舟人告云：'此有朝官。'罗曰：'是何朝官！我脚夹笔可以敌得数辈。'必若登科通籍，吾徒为秕糠也。"其议遂罢。

罗隐早年忙于科举考试，到咸通十一年（870）之后，虽也间或赴京应举，但他主要的精力已不放在科举上，而是为了生存，奔波各地求职。《吴越备史》谓"初从事湖南，历淮、润，皆不得意"。咸通十二年（871）夏任衡阳县主簿。十月回家，中途为风所阻，流连于长江中游一带。大概在咸通十三、十四年（872—873）之交在鄂州幕府谋得一职，不久离鄂东下，投奔淮南李蔚。后因战乱，罗隐长期滞留于汴州、池州等地。中和元年（881），罗隐与顾云来扬州求职，因作诗讽刺淮南节度使高骈而未果，不久就回池州。大概在光启二年（886）前后，罗隐来润州投奔周宝。光启三年（887）润州发生兵变，周宝被逐，罗隐求职再次未果。润州兵变后罗隐回乡。同年，罗隐进入钱镠幕下。据说，罗隐初时怕钱镠不能接纳，向钱镠献诗，将早年所作的《夏口诗》标于卷末，云"一个祢衡容不得，思量黄祖谩英雄"，钱镠读之大笑，加以殊遇，命章碣作简书征辟，有"仲宣远托娄荆州，都缘乱世；夫子辟为鲁司寇，只为故乡”之语。

罗隐拜秘书省著作郎，辟为镇海军节度掌书记。天祐三年（906），转司勋郎中、充镇海节度判官。开平二年（908），授给事中。至三年迁盐铁发运使。开平三年（909）春寝疾，冬十二月十三日殁于西阙舍，享年七十七岁。以开平四年（910）正月二十三日，归灵于杭州钱塘县定山乡居山里。

钱镠对罗隐极为赏识，罗隐患疾，钱镠亲自去看望，作诗云：“黄河信有澄清日，后代应难继此才。”罗隐在钱镠幕中主要从事表奏书启的写作工作。钱镠初授镇海节度，沈崧草表，盛言浙西繁富，罗隐害怕朝廷大臣索要贿赂，重作表文，谓“天寒而麋鹿常游，日暮而牛羊不下”。又曾作贺昭宗更名表，有“上则虞舜之全文，右则姬昌之半字”之语，当时京师称为第一。此外，据苏耆《闲谈录》的记载，罗隐曾谏钱镠征西湖“使宅鱼”。吴越国时，西湖的捕鱼者每天要纳鱼数斤，叫“使宅鱼”。有些人不能捕到要交纳的数额，只好到市上去买，人民怨声载道。一日，钱镠大设一图，上画吕望磻溪直钩之事，命罗隐赋诗。罗隐应声说：“吕望当年展庙谟，直钩钓国更谁如？若教生在西湖上，也是须供使宅鱼。”钱镠大笑，从此蠲免使宅鱼之贡。但罗隐性不喜军旅，对吴越国的军政大计无所建树，即或偶有建议，多是书生意气，不切实用。如朱全忠篡唐，罗隐劝钱镠举兵讨梁，以为“纵无成功，犹可退保杭越，自为东帝，奈何交臂事贼？”然以当时局势而论，钱镠面对来自淮南的强大军事压力，如无朱梁这样一个强大的盟友，能否“退保杭越”，实在是很成问题的。因此，钱镠没有采纳他的建议。

罗隐不但是一个诗人，而且在散文创作上也有不凡的成就，他的散文代表作当数《谗书》。其中的文章长于论史，借史论时，多有独到精辟的见解。方回跋《谗书》云：“所为《谗书》，乃愤闷不平之言，不遇于当世，而无所以泄其怒之所作。”（《罗隐集校注》）近人鲁迅对此也有很高的评价，称它“几乎全部是抗争和愤激之谈”，是“一塌糊涂的泥塘里的光彩和锋铓”。[①]

① 鲁迅：《南腔北调集·小品文的危机》，载《鲁迅全集》，人民文学出版社 1980 年版，第 571 页。

罗隐半世漂泊，时势剧变，尤其是朱梁代唐，使他无心仕宦，曾一度与朱瓒相约退隐，后来虽然为了生计所迫进入钱镠幕府，但身在幕府，心在山野，从闾丘方远学道，成为一个道教信徒。罗隐的道教思想主要体现在他的《两同书》中。《两同书》共分贵贱、强弱、损益、敬慢、厚薄、理乱、得失、真伪、同异、爱憎十篇，其中的思想内容大致可概括如下：

第一，道德决定贵贱的社会思想。罗隐认为万事万物都有贵有贱，这是自然界的一般规律。人也不能例外，有贵贱之分。但一个人是贵是贱，不能以他所处的社会位置来决定，而完全是由他的道德来决定的。罗隐出身于一个小官僚家庭，他在贵贱问题上持这种思想，从小的方面说，是他个人人生经历的写照，他出身低贱，仕途失意，对唐末宫廷的腐朽、官场的黑暗有切身的体验；从大的方面说，他这种思想实际上也反映了唐宋之际士族没落、庶族上升、新兴的士大夫阶层逐渐形成的历史现实。

第二，无为而治、驭臣有术的政治主张。罗隐认为一个人也好，一个国家也好，是强是弱，同样是由道德来决定的。而且，强弱之势也不是一成不变的，在一定的条件下，可以互相转化，强者可以化而为弱，弱者也可以化而为强。这种转化的关键即在一个“德”字。联系到国家的治理上，罗隐得出结论，就是要以柔克刚，无为而治。罗隐还认为君主既离不开臣下，又担心臣下危害自己的统治，最理想的做法是选任忠心耿耿的贤人。但忠奸贤愚，却是很难判断的。君主应用一套“术”来驾驭臣下，要建立君主与臣下的权力平衡，既不能君主大权独揽，这样臣下会无法治理国家，也不能把权力完全交给臣下，臣下权力过大也会危及君主自身的统治。君主还应在任用中考察臣下的德才品性，赏罚分明，不以个人的爱憎为转移。

总而言之，罗隐的社会政治思想半儒半道，他希望用道家的某些手段达到儒家所追求的盛世境界。

概括当时吴越地区的文人，有本土文人，也有游寓之士。面对唐末五代乱世，他们政治态度各异，有积极入仕者，也有消极避世者，这些在罗隐身上都或多或少地有所体现。唐末五代的时势造成了罗隐这样一个特殊的政治人物。

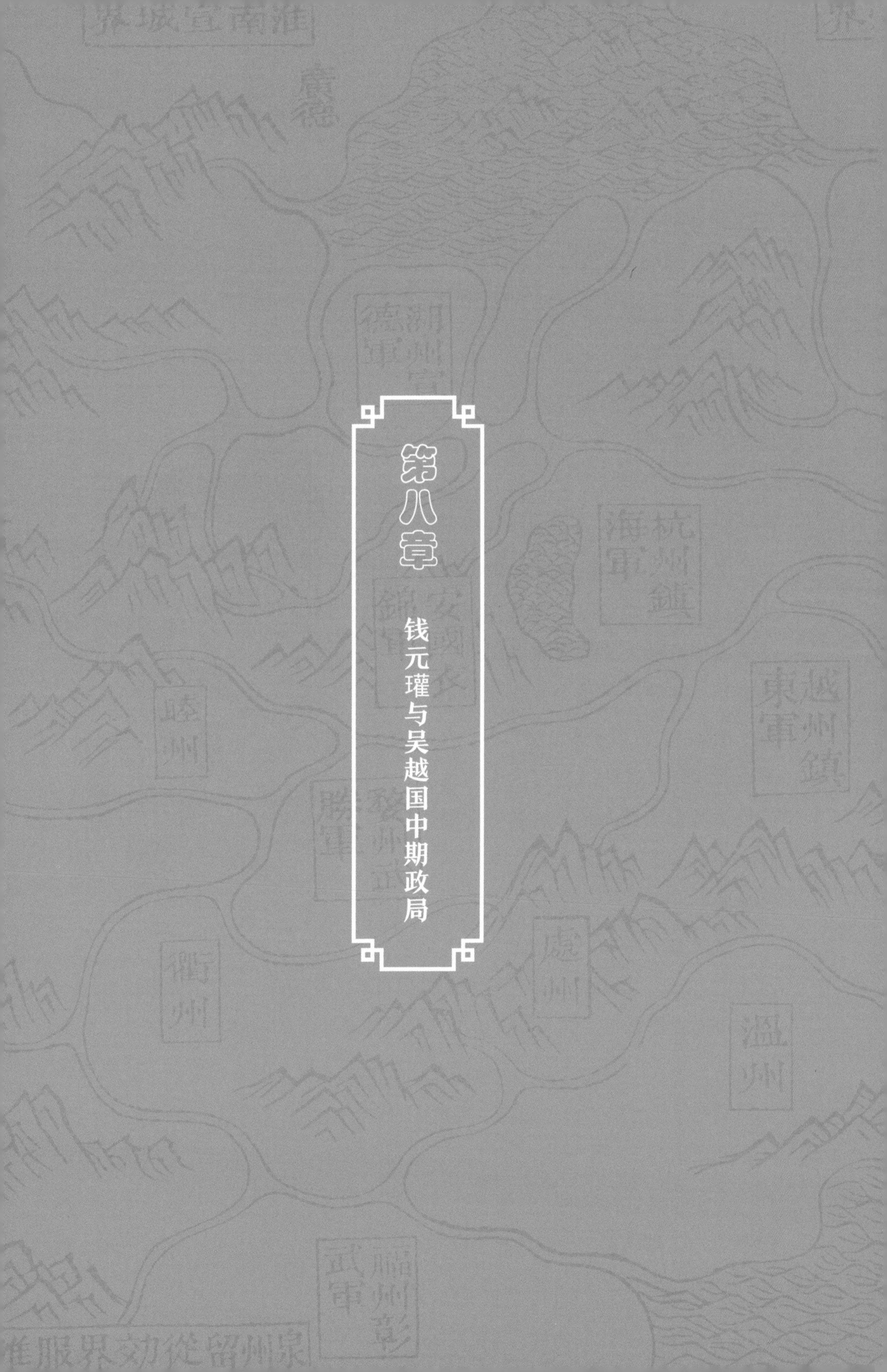

第八章 钱元瓘与吴越国中期政局

一、钱镠去世与钱元瓘继位

（一）钱镠去世

钱镠治国，甚重视经济的发展，他曾于大顺元年（890）九月、景福二年（893）七月两次扩展杭州城，又于开平四年（910）命钱元瓘修筑杭州子城，于乾化二年（912），命增广杭州牙城。开平四年（910）八月，钱镠主持修筑捍海塘，使杭州减少潮患。唐朝末年，西湖葑草蔓合，湖面缩小，蓄水量减少，钱镠“置撩湖兵士千人，日夜开浚”。这些措施对杭州的经济发展、城市扩大以及日后成为全国性经济中心打下了基础，堪称是杭州城市发展史上的一个转折点。

武肃王钱镠像（二）

钱镠为人刚毅，处事果断。据《吴越备史》，他“自幼常与群儿聚戏于树阴石上，或伐薪，必使群儿聚以供己，随多少而赏罚焉”，后来成为他手下大将的杜稜也赞钱镠“每有斩决，皆谈笑自若，成大事者是人也”。钱镠也比较大度，据《旧五代史》，罗隐曾作诗讽刺他年轻时候“骑牛操梃”不光彩的事，钱镠也“怡然不怒”。

钱镠出身于一个普通田渔之家，成就两浙霸业后仍保持着朴素的生活作风。《吴越备史》称他“自奉节俭，衣服衾被，皆用绸布，非公宴唯瓷尊漆器而已”。[①] 他的妻子因钱镠寝帐獘裂，想用青绢帐代替，钱镠不从。钱易《钱

① 《吴越备史》卷一《武肃王》卷末总叙，第6218页。

氏家话》也说："镠公宴不贰羹胾，衣必三浣然后易。"[①] 又据《钱氏家乘》卷六《武肃王遗训》，钱镠曾告诫他的子孙："吴越境内绫绢绸绵，皆余教人广种桑麻，斗米十文，亦余教人开辟荒亩，凡此一丝一粒，皆民人汗积辛勤，才得岁岁丰盈，汝等莫爱财无厌征收，毋图安乐逸豫。"[②] 但身为帝王，钱镠晚年也有奢侈的一面，《旧五代史》称其"季年荒恣"。他数次衣锦还乡，"大会故老宾客，山林树木皆覆以锦幄"。

钱镠粗通文墨。他自称"七岁修文"。[③] 又说"稍有余暇，温理《春秋》，兼读《武经》"。[④]《吴越备史》说："能书写，甚得体要"，"稍暇，则命诸子孙讽诵诗赋，或以所制诗什赐于丞相将吏以下，由是往往达旦"。[⑤]《旧五代史》也说钱镠"学书，好吟咏"，曾与罗隐唱和。[⑥]《新五代史》谓钱镠"稍通图纬诸书。"[⑦]《宣和书谱》说钱镠"喜作正书"，"所书复刚劲结密，似非出用武手"。[⑧]《图绘宝鉴》说钱镠"善墨竹"。[⑨] 钱镠有文集《吴越石壁记》，不传于今。

钱镠于长兴三年（932）三月二十八日去世，终年八十一岁，葬于衣锦军茅山之原。后唐朝廷赐谥曰武肃。吴越国私立庙号曰太祖。钱镠在去世前即立钱元瓘为继承人，钱元瓘继位后建庙于越州马臻湖畔。

（二）钱元瓘继位

钱元瓘，字明宝，钱镠第七子。[⑩] 母陈氏，光启三年（887）十一月十二

---

① 《资治通鉴》卷二七二后唐庄宗同光元年二月丁卯《考异》引，第8880页。

② 钱文选编：《钱氏家乘》卷六《武肃王遗训》，上海书店出版社1996年版，第141页。

③ 钱文选编：《钱氏家乘》卷六《武肃王八训》，第139页。

④ 钱文选编：《钱氏家乘》卷六《武肃王遗训》，第140页。

⑤ 《吴越备史》卷一《武肃王》篇末总叙，第6218页。

⑥ 《旧五代史》卷一三三《钱镠传》，第1771页。

⑦ 《新五代史》卷六七《吴越世家》，第836页。

⑧ 〔宋〕佚名：《宣和书谱》卷五，载《丛书集成初编》，商务印书馆1935年版，第136页。

⑨ 〔元〕夏文彦：《图绘宝鉴》卷二，载《丛书集成初编》，商务印书馆1935年版，第30页。

⑩ 因钱元玑、元琏早逝，《旧五代史》作第五子。

日生于杭州。天复二年（902），徐绾、许再思叛乱，勾结宣州节度使田頵侵杭。后田頵虽迫于杨行密的压力退兵，但向钱镠索要一子作为人质。钱元瓘主动请行，说："忘身以纾国家之难，亦足以报劬劳耳。虽死无恨。"随田頵去宣州。在宣州，钱元瓘似曾娶田氏女为妻。天复三年（903），田頵、安仁义叛杨行密，钱镠出兵帮助杨行密平叛。田頵在战争多次失利，多次想杀钱元瓘，因田頵母亲与宣州都虞候郭师从的保护，未果。这年年底，田頵败死，钱元瓘回杭。开平元年（907），钱元瓘随钱元璙一起出兵讨伐处州、温州的卢氏兄弟，占有浙东南二州，改衙内都指挥使、检校尚书右仆射。这年十月，授金紫光禄大夫、检校司空。开平五年（911）七月，赐钱元瓘赞正安国功臣，进授司徒、守湖州刺史。乾化三年（913）四月，吴国遣李涛率兵二万自千秋岭攻衣锦军，钱元瓘在千秋岭大败吴军。六月，趁胜攻陷广德。九月，钱元瓘又率师攻克常州无锡县。贞明元年（915）正月，敕授钱元瓘镇海军节度使、土客诸军都指挥使。贞明五年（919）四月，钱元瓘在狼山江大败吴国水军，但在进一步率军北上时，在无锡惨遭败绩。

文穆王钱元瓘像

钱镠诸子在吴越国政治生活中的地位有一个升降变化的过程，钱元瓘的地位并不是一开始就在他的兄弟们之上的。他能引起钱镠的注意开始于天复二年（902）的徐许之乱。当叛乱发生时，宣州田頵兵临杭州城下，形势十分危急，后来田頵在杨行密的压力下虽然同意退兵，但坚持要钱镠派一个儿子作为人质。当时其他几个儿子都不敢以身赴难，只有钱元瓘挺身而出，为平定徐许之乱作出了贡献。但在钱氏诸子中，在叛乱中建立特殊功勋的并非只有钱元瓘一人，其他如元瑛、元璙等也都在这场叛乱中脱颖而出，成为吴越国政治生活中醒目的人物。叛乱发生时，钱元瑛“与三城都指挥使马绰、牙将陈为等发悬门以御之”；当时杭州城中有二百多名来自润州的锦工，元瑛担心他们随同叛军一起作乱，下令“悉免今日工作”，果断地把他们放出城外，事后得到了钱镠的赞赏。钱元璙则去扬州做杨行密的人质，向杨行密求救，也为平定叛乱立下功勋。

从种种迹象来看，在这三人当中，钱元瑛最有可能成为钱镠的接班人。第一，钱元瑛的生母是钱镠的正室吴氏，他具有嫡长子的身份。当时钱镠的长子元琏已经去世，虽然次子元玑还活着，但他和元琏一样都是庶出。第二，当叛乱发生时，钱元瑛 25 岁，已经结婚并有了一个儿子，而钱元璙、钱元瓘才 16 岁，还是未经人事的少年。从钱元瑛在叛乱中的行为看，他在当时的杭州城中大概已经担任着某种显赫的职务，在钱镠外出时起着相当于或类似于留守的作用。第三，在叛乱平定之后，钱元瑛即被任命为两浙副大使，当时两浙节度使的正职由钱镠自己担任，让钱元瑛做副大使实际上已含有接班人的意味。第四，开平三年（909），钱元瑛被梁太祖朱全忠选为驸马，他的政治地位进一步提高。这桩婚事后来由于朱、钱两家戎事倥偬没有成为现实。乾化三年（913），梁末帝旧事重提，要把他的女儿寿春公主嫁给钱元瑛，可惜公主尚未过门，钱元瑛便匆匆离开人世。第五，钱元瑛主持和领导了当时吴越国的一些重大军事行动。钱元瑛于乾化三年（913）十月去世，而据《资治通鉴》卷二六八后梁均王乾化三年九月条：“吴越王镠遣其子传瓘、传璙及大同节度使传瑛攻吴常州，营于潘葑。”则钱元瑛参与了对吴的潘葑之役。在这一战役中，吴越军队惨遭失败，不知钱元瑛之死是否与此有关。但这一记载同时也表明，钱元瑛当时已在主持、领导吴越国的一些重大军事行动。《资治通鉴》在叙述这件事时，虽将钱元瓘、钱元璙排名在前，这是由于后来两人爵位上升，以当时的政治地位而言，领导此次战役之人自是钱元瑛无疑。

钱元瓘在王位继承权上的资格不但远在钱元瑛之下，即使与钱元璙相比，也没有任何优势。

乾化四年（914），梁末帝再选钱镠的十五子钱元璟为驸马都尉。贞明三年(917),后梁朝廷应钱镠之请对他的11个儿子“各授官秩阶爵及遥郡有差”。从11人的排名先后与职衔中可以看出钱氏诸子政治地位的变化:

钱元璟——赞正安国功臣、镇海军北面水陆都指挥使、金紫光禄大夫、检校太保、守湖州刺史、大彭县开国子、食邑五百户

钱元璙——赞正安国功臣、镇东军节度副使、土客诸军都指挥使兼北面行军招讨、光禄大夫、检校太保、守苏州刺史、大彭郡侯、食邑一千户

钱元瓘 ——赞正安国功臣、镇海军节度副使、土客诸军都指挥使、金紫光禄大夫、检校太保、大彭县开国侯、食邑一千户

钱元璲——赞正安国功臣、镇东军东面水陆安抚都指挥使、光禄大夫、检校太保、守温州刺史、大彭县男、食邑三百户

钱元懿——赞正安国功臣、镇东军西面安抚都指挥使、光禄大夫、检校太保、守睦州刺史、大彭县男、食邑三百户

钱元瓘——赞正安国功臣、镇东军亲从都指挥使兼土客诸军安抚副指挥使、银青光禄大夫、检校司徒、守窦州刺史

钱元球——赞正安国功臣、镇海军上右厅都指挥使兼土客诸军安抚副指挥使、金紫光禄大夫、检校司徒、前明州刺史

钱元琇——赞正安国功臣、衣锦军防遏都指挥使、金紫光禄大夫、检校司空、守义州刺史

钱元珣——赞正安国功臣、镇海军衙内先锋指挥使、金紫光禄大夫、检校司空、守峰州刺史

钱元琰——赞正安国功臣、镇海军节度上押衙、充安国衣锦军亲从副指挥使兼两直都虞候、金紫光禄大夫、检校尚书右仆射、守峦州刺史

钱元璛——赞正安国功臣、镇海军节度右押衙、充上直都知兵马使、银青光禄大夫、检校尚书(上)[左]仆射

上列十一人,排列的先后次序综合了政治地位与出生行次两种因素。

十五子钱元璙因为是后梁的驸马，名列第一；六子钱元璙与七子钱元瓘因战功卓著，分列第二、第三位，官位高于四子钱元璲与五子钱元懿；钱元璲以下则按行第排列。从此可以看出，当时位于钱元瓘之上的至少还有元璙、元璙二人。

以战功而言，钱元璙与钱元瓘不相上下，两人分别出任镇海、镇东两镇节度副使，分守苏、湖二州，一北一西镇守吴越国的边疆，防止杨吴大敌的入侵。与钱元璙、钱元璙相比，钱元瓘没有任何优势，两人排名都在他之前。如果说钱元璙仅仅靠着与中原王朝的婚姻关系而名列第一，无论从战功讲，还是从长幼次序讲，都不能对钱元瓘构成太大的威胁的话，那么，钱元璙就不同了，无论从哪一方面讲，他都比钱元瓘更有资格成为将来的吴越国王。而且，钱元瓘与元璙相比，还有两个致命的缺陷：第一，他与元璙是同年出生、同年结婚的兄弟，在贞明三年（917），他们都已年过三十，结婚十三年，据《钱氏家乘》的记载可知，钱元璙当时至少已有五个儿子，钱元瓘却一个也没有。钱镠选择继承人，不会不考虑这一因素。第二，钱元璙是钱镠正室吴氏所生，而钱元瓘系钱镠侍妾陈氏所出，有嫡庶之别。

综合上面的论述，论长幼，论嫡庶，论战功，论前途，钱元瓘没有一样比得上钱元璙。钱元瓘继位后，钱元璙到杭州来朝见新君，钱元瓘对他说："今日之事，宜兄当之，俾予小子至是，实兄推戴之力。"

直到贞明三年（917），钱元瓘还没有确立吴越国继承人的地位。重大变化发生在同光二年（924）十月，钱元瓘被任命为镇海、镇东两镇留后，吴越国王继承人的地位实际上已经得以确立。同年十一月，钱元璙任中吴节度使。两年后的同光四年（926），钱镠身体不适，命钱元瓘监国。从贞明三年（917）到同光二年（924）期间，吴越国发生的最重要的一件事情是贞明五年（919）的狼山江之役。这次战役导致钱、杨双方结束战争状态，进入暂时的和平时期。在这次战役中，钱元瓘作为吴越军队的统帅，大败吴军。从他的后人在《吴越备史》中对这一战役浓墨铺陈、极尽渲染之能事来看，他对这一战役是非常自豪的。据《旧五代史》卷一三三《钱元瓘传》："镠既年高，欲立嗣，召诸子使各论功，请让于元瓘。”钱元瓘大概就是凭着狼山江之役在战功上超过钱元璙，取得在王位继承竞争中的优势位置。

《旧五代史》卷一三三《钱元瓘传》又载：

> 及镠病笃，召将吏谓之曰：“余病不起，儿皆愚懦，恐不能为尔帅，与尔辈决矣，帅当自择。”将吏号泣言曰：“大令公有军功，多贤行仁孝，已领两镇，王何苦言及此！”镠曰：“此渠定堪否？”曰：“众等愿奉贤帅。”即出符钥数箧于前，谓元瓘曰：“三军言尔可奉，领取此。”镠薨，遂袭父位。

长兴三年（932）三月庚戌（二十八日），钱镠去世。四月丁卯（十五日），钱元瓘继位。

二、钱元球、钱元珦之狱

钱元球、钱元珦之狱，是吴越国王钱元瓘与钱元球、钱元珦为争夺王位而导致兄弟相残的一起重要政治事件。钱元瓘等统治稳固之后，即着手打击钱氏“分封”势力。天成四年（929），钱元瓘以“虐政”为由派仰仁诠将钱元珦从明州召归杭州。天福二年（937）三月，钱元瓘召钱元球、钱元珦宴于后宫，将他们杀死。

《钱氏家乘》卷六有《武肃王八训》，其中第三训曰：

> 吾见江西钟氏，养子不睦，自相图谋，亡败其家，星分瓦解；又见河中王氏、幽州刘氏，皆兄弟不顺不从，自相鱼肉，构讼破家，子孙遂皆绝种；又见襄州赵氏、鄂州杜氏、青州王氏，皆被小人斗狯，尽丧家门。汝等兄弟，或分守节制，或连绾郡符，五升国号，一领藩节，汝等各立台衡，并存功业。古人云：“妻子如衣服，衣服破而更新；兄弟如手足，手足断而难续。”

汝等恭承王法，莫纵骄奢，兄弟相同，上下和睦。[①]

钱镠在这里指出了唐末军阀内部的两大现实问题：一是继承人问题上父子兄弟自相残杀，即“养子不睦，自相图谋”，“兄弟不顺不从，自相鱼肉”；二是禁军或牙军势大，主帅常被部将出卖，即所谓的“小人斗猞，尽丧家门”。钱镠在家训中主要指的是前一个问题。在这里，他举了父子兄弟自相残杀的三个例子：江西钟氏、河中王氏与幽州刘氏。江西钟氏即指前镇南节度使钟传，他死后子匡时嗣立，而次子“怨兄立”，勾结淮南势力入侵，导致钟氏灭亡。河中王氏即指王重盈、王重荣兄弟，王重荣在镇压黄巢起义时有倡导之功，后来弟兄二人相继出镇河中，王重盈死后，他的儿子王珙与王重荣的义子王珂为争夺帅位兵戎相见，前者依王行瑜、李茂贞、韩建为靠山，后者得李克用之助，互相攻杀。战争的结果是王珙身首异处。幽州刘氏指的是刘守光，他为夺取帅位，囚禁了父亲刘仁恭，与兄长刘守文互相攻杀。

事实上，这种现象直到五代仍在延续。在后梁，朱友珪弑父自立，朱友贞举兵反正，兄弟之间，互相斗杀，朱友谦、朱友能都举兵叛乱。在后唐，李存勖与李嗣源互相猜忌；李嗣源两子秦王李从荣与宋王李从厚争夺太子之位，结果李从荣作乱；李从厚继位后，潞王李从珂又在凤翔举兵夺位。南方诸国的情形也非常相似，如闽国，王审知死后，长子延翰继位，后来他的弟弟王延钧与王审知的养子王延禀率兵攻入福州，王延翰被杀。但王延钧与王延禀不久后也互相构兵，王延禀兵败身死。王延钧在晚年又被儿子王昶所杀。王昶在其统治末年迭遭兵变，最后王审知的第二十八子王延羲夺得闽国国君之位。但王延羲又与其弟王延政互相混战不休，最后王延政在建州自建殷国，导致闽国分裂。又如楚国，在武穆王马殷与衡阳王马希声、文昭王马希范之后，马希广继位，他的庶兄马希萼向南唐称臣，举兵攻打长沙，夺取王位，但不久就被他的弟弟马希崇所废。又如南汉，高祖刘龑死后，第三子刘玢继位，

① 《钱氏家乘》卷六《武肃王八训》，第 140 页。

第四子刘晟夺位自立，实行严刑酷法，其兄弟子侄辈被杀戮殆尽。

钱镠身处当时，于此种种杀虐有深切的体会，他也是深恐自己死后，诸子互相残杀，落到国破家亡的境地，因此在遗训中特加嘱告。但是，类似的惨痛事件在吴越国未能完全避免。钱元瓘继位之后，同年（932）十二月即将钱镠的第十二子钱元珦幽禁．后晋天福二年（938）三月，钱元珦与钱镠的第九子钱元球一同被杀。究其原因，并不仅仅是由于人心之好杀，或是教化之不臻，而是与当时的制度上有着密不可分的联系。要彻底解决这种父子兄弟相残的问题，必须从制度着眼来考虑，从制度着手来改革。

鉴于武勇都之乱的惨痛教训以及北邻杨吴为徐氏夺国的残酷现实，钱镠担心吴越国落入他姓之手，大量地任命自己的兄弟、儿子出任各州刺史，建立了一套准分封的体制。如其弟钱镖曾任婺州制置使、湖州刺史。至于他的儿子，钱镠在他的《武肃王八训》中即有“五升国号，一领藩节”之说。至今可考者有：钱元璙曾任睦州刺史，后以中吴节度使镇苏州；钱元球曾任明州刺史、湖州刺史，后以静海节度使镇温州；钱元懿曾任睦州刺史、婺州刺史；钱元瓘、钱元璟都担任过湖州刺史；钱元瓘、钱元珦都担任过明州刺史；其他如钱元玑也曾“历官数年，黎庶安乐”，大概也担任过地方长官。这些钱氏子弟独镇一方，拥兵自重，有很大的权力，他们与吴越国政府的矛盾不可避免。钱镖在乾化元年（911）杀都监使逃奔淮南。至于钱镠诸子，所为更加肆无忌惮，如《册府元龟》卷一六九《帝王部·纳贡献》清泰元年九月条：

> 两浙钱元瓘献银五千两，绫绢五千匹。又元瓘弟苏州中吴军钱元（球）［璙］及诸弟领安南桂广节度使元球等四人共贡银七千两、绫绢七千匹。①

同书卷一六九《帝王部·纳贡献》清泰二年“是岁”条：

① 〔宋〕王钦若等：《册府元龟》卷一六九《帝王部·纳贡献》，凤凰出版社 2006 年版，第 1880 页

静海军节度使钱元珦、中吴军钱元(球)[璙],各贡银、绫罗、器物等。[1]

他们绕开吴越国政府单独与中原王朝建立了朝贡关系。

钱元瓘继位时，钱镠诸子中，长子元琏已经去世，二子元玑成为长兄，但他从来没有战功，加上“性气宽厚，沉静寡言”，是一个老实安分的人，根本不会对钱元瓘构成什么威胁，况且他在钱元瓘继位当年的十一月就已离开人世。至于钱元璟，其政治地位在钱氏诸子中一度高高在上，但当时已是后唐，这个前朝驸马也难有所作为。最让钱元瓘感到不安的是战功卓著、分疆而治的几个兄弟，主要是钱元璙、钱元球与钱元珦三人。

钱元璙，字德辉，钱镠第六子。他在武勇都之乱时，冒险通过安仁义的辖地润州，前往扬州，向杨氏求援，立下殊功。在武勇都之乱后，“累征缙云、新定，皆有功，授邵州刺史；寻征吴兴高澧，及攻东州，复授睦州刺史”，后以中吴节度使出镇苏州。对于钱元璙在吴越国政治生活中的显赫地位，前文已有详述。

钱元球，史书有关他的记载疏略不全，甚至连他的名字都记错，有的写作元球，有的写作元珠。如据《资治通鉴》，武勇都之乱时，田頵向钱镠要挟质子，钱镠本来是想让钱元球去的，但钱元球不愿意，钱镠一怒之下，想把他杀了，后来虽然没有杀，但夺了他的内牙兵印。但当时钱元球还是一个才十五岁的孩子，钱镠夺他的内牙兵印，不过是一时之气。事实上他后来一直都受到钱镠的器重。钱元球也曾为吴越国的建立和巩固立下不少战功，他不但是贞明四年（918）指挥援救江西之役的统帅，而且和钱元瓘一起指挥了贞明五年（919）攻打淮南的战役，即著名的狼山江之役。这次战役在吴越国建立过程中具有非常重要的意义，它导致钱、杨结束战争状态，进入暂时的和平时期。开平三年（909），年仅22岁的钱元球就已被任命为明州制置使，在钱镠诸子中，他最早成为独当一面的州级地方长官，比钱元璙在开平四年

① 《册府元龟》卷一六九《帝王部·纳贡献》，第1880页。

（910）因攻打高澧而被封为睦州刺史早一年，比钱元瓘在开平五年（911）任湖州刺史早了两年多。同光三年（925），钱元球被任命为静海军节度使，除了元瑛、元璟两个驸马外，他仅次于元璙、元瓘，名列第三。而且他在担任静海军节度使之前，已任镇海军节度副使。

钱镠临死前，指定元瓘为吴越国的继承人，任镇海镇东两镇节度；元璙镇守边疆重地，任中吴军节度使；元球任土客诸军都指挥（吴越国马步统军使），为吴越国军队的最高统帅。

钱元珦是钱镠十二子，出生于龙纪元年（889），比元璙、元瓘小三岁，比元球小一岁，有关他的记载比钱元球更少。天成四年（929），他被封为顺化军节度使、明州刺史，除了两个驸马外，在钱镠诸之子中，他第四个成为节度使。而且，他还是闽王王审知的女婿。

除元璙、元球与元珦外，在吴越国政治舞台上比较有地位的还有钱镠的第五子元懿。钱元瓘继位为君时，在世的诸兄弟中，钱元懿是年齿最高的兄长。

对此四人，钱元瓘采取了分别对待的手段。钱元懿、钱元璙两人是支持钱元瓘继承王位的，因此，钱元瓘对他们进行笼络和拉拢，尤其是钱元璙，他手握重兵，雄踞吴越北鄙，又是杨行密的女婿，一旦发生不测，后果不堪设想。而且，钱元璙也很识大体，钱元瓘即位不久便赶来朝觐。钱元瓘以家人之礼接见他。同光二年（924），钱镠曾在嘉兴置开元府兼领华亭、海盐二县。钱元瓘即位后，立即罢开元府，所属诸县复隶中吴军，这大概也是为了安钱元璙的心。钱元瓘对元懿一样采取笼络的政策，对他礼敬尤笃，后来还把原来自己做过的清海节度使的位置给了他。

而对于钱元球、元珦，钱元瓘则采取了无情打击、残酷镇压的手段。长兴四年（933）十二月，即在钱元瓘继位后的第二年，当时钱元璙刚刚离开杭州，钱元瓘王位逐渐稳固，便决定向钱元珦下手了，派仰仁诠到明州将他召回软禁。

到四年之后，即天福二年（937），钱元瓘处理完闽国的事，形势稍稳，又对钱元球采取了行动。他先要求后者出判温州，交出兵权，遭到拒绝后，便设了个鸿门宴，将两人召到宫中，在席间当场处死。

与其他国家父子兄弟之间兴师动众，进行大规模的战争相比，吴越国的这场内乱显得比较平稳。原因主要有两个：第一，在钱氏诸兄弟中，最有实力向钱元瓘王位提出挑战的钱元璙站在钱元瓘一边，这为钱元瓘顺利清除钱元球与元珦提供了方便；第二，钱元瓘在清除钱元球之后，听从钱仁俊的劝告，没有对其党羽进行大规模的清理，使人心得以安定，没有引起一连串的连锁反应。

当然，钱元瓘对元璙也没有完全放心，在解决了钱元球、钱元珦的问题后不久，钱元瓘即将原属苏州的嘉兴、华亭、海盐三县划出另置秀州。他的用意十分明显，是针对钱元璙的，削弱其对抗吴越国中央政府的实力。

三、建州之役的失败

钱元瓘曾在天福五年（940）一度举兵攻闽国。当时闽国爆发内乱，王延羲、王延政互相攻杀。钱元瓘应王延政的请求，遣兵赴援，但等吴越军队到达建州时，闽国内乱已经结束，而吴越无意回师，结果闽国内乱演变为闽国对付吴越入侵的保卫战，王氏兄弟化敌为友，联手对外，吴越军队惨遭失败。

建州之役实际上有两次。

第一次发生在后唐长兴四年（933）至清泰元年（934）。长兴四年（933）七月，王延钧在位时，闽国计使薛文杰因贪图建州土豪吴光的财富，要拿他治罪。吴光闻讯，带着一万多人逃到了吴国，向吴国请求救援。十一月，吴信州刺史蒋延徽不等徐知诰的命令，引兵攻打建州。王延钧向吴越求救。当时徐知诰正在金陵大事营造，积极准备代吴称帝，而蒋延徽是杨行密的女婿，与杨行密的儿子临川王杨濛关系一向很好。杨濛对徐氏大权独揽素怀不满，徐知诰对蒋、杨二人早就心怀疑忌，现在蒋延徽先斩后奏，出兵攻打建州，徐知诰唯恐他奉杨濛以图复兴，立即遣使召回。蒋延徽听说闽国的后援部队与吴越国的救兵即将赶到，便引兵而退。在撤退途中，被闽国追兵赶上，打了一仗，大败而归。徐知诰把蒋延徽贬职，遣使与闽通好。这次吴、闽冲突，刚刚继位的文穆王钱元瓘不知是否派出了援军。不久，吴、闽两国言归于好。

第二次建州之役发生在后晋天福五年（940）。在这前一年的七月，王审知第二十八子王延羲在拱宸、控鹤二都发动的一场兵变之后登上闽国皇帝的宝座。王延羲即位后，猜忌宗族，多寻旧怨，与他的弟弟王延政失和。天福五年（940）正月，王延政举兵叛乱。二月，王延羲派统军使潘师逵、吴行真带兵四万包围了建州。王延政向吴越求救。

吴越国对于是否出兵，内部有过一番激烈的争论。丞相林鼎反对出兵。但钱元瓘最后还是派出内牙统军使仰仁诠和都监使薛万忠率兵南进。吴越军队在两个月之后才到达建州。但在这短短的两个月中，闽国的形势已经发生了很大的变化，王延政打败了前来围攻福州的部队。吴越军队到达后，他准备了牛酒前来犒劳，希望他们班师回去。但仰、薛二人屯兵建州西北，并不答应他的要求。于是，王氏兄弟面对共同的外敌，言归于好，联手对付吴越。王延羲派泉州刺史王继业为行营都统，带兵二万前往建州，又派轻兵截断吴越军的粮道。不久到了梅雨季节，雨水淋漓不止，吴越军队在福建境内无所作为，加上粮食不继，到五月被迫还师。王延政趁机出击，大败吴越军队。仰仁诠连夜逃回。

钱元瓘轻率地发动建州之役，改变了吴越国一贯不介入闽国内乱的做法，实际上是破坏了闽浙睦邻友好关系，与钱镠制定的连横诸藩的对外军事战略背道而驰，吴越军队以失败告终。而刚刚登上皇位不久的徐知诰坐收渔人之利，他趁机调停王氏兄弟的争端，两面施恩。

四、钱元瓘之死

钱元瓘在任上采取措施加强吴越国中央政府的权力。他设置同参相府事，又置择能院以选拔官吏。此外，他还提拔皮光业、林鼎、沈崧等文人担任丞相。

在外交上，钱元瓘基本上继承了钱镠制定的事大政策。长兴四年（933）七月，被后唐封为吴王，应顺元年（934）正月，被册封为吴越王，后晋天福二年（937）四月，又被封为吴越国王。

对于北方的淮南宿敌，钱元瓘也采取了友好政策。其时淮南正值李昪当国，他雄心勃勃，抱有统一天下的大志，在位时调整了南唐的对外军事政策，采取先北后南的方针，对吴越国王采取友好政策。钱元瓘也对徐氏政权采取睦邻政策，他甚至遣使向徐知诰（即李昪）劝进。徐知诰即位后又遣使贺即位。

钱元瓘以武功起家，凭战功继承吴越王位，但他也颇有文才，《新五代史》卷六七《吴越世家》谓其“好儒学，善为诗”。据《旧五代史》卷一三三本传，他“有诗千篇，编其尤者三百篇，命曰《锦楼集》”。

在钱元瓘在世的最后几年里，不幸的事件接连发生。天福四年（939）七月，其妻马氏去世。次年四月，吴越国世子、他极钟爱的钱弘僔也离开人间。同年五月，吴越军队在闽国惨遭失败。晋天福六年七月，杭州丽春院发生火灾，延于内城，宫室府库几尽，钱元瓘惊惧发狂疾，迁居瑶台院。

同年八月二十四日，钱元瓘去世，终年五十五岁。后晋赐谥曰文穆。吴越国私立庙号曰太宗。天福七年二月，葬于龙山之原。

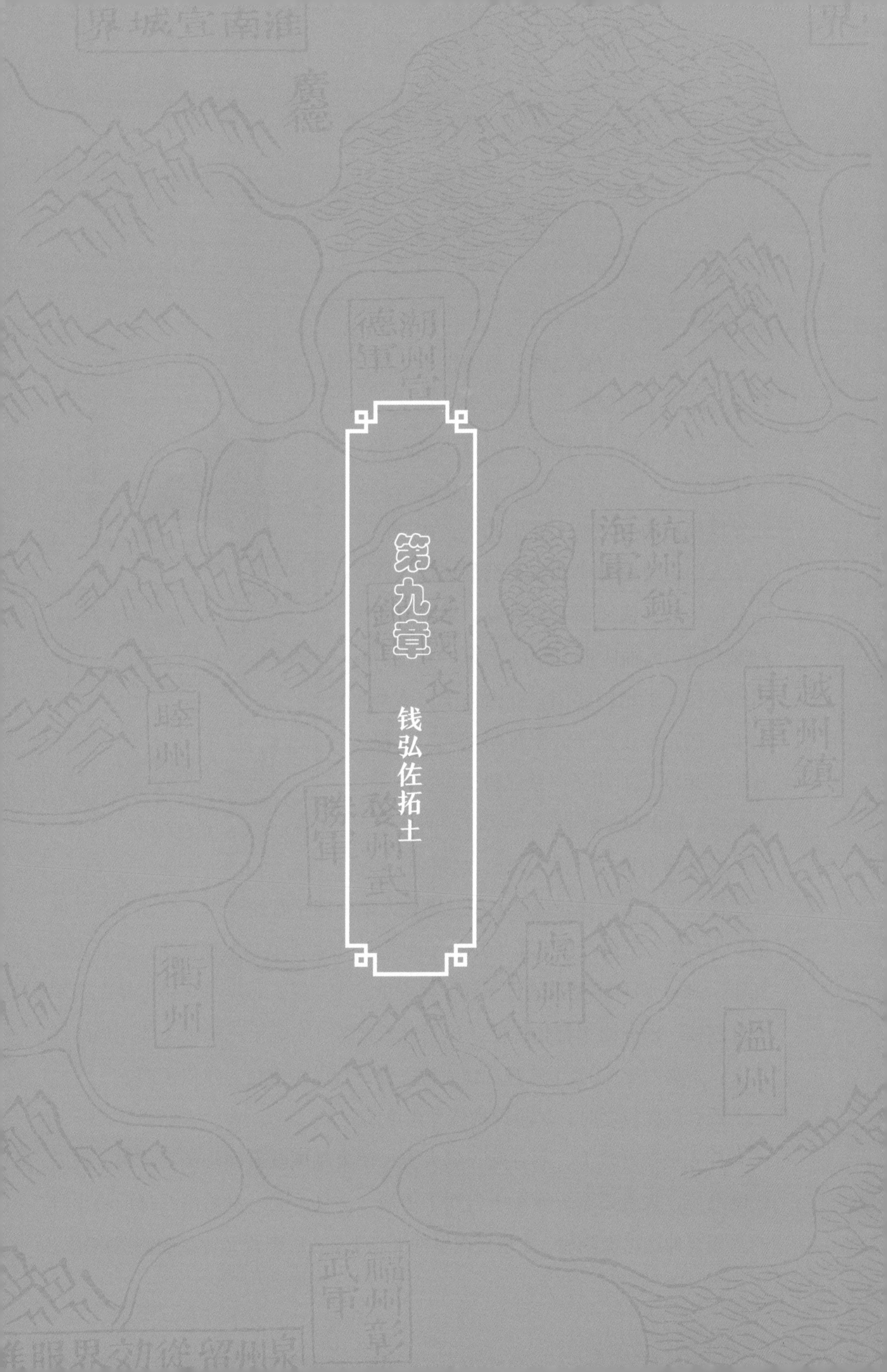

第九章

钱弘佐拓土

一、钱弘佐继位

钱元瓘开始时曾立钱弘僔为世子，以其为吴越国王的继承人。钱弘僔，钱元瓘第五子，母鲁国夫人鄜氏。因钱元瓘前四子皆为养子，故《钱氏家乘》谓其为长子。钱元瓘年近四十，尚无亲生儿子，在王位继承人的竞争中处于非常不利的地位。钱弘僔出生后，钱元瓘非常钟爱，累授至两浙副大使。天福四年（939）二月，敕授果州团练使。吴越国建国，立为世子。八月戊申，钱元瓘建世子府于杭州城北。天福五年（940）四月甲子，钱弘僔去世，终年十六岁。追谥曰孝献。

忠献王钱弘佐像

钱弘僔去世后，钱元瓘改立钱弘佐。钱弘佐，字玄佑，钱元瓘第六子，因钱元瓘前四子都是养子，因此有些文献谓其为次子。后唐天成三年（928），钱弘佐出生于吴越国都杭州。后晋天福五年（940）四月，吴越国世子钱弘僔去世。十二月，钱弘佐任镇海镇东两军节度副使、内衙诸军都指挥使，虽无世子之名，实际上已经成为钱元瓘的继承人。天福六年（941）八月，钱元瓘去世，钱弘佐继位，年仅十四岁。

钱弘佐在位之时，吴越国内忧外患不断。

首先是在财政上，丽春院一场大火，使吴越国政府面临经济危机。钱弘佐刚继位，大赉诸军，而军中言赐予不均，举仗不受。最后由八都旧将出身的丞相曹仲达出面晓谕，才勉强把事件平息下去。后来钱弘佐试图铸造铁钱，以缓解政府的财政压力，虽然铸钱之事由于钱弘亿上书反对，未能成为现实，但从中也可看出，钱弘佐在位之时，吴越国实际上面临着很大的财政危机。

其次，吴越国内也面临内牙军问题。钱元瓘在位时，为了对付手握重兵、镇守一方的钱氏族人，在削弱外镇势力的同时，着力加强吴越国中央军的实力，内牙军的政治地位因此得到加强。钱元瓘有十四子，其中前四子皆为养子，内牙军主要就是控制在这些养子手中。到钱弘佐时，内牙军与钱氏王室的矛盾变得尖锐起来。

吴越王室与内牙军的矛盾，钱弘佐在位时引发了两起大狱，第一次是在天福六年（941），以欲奉钱弘侑篡位的罪名杀死内牙大将戴恽，幽黜钱弘侑；第二次是在开运二年（945），以欲奉钱仁俊在越州篡位的罪名杀死内牙大将阚璠、杜昭达，幽禁钱仁俊，钱弘侑同时被杀。

二、戴阚之狱

钱元瓘有子十四人：弘僎、弘儇、弘侑、弘侒、弘傅、弘佐、弘倧、弘偡、弘俶、弘亿、弘仪、弘偓、弘仰、弘俨。其中前四子皆是义子或养子。而在这四人中，钱弘侒（仁俊）的地位犹为特殊。这是由于钱元瓘久婚无嗣，为取得王位的继承权才过继仁俊为子，不料后来自己生了儿子，他与仁俊的父子关系变得淡薄起来。这一矛盾最终在钱弘佐时引起了两次大狱。

天福六年（941）七月，丽春院发生火灾，延及内城，宫室府库几尽，钱元瓘受惊，得狂疾而亡。年仅十四岁的钱弘佐继位为君。当时的内牙军中，钱弘侑任弓马诸军都指挥使，钱弘倧任衙内诸军副都指挥使，钱弘偡任衙内诸军左都知兵马使，钱弘俶任衙内诸军右都知兵马使，钱弘亿任衙内诸军左右马步都虞候。作为养子的钱弘侑是吴越国内牙军的最高统帅。以下的副都指挥使、左右都知兵马使、都虞候虽然全由钱氏亲子担任，但他们中年纪最大的钱弘倧也不过十三岁，不能真正地控制军队。此外，内牙军中的实权人物还有担任指挥使的戴恽和章德安。戴恽早年曾随侍钱元瓘去田頵那里做人质，共经患难，深得钱元瓘的信任，钱元瓘在世时即悉以军事委之。而且，戴恽的妻属还与钱弘侑有着姻亲关系。章德安也是钱元瓘非常亲信的一员大将，钱元瓘临死时曾对他托以后事。

天福六年（941），钱元瓘刚刚去世，就有人报告说戴恽要谋立钱弘侑。章德安秘不发丧，在幕间伏下士兵，等戴恽入府，即执而杀之，钱弘侑也被贬为庶人，幽禁明州。这件事就是“戴恽之狱”。

钱弘佐虽在章德安的帮助下解决了钱弘侑与戴恽问题，但内牙军的问题却远远没有得到解决。杀戴恽、幽钱弘侑的举动引起内牙军内更大的纷争。

第二年，钱弘佐即对内牙军的领导机构与将领作了调整。阚璠任内衙上统军使，胡进思任内衙右统军使，章德安任内衙上都监使，李文庆任内衙右都监使。胡进思出身唐末土豪，钱元瓘去宣州做人质时，他与戴恽一起随侍左右，很受信用，钱元瓘继位之后，将他擢为大将。元瓘去世，他也是获得顾命的成员之一。在钱弘佐时，胡进思对钱氏忠心耿耿，当时对吴越王室构成威胁的主要是明州人阚璠。

天福七年（942）三月，手握重兵镇守苏州的钱元璙去世；天福八年（943）三月、十一月及次年正月，丞相皮光业、曹仲达、林鼎先后去世，这大大削弱了王国政府制衡内牙军的能力。

天福八年（943）七月，钱弘佐刚即位不久，阚璠就将章德安贬到处州、将李文庆贬到严州，从而大权独揽，钱弘佐完全成为他手上的傀儡。接着他对内牙军的将领又做了调整，由钱仁俊任内外马步都统军使，阚璠自己担任上统军使，胡进思任右统军使，杜昭达、程昭悦任都监使。钱仁俊是当时内牙军的最高统帅，但他身在越州，真正在首都杭州掌握军政大权的仍是上统军使阚璠。杜昭达是八都旧将、现任丞相杜建徽的孙子，他的一个姑姑还是钱仁俊的母亲，彼此是姻亲关系；程昭悦本来是一个商人，后来以财货巴结阚璠、杜昭达两人才成为内衙将领。这样，除了态度暧昧的胡进思外，整个内牙军已在阚璠的控制之下，而阚璠的后面则是钱元瓘的养子、本来有望成为吴越国王的钱仁俊。

钱弘佐采取了分化的手段，拉拢程昭悦、胡进思，对付钱仁俊、阚璠与杜昭达。他首先拉拢商人出身的程昭悦，使程、阚之间产生矛盾与隔阂。但程昭悦开始时并不想倒阚，他采取两面手法，一面在钱弘佐那里邀恩固宠，一面又去向阚璠请罪。阚璠推让一番后说："吾始者决欲杀汝，今既悔过，吾亦释然。"程昭悦一听阚璠这话，担心有朝一日真的死在阚璠手中，从此便全心全意帮助钱弘佐策划倒阚行动。钱弘佐接着拉拢内牙宿将胡进思。

当时传言阚璠想奉钱仁俊在越州登位。钱弘佐和程昭悦为剥夺阚璠的军权,决定把他贬到明州,为了不让阚璠起疑,胡进思也被贬湖州。但贬阚璠是真，贬胡进思是假，胡进思在事后根本没有离开杭州。开运二年（945）十二月，钱弘佐杀阚璠、杜昭达，幽钱仁俊，诛杀流放百余人，同时被杀的还有四年前被放逐在外的钱弘侑。这似乎说明两事之间或多或少有些联系。

三、钱弘佐与南唐灭闽之役

钱弘佐不仅两次成功地解决内牙军的问题，而且还开拓疆土，挫败南唐逐一消灭南方诸国的图谋，并将福州纳入吴越版图，显示了非凡的政治才能。

（一）第一次福州之役

在闽国，王氏兄弟在吴越军队兵临城下的情况下曾经短暂地联手作战，但吴越军队刚走，他们便重开战火。后晋开运元年（944）三月，王延羲因醉杀死控鹤指挥使魏从朗，再次引发了闽国皇帝与军队之间的矛盾，朱文进第二次发动兵变，杀死王延羲，并对王氏宗族进行了一次灭绝性的大屠杀。王延政立即兴师问罪。泉州指挥使留从效伙同副兵马使陈洪进杀死刺史黄绍颇，另立王继勋，向王氏效忠。朱文进派兵攻打泉州，被留从效击败。这时，王延政又率战舰千艘攻到了福州城下。朱文进情急之下，遣子弟为质，向吴越求救。还没等吴越作出反应，南唐立即派查文徽为江西安抚使、边镐为行营招讨都虞候进兵福建。王延政在邵武击败了南唐臧循部，朱文进被迫投降，不久被忠于王氏的一群老兵所杀。王延政暂时重新统一了福建。

但南唐军队仍在建州城下。后晋开运二年（945）二月，在唐军统帅查文徽的要求下，李璟派出了以何敬洙为行营招讨马步都指挥使、祖全恩为应援使、姚凤为都监的后援部队，向福建增兵，并在建州北面的赤岭一战中击败了闽军。而闽国内部内乱又起。这年三月，王潮旧部李仁达在福州发动兵变，杀死了王延政派在那里的都督南都内外诸军事王继昌，立僧人卓岩明为帝，不久又杀卓岩明自立为帝，并击败了王延政前来讨伐的军队。内忧外患交迫之下，王延政再次向吴越求救。但未及吴越出兵，到八月时南唐军队已经攻克建州，俘虏了王延政。九月，汀、泉、漳诸州也相继降服，福州李仁达也表示臣服。闽国灭亡。

但南唐对福建的统治相当薄弱，特别是福州的李仁达与泉州的留从效仍保持着相当大的独立性。开运三年（946）六月，南唐枢密使陈觉主动请缨，南下福州召李仁达入朝。但李仁达见了他态度傲慢，没有一点入朝的表示。陈觉擅作主张，派兵攻打福州。到九月，福州外城已经落入唐军之手。李仁达派徐仁晏、李廷谔出使吴越，奉表称臣，请求救兵。十月，钱弘佐派统军使张筠、赵承泰率水陆兵三万去救福州。十一月，吴越军队潜入福州城内，结果不但没有赶走唐军，反而与李仁达一起陷入唐军的包围之中。吴越国的第一次救援行动没有取得任何成果。

五个月后，后汉天福十二年（947）三月，钱弘佐派出了第二支救援部队。这是一支由余安率领的水军，从海道前去救福州。南唐负责南城守卫的冯延鲁错误地让吴越军队在白虾浦泥滩登陆，结果被吴越与李仁达的军队内外夹击，一举击溃。兵败如山倒，南唐其他各军见状纷纷溃散。吴越占领了福州。

从开运元年（944）到开运三年（946）的两年间，福建方面共三次向吴越请求救兵，前两次吴越均未作出答复，甚至在福建方面第三次请求救兵时，吴越国内进行讨论，大部分将吏仍反对出兵，但年仅十九岁的钱弘佐毅然作出了出兵的决定。

钱弘佐出兵福州与他父亲出兵建州是性质完全不同的两次军事行动。钱元瓘出兵建州，开始时也曾受到对方邀请，但他的本意乃是贪图对方的疆土，想趁着王氏子孙内乱捞点便宜，实际上是对吴越国一贯以来连横抗吴外交政策的一种背叛。而当钱弘佐之时，时易世易，形势起了很大的变化。当时闽国不仅内生变乱，更重要的是外遭侵凌：南唐想吞并福建。因此，吴越国军队的福州之行是完全符合“尊奉中原，连横诸藩，对抗淮南”这一基本国策的。

事实上，与南唐相比，吴越国从闽国的灭亡中获得了更多的战略利益。闽国灭亡之后，南唐在表面上占有了除福州之外的整个福建，但土著出身的留从效仍盘踞漳、泉二州，他名义上是南唐的臣属，实际上是独霸一方的藩国，他后来又与吴越建立了密切的联系，并向中原王朝称臣纳贡，实际上代替原来的闽国成为吴越国的战略伙伴。而且，南唐在这一战役中也耗费了大量的积蓄。

吴越国能取得福州之役的胜利，从吴越国自身讲有三方面的原因。首先是它年轻的君主具有非凡的勇气和坚定的目标。其次，他为这次军事行动作了周密、妥善的部署，让水丘昭券负责用兵，程昭悦负责应援运输，元德昭负责谋划，一切都显得有条不紊。因此，当吴越国的第一支救援部队被困在福州城中时，他能派出第二支援兵。钱弘佐为此募集士兵，组建了一支新军。

吴越能够取胜，更重要的原因恐怕还是它的对手南唐的衰败无能，表现在三个方面：

第一，南唐元宗李璟貌似宽厚大度，实质懦弱无能。当时南唐政府颇受党争的困扰，南方的土著官员与来自北方的侨寓官员之间互相倾轧，缺乏明确、连贯、坚定的对外军事政策。在福建问题上，土著官员主张出兵，但他们提出这一建议只是为了其自身的党派私利，而不是从国家长远的战略利益着眼。开运元年（944），朱文进杀王延羲篡位，南唐枢密副使查文徽上表请对闽用兵，自言攻之必克，但一旦兵临建州城下，听说漳、泉、汀三州已经归附王延政，吓得马上退兵，致有邵武之败。既克建州，土著党人又想趁胜夺取福州，在这一提议遭到李璟的反对之后，枢密使陈觉主动要求去说服李仁达归附，到了福州，见李氏态度倨傲，竟吓得连提都不敢提一下就匆匆而还。事后又觉得无功，矫诏遣人召李仁达入朝，又擅自发兵去逼迎李仁达。李璟对陈觉自作主张、先斩后奏的举动非常恼火，但由于有人对他说，既然已经兵临城下，不可半途而废，也只好如此了。可见，南唐在发动福州之役前未作任何准备，完全是一次带有偶然性、富有戏剧性的军事冒险。

第二，这次军事行动缺乏统一、有效的指挥。镇守建州的永安节度使王崇文虽为统帅，但枢密使陈觉却在他的上面颐指气使；冯延鲁、魏岑也上下其手，争权用事；部下的将领们彼此争功，不能团结作战。而且，由于南唐在取得福建之后没有采取有效的措施加强在那里的统治，泉州刺史留从效虽也参与对福州的进攻，但骑墙观望，不肯出力用命。因此，从开运三年（946）八月到天福十二年（947）三月，整整 8 个月间，南唐军队不能攻克福州。而且，即使吴越海军在白虾浦击败冯延鲁部之后，北城及福州东南尚有大量唐军，根本未受任何损伤，福州外城仍在南唐手中。但当时军中传出谣言，说吴越根本不想占有福州，只想把李仁达接应回去。于是有人建议南唐驻守福州东南面的大将王建封,索性把困在内城的李仁达和吴越国的军队放出城去，全取福州。但王建封不满陈觉的专横，竟烧营而去。留从效见状，当然更不会犹豫，全军而退。接着福州城北的唐军也一哄而散，把好好一座福州城拱手让给吴越。可见，福州之役完全是南唐自己打败了自己。

第三，南唐军队在战术上严重失误。吴越军队在白虾浦登陆时，面对泥泞的海滩，只有铺上竹箦才能上岸，而福州城南的唐军万箭齐射，吴越军队根本连铺竹箦的机会都没有。但南唐大将冯延鲁犯了一个致命的错误，命令停止射击，让吴越军队从容登岸，企图将之一举歼灭，彻底断绝城中的希望。当时手下有人反对，但冯延鲁不听劝告，一意孤行，终致福州之败。

（二）第二次福州之役

钱弘佐占有福州后，命鲍修让镇守福州。

后汉天福十二年（947），李仁达派他的弟弟李孺宾到杭州，要求朝见吴越国王。这年六月，钱弘佐去世。七月，李仁达来到杭州，觐见吴越国新君钱弘倧。但他到杭州后马上后悔起来，向手握兵马大权的吴越国实权人物胡进思求情，要求回福州，胡进思答应了他的请求。但这样一来，福州却出现了两个政治中心，一个是心怀疑忌的福州故主、威武节度使李仁达；另一个是带着重兵驻扎在那里的吴越国东南面安抚使鲍修让。两人互不相容，矛盾愈演愈烈。到十二月，李仁达开始密谋投奔南唐，鲍修让先发制人，带兵攻杀李仁达。事后，钱弘倧派丞相吴程出镇福州。

在南唐方面，土著官员对福州之败似乎耿耿于怀，一心想着报复。三年之后，即后汉乾祐三年（950）二月，以平定建州功臣自居的查文徽再次从建州率兵东下，发动了南唐与吴越之间的第二次福州之役。

据说，战争的起因是福州方面派间谍到建州造谣，说福州已经发生动乱，福州人请查文徽前去接收。自吴越占有福州之后，驻守福州的将士之间即存在着矛盾与斗争，彼此诬构交生。

在战争开始时，南唐方面的陈诲军团率先进攻福州时，刚好遇上大雨，他是顺流而下，以一夕行七百里的速度突然来到福州城下，首先击败了吴越军队。接着查文徽至福州，吴越知威武军事吴程诈遣数百人出迎。当时陈诲曾告诫查文徽，建议不可冒进，但查文徽不听劝告，引兵径进，为吴越所败，查文徽堕马被俘。在这一战中，南唐军队死者万人。陈诲全军退归建州。

这一战役也再次暴露了南唐统治集团的腐败无能。首先是它的主帅仅仅凭着一个传言就轻率地作出了出兵的决定，出兵之后，在其主力与吴越军队展开决战之前，陈诲部已与吴越交手，经此一战，他应该知道事实与传言完全不符，但他未采取相应的应变措施，仍旧盲目进兵，结果自陷于被动的困境。其次，查文徽虽然盲目出兵，但既出之后，也并非全无取胜之道，当时福州城中有很多陈诲的故旧部属，陈诲曾建议持险列寨，招降分化福州城中的闽国旧部，徐图进取，但这个建议遭到了查文徽的拒绝。

汉隐帝乾祐三年（950）十月，吴越将查文徽归还南唐。据说在归还前给他服了毒药，查文徽回去后得了喑疾，无法说话。

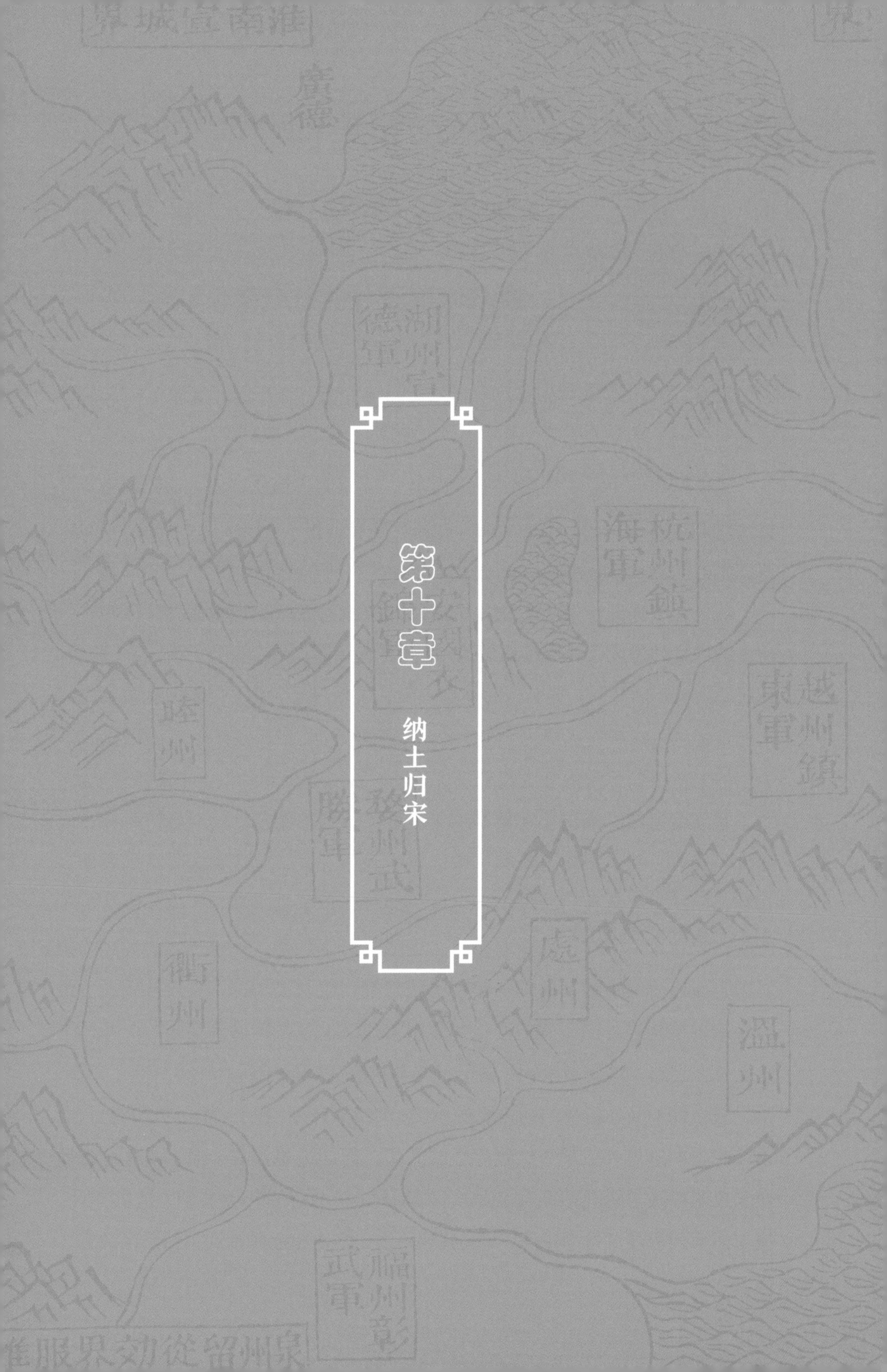

第十章

纳土归宋

一、钱弘倧被废与钱弘俶继位

（一）钱弘倧废立

钱弘倧，字隆道，钱元瓘第七子，因钱元瓘前四子皆是养子，因此有些文献称为第三子。

钱弘倧出生于后唐天成四年（929），起家为内衙指挥使、检校司空。开运元年（944）十一月，出为东府安抚使。寻拜丞相。天福十二年（947）六月，钱弘佐猝死，钱弘倧继位。

钱弘倧被废是吴越国政治生活中的一次重大变故。钱弘倧继位之时，吴越国的内忧外患尚未得到彻底解决。福州虽入吴越版图，但仍受李仁达（孺赟）的统治。至于内牙军，钱弘佐时连起大狱，数杀内牙大将，但未能从根本上、从制度上消灭内牙军人势力。到钱弘倧时，内忧、外患交织在一起，恶性暴发。

首先是钱弘倧与内牙大将胡进思不睦。钱弘倧少年登位，不知稼穑之苦，对士兵赏赐过厚，胡进思上前劝谏，钱弘倧不但不领情，反而把笔一摔，向他大发脾气。胡进思出身低贱，曾以屠牛为业，钱弘倧还拿这事来侮辱他。在福州问题上采取何种政策，钱弘倧与胡进思也是见地迥异。作为内牙军人的胡进思在这一问题上持保守态度，主张放回李仁达，让福州成为吴越的附属国；而代表王室利益的钱弘倧则主张把福州收归吴越国中央直接统治。最后吴越国按胡进思的主张把李仁达放回福州，但李仁达回到福州后，却马上走上独立之路，这无疑激化了钱弘倧与胡进思之间的矛盾。

钱弘倧不断地激化与胡进思的矛盾，却没有计划，没有谋略，更没有行动。他曾想把胡进思外放地方，剥夺他的兵权，但胡进思没有上当。内牙军都监使水丘昭券认为胡进思势力太大，不好对付，叫钱弘倧不要盲动，他也不听；他与何承训密谋对付胡进思，却又犹豫不决，终于导致何承训害怕阴谋败露，索性倒戈投靠了胡进思。胡进思决定先下手为强，于天福十二年（947）十二月三十日，率亲兵发动兵变，杀水丘昭券，废钱弘倧，将之锁入义和院，迎立钱弘俶为王。

钱弘倧被废之后，继位的新君钱弘俶与胡进思曾有一个约定："能全吾兄，则敢承命。"胡进思被迫同意，钱弘倧因此得以保全。后来胡进思曾要求钱弘俶杀钱弘倧，遭到拒绝。据说，胡进思还曾派刺客行刺钱弘倧，因钱弘俶保卫周全而未能得逞。

钱弘倧后被迁至越州。据《嘉泰会稽志》记载，他在越州，"于卧龙山西寝后置园亭，栽植花竹，周遍高下，旦暮登临，讫于四时。倧能为歌诗，亭榭间纪录皆满"。[①] 最后得以善终。

开宝四年（971），钱倧去世，终年四十三岁。宋朝赐谥曰忠让，后人避英宗父赵允让讳改称忠逊。

忠懿王钱俶像

（二）钱弘俶继位及其治国政策

钱弘俶，字文德，后避宋讳去"弘"字，名钱俶。钱弘俶是钱元瓘第九子（《钱氏家乘》作第四子）。天成四年（929）八月二十五日生。天福四年（939）十二月，承制授内衙诸军指挥使、检校司空。钱弘佐在位时累授特进、检校太尉。开运四年（947）三月庚寅，出镇台州。下车数月，法眼宗僧人德韶语王曰："此地非君为治之所，当归国城，不然将不利矣。"其年十二月，内衙统军使胡进思废钱弘倧，迎立钱弘俶。

在钱弘俶时期，文人在吴越国政治舞台上的地位逐步提高。在吴越国中

① 〔宋〕施宿：《嘉泰会稽志》卷九《山》"卧龙山"条，载《宋元方志丛刊》，第6856页。

期，整个国家的大政基本上控制在内牙军人手中，但到钱弘俶上台以后，随着内牙军问题的基本解决，以丞相为首的文人政府的力量有所加强，在他统治时期，一些重大的问题往往是通过丞相来决定的。吴越国对地方政府的控制也得以不断加强。

钱弘俶继位时年仅十九岁，但他表现出一定的政治能力。他是在内牙大将胡进思废钱弘倧后登上吴越国王之位的，继位前他即与胡进思约定要保全钱弘倧的性命，之后又派兵保护弘倧，击退胡进思派来的刺客。胡进思死后，钱弘俶贬其党斜滔、诸温，但没有兴起大规模的狱事。

钱弘俶时吴越国政局稳定，早期的外镇军叛乱及中期的内牙军变乱基本上没再发生，唯显德七年（960）九月曾有外戚吴氏之乱。钱弘俶母兄弟五人，其中吴延福为宁国军节度使，吴延遇为睦州刺史。据说兄弟五人有异图，钱弘俶遣内牙指挥使薛温以兵围其第，吴延遇自杀，余者被徙置外郡。

钱弘俶在经济上采取了一些积极措施。据《吴越备史》记载，他曾“募民垦荒田，勿取租税”，有人曾“请料民遗丁以增赋”，钱俶“命杖之国门”。[①]这些措施受到后来一些史家的高度评价。

钱弘俶崇信佛教，他在位期间大建寺院，前后达数百所，还让一个儿子出家为僧。他曾为延寿的《宗镜录》作序，云：“详夫域中之教者三，正君臣，亲父子，厚人伦。儒，吾之师也，寂兮寥兮，视听无（得）［碍］，自微妙升虚无，以止乎乘风驭景，君得之则善建不拔，人得之则延贶无穷。道，儒之师也，四谛十二因缘三明八解脱，时习不忘，日修以得，一登果地，永达真常。释，道之宗也。惟此三教，并自心修。”[②]可见，钱弘俶表面上说三教并重，实际上却将释教置于第一位，称佛教是儒、道二教之宗。五代十国时期，崇佛的君主大有人在，但从无一人将佛教提到如此的高度。他已将佛教作为吴越国的国教了。

① 《吴越备史》卷四《今大元帅吴越国王》，第6247页。

② 〔五代〕钱俶：《宗镜录序》，载〔宋〕释延寿：《宗镜录》卷首，三秦出版社1994年版，第8页。

钱弘俶在法眼宗僧人德韶前行弟子之礼，封德韶为国师。法眼宗在文益时曾以南唐为传播中心，到德韶时南移吴越，钱弘俶的崇佛政策及其与德韶私人关系无疑起了重要作用。此外，他还积极推动天台宗僧人去日本、高丽取回散佚的天台教籍，对天台宗在吴越、宋初中兴局面的形成起到了重要的作用。

二、吴越国与周世宗征淮南

钱弘俶在政治上秉承吴越国自钱镠以来的尊崇中原、连横诸藩、对抗淮南的军事外交政策。由于南唐自李璟以来先后消灭吴越盟国闽、楚，并一度与吴越在福州发生军事冲突，双方关系紧张，因此如何遏制南唐的军事扩张成为钱弘俶上台后所面临的迫切任务。在此期间，吴越国与中原王朝的军事联系也进一步加强。后周广顺二年（952），钱弘俶就遣使告诉郭威，主动要求出兵攻打南唐，只是当时后周初立，统治尚未稳固，才没有答应钱弘俶的请求。显德二年（955）十二月，周世宗发动征讨淮南之役，吴越出兵相助。淮南之役结束后，后周占有淮南江北之地，而吴越国也从一个相对独立的国家变成中原王朝真正的藩属。后周平淮南之役标志着五代政局发生根本性的变化。

（一）郭威建周与钱弘俶请伐南唐

钱弘俶继位后，中原局势持续动荡。几乎就在钱弘俶继位同时，后汉高祖刘知远的儿子刘承训去世，刘知远因为伤子之痛，于次年正月生病去世。他的另一儿子刘承祐即位，即汉隐帝。苏逢吉、杨邠、史弘肇、郭威四人受顾命辅政。刘承祐在即位后的第二年，即乾祐二年（949），仗郭威之功，平定西部三个藩镇的叛乱，内心开始变得膨胀起来。乾祐三年（950），刘承祐与外戚近幸发动政变杀死杨邠、史弘肇，同时密令杀郭威。郭威在邺都举兵进攻开封，刘承祐在逃跑路上被乱兵所杀。郭威进入开封后，先与百官商定立刘崇之子刘赟为嗣。接着，郭威以契丹入寇之名带领大军出征。大军行至澶州，士兵把黄旗披到郭威身上。郭威回京监国，次年正月即皇帝位，正式建立后周。建立不过三年的后汉王朝就此覆灭。刘知远之弟刘崇同时在晋阳称帝，建立北汉。

郭威即位第二年，即后周广顺二年（952），钱弘俶就遣使告诉郭威："觇得淮南去年兴兵取湖南七州，近又以众于（彬）[郴]连屯守，欲攻容桂，当道调发两路进军，水取漳、泉，陆取汀、建，望朝廷（聊）[辄]出天兵以为犄角之势。"钱弘俶主动要求出兵攻打南唐，只是当时后周初立，统治尚未稳固，郭威没有答应钱弘俶的请求。

钱弘俶主动要求攻打南唐，与南唐当时野心勃勃的扩张行动有关。当时南唐元宗李璟在位，对外采取比较激进的扩张政策。后汉政权初建，乾祐元年（948）二月，南唐派皇甫晖收罗淮北群盗。十二月，南唐军渡淮进攻后汉，被后汉军队击败。广顺元年（951），即郭威代汉之年，当时南方也发生了一件大事，即南唐灭楚。南唐自李璟继位后，已经连灭闽、楚两国，虽然吴越国在南唐灭闽之役中占据了福州，取得了比较有利的战略利益，但吴越国长期以来一直与闽、楚唇齿相依，两国的灭亡不能不使钱弘俶心生警惕。他在南唐灭楚之后的第二年主动请求与后周一起进攻南唐，正是在这种形势下提出的。

但在当时，后周政权初立，国内外局势都不稳定。在内部，一些藩镇并不听命于中央，尤其是刘知远的同母异父弟、泰宁节度使慕容彦超，与郭威互相猜忌。郭威初即帝位，曾任命慕容彦超为中书令加以安抚，但慕容彦超终于还是在广顺二年（952）起兵叛乱。

而且，后周的财政状况也极其拮据。契丹入侵中原，给中国北方地区尤其是河北地区带来灾难性破坏。《资治通鉴》在叙述郭威"黄旗"加身前，曾有一段话概括后汉隐帝时的经济状况，谓：

> 是时承契丹荡覆之余，公私困竭，章措摭遗利，吝于出纳，以实府库。

属三叛连衡，宿兵累年而供馈不乏。[①]

由于藩镇叛乱，契丹入侵，朝廷的军事开支异常庞大。后汉时总管财政的王章曾奏请“罢不急之务，省无益之费以奉军”，就是为此。后汉仅存三年，后周建立后经济窘促的局面并未得到根本性改变。后来周世宗进行经济改革，加强中央财权，甚至限制佛教，向佛教寺院要土地、要铜钱，就是为应对这种经济窘境而迫不得已采取的举措。

在外部，郭威代汉后，刘知远之弟刘崇在太原称帝，建立北汉。刘崇外结契丹，向契丹输钱十万缗，自称侄皇帝。广顺元年（951）六月，契丹遣使册立刘崇为皇帝。北汉和契丹军队多次进攻后周，这进一步加剧了后周的财政负担。

因此，郭威建周之初，在对外政策上尽量收缩。即使面对有夺国之仇的北汉，郭威也摆出示好姿态，在即位之初就主动归还对方战俘，只是在北汉主动进攻时才被迫抵抗。对契丹，郭威也严禁边将进入契丹境内抢掠。对于南唐，郭威更是一再退让，不断做出谦卑姿态。广顺元年（951）三月，郭威刚登基，就下令南部边疆各守疆域，不禁商旅。四月，淮南发生灾害，饥民入境籴谷，郭威并不加以禁止。广顺二年（952），慕容彦超叛乱，南唐派兵支援慕容彦超。郭威却释放南唐俘虏，向南唐释放善意。因此，郭威拒绝钱弘俶讨伐南唐的请求也在情理之中了。

（二）周世宗约钱弘俶共攻南唐

后周广顺三年（953），郭威得病，次年去世，养子郭荣（柴荣）即皇帝位。显德元年（954），郭荣在即位第二个月，就率兵北上，征讨北汉，于高平大败北汉军队。他在战争进行过程中，又处决了消极怠战的将领，巩固了皇位。显德二年（955）十二月，周世宗征淮南之役开始。

① 《资治通鉴》卷二八九后汉隐帝乾祐三年十一月乙亥条，第 9429 页。

此时形势已与周初相比发生了较大改变。一方面，北方地区经过郭威数年休养生息和政治改革，社会渐趋安定。郭荣即位后，停废大批寺院，禁私度僧尼，收购民间铜器佛像铸钱，招垦逃户荒田，颁《均田图》，均定河南等地六十州田赋，减免租税；招抚流散，兴修水利，发展经济；又扩建京城，恢复漕运；他还检阅禁军，淘汰老弱，募天下壮士，命赵匡胤组建殿前诸班。

与此同时，作为后周最强劲的对手，在契丹、北汉与南唐方面，局势却向着有利于后周的方向发展。

就在郭荣继位的同年，北汉创立者刘崇去世，子刘承钧继位。北汉毕竟国力弱小，地狭民贫，此前为报郭威夺国之仇，联结契丹连续多年进攻后周，但经高平一战，实力受损。北汉从刘承钧开始趋于守势。

在契丹方面，辽太宗耶律德光去世后，侄辽世宗耶律阮（兀欲）继位。此后辽朝内部混乱，开始进入中衰期，收缩了对中原的侵掠步伐。广顺元年（951），就在郭威建立后周当年，辽国发生政变，辽世宗被杀，辽太宗之子耶律璟（述律）继位，是为辽穆宗。耶律述律嗜酒，常昼寝不上朝，被国人称为“睡王”。辽穆宗统治时期，辽部族贵族也经常发动叛乱。因此，周、契丹关系从周世宗后发生了转折，后周开始从防守转向进攻。正因为如此，周世宗在平淮南之地后不久就发动了北伐契丹之役，攻取三关之地。后虽因病去世，未能尽取燕云十六州，但毕竟说明后周与契丹已经易势。正因为如此，周世宗在南征淮南时，南唐曾派使者向契丹、北汉求援，但无论是北汉还是契丹，都未给予南唐实质性的支持。

而在南唐方面，灭楚之役如同灭闽之役一样，南唐在灭楚后迅速失去了对湖南地区的控制。如同吴越国在南唐灭楚时占领福州一样，南汉也在南唐灭楚时挖南唐的墙脚，出兵北上，打败南唐边镐军，攻占了郴州。就在南唐灭楚的第二年，广顺二年（952），原楚国将领刘言、王逵等人进攻潭州，控制了湖南，并上表后周表示效忠。南唐将领边镐等纷纷弃城而逃。正因为如此，这些湖南的新占领者在周世宗南征时还和吴越国一样，派兵助攻，王逵还攻克了鄂州长山寨。

南唐在灭楚之役中费兵耗财，不但没有获得任何战略利益，反而使财政状况变得日益拮据。这些大规模战役耗尽了南唐的国库积蓄。《钓矶立谈》即称兴兵以来“未及十年，国用耗半”。显德六年（959）七月，南唐铸大钱，正是这财政窘境的反映。而且，对外战争的失败反过来又加剧了内部的倾轧与党争。广顺二年（952），李璟任命冯延巳为相，引发了土著派与侨寓派的激烈斗争。冯延巳与徐铉还在屯田改革问题上互相争论，冯延巳为相，支持修白水塘溉田屯田。徐铉以侵夺民田、大兴力役为由反对。就在后周与南唐战争正在激烈进行的时候，南唐还发生了皇位继承人的斗争。显德五年（958）三月，李景遂（李昪第三子）辞皇太弟。李璟立李弘冀为太子。八月，太子李弘冀毒杀李景遂。显德六年（959）十月，经常出使后周的钟谟挟周自重，他与李璟在立嗣问题上产生分歧，李璟想立李从嘉（李煜），钟谟主张立李从善。最后，李璟贬杀钟谟。可以这么说，周、唐战争的前后，正是南唐历史上党争最为剧烈的时候。

力量消长改变了五代政治格局。很多有识之士都看到了后周有统一天下的趋势和志向。“帝常愤广明以来中国日蹙，及高平既捷，慨然有削平天下之志。会秦州民夷有诣大梁献策请恢复旧疆者，帝纳其言。”[①] 后蜀听到风声，也采取措施准备防御后周进攻。显德二年（955），王朴上《平边策》，分析了当时后周的四大反对势力吴（南唐）、蜀、幽（契丹）、并（北汉），认为于“攻取之道，从易者始。当今惟吴（南唐）易图”，“得吴，则桂、广皆为内臣，岷、蜀可飞书而召之。如不至，则四面并进，席卷而蜀平矣”。后来周、宋统一天下的进程基本是按着这个策略进行的。

正是在这种情况下，周世宗约吴越国共击南唐。“吴越王弘俶遣元帅府判官陈彦禧入贡，帝以诏谕弘俶，使出兵击唐。”[②]

① 《资治通鉴》卷二九二后周世宗显德二年三月条，第 9524 页。

② 《资治通鉴》卷二九二后周世宗显德二年十二月丙戌条，第 9534 页。

（三）周世宗攻克寿州

显德二年（955）十二月，周世宗征淮南之役开始。后周主力攻打寿州，企图在攻下寿州后乘胜直逼南唐首都金陵。但他们在那里遇到了南唐守将刘仁赡的顽强抵抗，久攻不克。最后被迫兵分两路，一方面绕过寿州，派兵直捣南唐腹地，赵匡胤攻下了寿州与江宁之间的滁州；另一方面，分兵攻打南唐两翼，韩令坤向东攻克扬州，王审琦向西攻克舒州。

吴越国对是否应该参加这次淮南战役，内部曾有过激烈的争论。当时吴越国的两个丞相，一个是吴程，一个是元德昭。周世宗征淮南时，令钱弘俶出兵相助，因此南唐虽把防务重心放在北方对付后周军队，但也没有放松对吴越的警惕，曾派使者安抚江阴吏民。但吴越的苏州营田指挥使陈满却错误地把这一情报当作是周朝使者已到江阴，遣使安抚，认为常州无备，建议吴程攻打常州。钱弘俶不顾丞相元德昭反对，听从吴程的建议，与南唐开战。

吴越与南唐的战争在三个战场进行。显德三年（956）二月，丞相吴程与衢州刺史鲍修让、中直都指挥使罗晟带领主力，越过太湖东北，直趋常州，与后周攻打扬州的韩令坤部互相呼应；上直都指挥使路彦铢越过太湖之南直取宣州，与后周攻打舒州的王审琦部互相呼应；此外，两国还在福州发生武装冲突。

吴越北征常州的主力部队在战争刚一开始时取得了一些胜利。罗晟的战舰进驻江阴之后，南唐的静海制置使姚彦洪率兵民万人投奔吴越。到这年三月，吴程攻下了常州，俘虏了南唐的常州刺史赵泽。但吴程不久即在常州被南唐大将柴克宏战败，被斩首万级。柴克宏是淮南名将柴再用之子。在战争开始前，南唐方面遣中书舍人乔匡舜出使吴越求和。柴克宏到常州后，在他的船外蒙上幕布，内匿甲士，声言迎接乔匡舜。有人报告吴程，吴程以为不可妄以为疑，竟不加防备，让南唐军队轻松登岸。当时吴越指挥常州之战的统帅是丞相吴程与大将鲍修让、罗晟，鲍、罗二人在福州时曾与吴程有隙，在战争中，罗晟故意不力战，纵之使趋吴程的营帐。

在宣州战场，路彦铢久攻不克，后来听说常州失败，也就忙着退军。南唐的宣州自杨吴以来，王茂章、田頵、李遇等人相继叛乱，后来担任此职的大将为了避免嫌疑，甚至城隍不修，战守无备。直到柴克宏任宣州巡检使时才重新加以修葺。

同时，吴越军队在福州也为陈诲所败。

周世宗征淮南的过程并不轻松。显德三年（956）下诏亲征，但后周军队久攻寿州不克。四月，南唐孟俊夺回扬州，韩令坤弃城而逃。郭荣曾想亲自到扬州指挥作战，但宰相范质以“兵疲食少”谏止。五月，郭荣命李重进继续围攻寿州，自己回到开封。郭荣离开后，南唐镇守寿州的大将刘仁赡从城中杀出，击败后周李继勋部。七月，南唐朱元收复舒州、和州。郭荣听取向训建议，命扬州兵参与围攻寿州。八月，南唐援军林仁肇部在下蔡败后周张永德军。而且，南唐另一支大军李景达部屯兵濠州，由陈觉实际指挥。濠州在寿州之东、扬州之北，隐隐有切断后周军队归路之势。

吴越与南唐的较量，与后周、南唐的正面战场相比，其作用微不足道，无关整个战争最后的胜负，但它仍对战局的发展带来一定的影响。常州之役后不久，柴克宏去世，参与常州之役的另一员南唐大将陆孟俊挥师北上，从韩令坤手中夺回了扬州。因此，从某种意义上来说，常州之役延缓了整个战争的进程。常州之役以后，吴越国再也无力发动有效的攻击。这年，钱弘俶在境内募兵，钱弘亿上疏反对。吴越国内对于是否参战本来就有争议，钱亿上疏反对，表明国内反战力量抬头。

在吴越国军队遭到失败的同时，湖南王逵应援后周的部队也遇到了挫折。王逵奉命攻打鄂州，途经岳州时被部下潘叔嗣所杀。

尽管韩令坤后来重新夺回扬州，活捉陆孟俊，但吴越进攻常、宣二州失败，以及王逵之死使后周东、西二线失去接应，而且后周主力攻打寿州也遇到刘仁赡的顽强抵抗，久攻不下。在这种情况下，周世宗决定集中全部兵力，先攻寿州。显德三年（956）十月，后周张永德部在下蔡败南唐军。十二月，郭荣命张永德在下蔡筑城。寿州在淮河之南，下蔡在淮河之北。后来周世宗平定淮南，下蔡成为寿州治所，寿州从淮南之城变成淮北之城。但在此时，下蔡则是后周的前线指挥基地。显德四年（957）二月，郭荣再次亲征，来到下蔡指挥作战。而恰在此时，寿州城外的南唐大军发生内斗。收复舒州的大将朱元恃功不服从命令，陈觉准备夺取朱元兵权，朱元降周。郭荣亲自率军大败南唐军。李景达、陈觉逃回金陵。而在寿州城内，主将刘仁赡得病，监军使以刘仁赡名义向周上降表。郭荣入寿州城，寿州移治下蔡，后周基本平定淮南。四月，郭荣回开封。

（四）周世宗平淮南对吴越国的政治影响

但此时淮南尚有多个州县未降。显德四年（957）十月，周世宗第三次亲征淮南。十二月，泗州、濠州降。显德五年（958）正月，郭荣命韩令坤权扬州军府事，并在扬州修筑新城。不久，后周军队先后攻克静海军和楚州。三月，南唐奉表称臣。周、唐双方达成和议，李璟自称唐国主，江北诸州归后周。

在扬州期间，郭荣做了两件十分重要的事，对吴越国与中原王朝关系产生了重大影响。第一件事即为占领南唐静海军，打通了中原王朝与吴越国交往的陆上通道。在唐末与五代初期，吴越国与中原王朝的交往主要通过陆上绕道福建、江西、湖南、湖北进行。吴国占有虔州后，吴越国与中原王朝的交往主要通过海上航运进行。静海军就是现在的南通，与吴越国治下的苏州隔江相对。后周占领静海军后，吴越国与中原王朝恢复了中断四十年之久的陆上交通。静海军有狼山，形势险要。三十九年前，钱元瓘曾率吴越水师在此击败吴国军队。

《资治通鉴》记载静海军时，胡三省注曰："南唐于海陵之东境置静海都镇制置院，周取其地，置静海军，寻升为通州。通州南至大江二十四里，绝江而南，即吴越之苏州界。"[①] 在吴越国境内，也有一个与静海镇相对应的海上重镇福山，与静海镇隔江对峙。《资治通鉴》卷二九四在讲到后周攻下静海军时，胡三省注云："先是，唐于海陵之东境置静海都镇制置院，西至

① 《资治通鉴》卷二九二后同世宗显德三年二月癸巳条，第 9542 页。

海陵二百七十五里。宋白曰：静海军本扬州狼山镇地，南唐于狼山北立静海制置院，周得之，建静海军，寻升为通州。”又云：“自静海军东南至江口，于狼山之西渡江登陆，抵福山镇，则苏州常熟县界，吴越之境也。”[①]《琴川志》卷一《镇》：“福山镇，在（常熟）县北四十里，临江。”[②]同书卷五《江防》云：“钱氏有国，始于福山置戍以防南唐之寇。”[③]可见福山是浙西具有重要战略地位的一个港口。直到后来南宋时，福山曾置水军寨，置巡检司，又置商务收取商税，既是南宋防范金兵南侵的战略要冲，也是重要的贸易港口。

周世宗在扬州做的第二件事就是从楚州浚鹳水入江。《资治通鉴》卷二九四详载其事：

> 上欲引战舰自淮入江，阻北神堰，不得渡；欲凿楚州西北鹳水以通其道，遣使行视，还言地形不便，计功甚多。上自往视之，授以规画，发楚州民夫浚之，旬日而成，用功甚省，巨舰数百艘皆达于江，唐人大惊，以为神。[④]

顾祖禹《读史方舆纪要》在记载此事时说：“盖由鹳河出山阳渎以入江也。或谓之灌口。隋大业中，筑汴堤，自大梁至灌口，即此。”[⑤]因此，从楚州浚鹳水入江的真正意义是打通了后周首都开封至长江的运河航线。郭荣疏浚鹳水是在显德五年（958）正月。三月，他又疏浚汴口。次年二月，他疏浚蔡汴诸水。如《资治通鉴》所言，疏浚鹳水之后，“巨舰数百艘皆达于江”，后周已经控制了长江航道。郭荣虽未一举平定南唐全境，但南唐从此置于中原政权的军事监控之下。

这两件大事也增强了中原王朝与吴越国的联系，也加强了中原王朝对吴

① 《资治通鉴》卷二九四后周显德五年正月壬辰条，第 9578 页。

② 〔宋〕孙应时纂修，鲍廉增补，卢镇续修：《琴川志》卷一《镇》，《宋元方志丛刊》本，第 1166 页。

③ 《琴川志》卷五《江防》，第 1200 页。

④ 《资治通鉴》卷二九四后周世宗显德五年正月己丑条，第 9577—9578 页。

⑤ 〔清〕顾祖禹：《读史方舆纪要》卷二二《南直四》，中华书局 2005 年版，第 1077 页。

越国的影响与控制。郭荣平定淮南后不久，在北伐契丹时死于途中。不久赵匡胤代周建立宋朝。建隆元年（960），赵匡胤讨伐扬州李重进，钱俶（入宋后，钱弘俶为避宋太祖之父赵弘殷讳改名钱俶）命孙承祐率师至润州接应。乾德二年（964）十一月，宋伐后蜀，钱俶派孙承祐率兵相助。宋朝讨伐扬州李重进，吴越国近在咫尺，派兵助战，尚在情理之中。宋伐后蜀，吴越国派兵助战，则是因为中原王朝与吴越国陆上交通恢复之故，吴越国军队可渡江北上，直达中原。

周平淮南之役标志着五代政局发生根本性的变化，也标志着吴越国与中原王朝的关系发生本质的变化。在这一战役之后，吴越国对中原王朝使者的态度有了明显的变化。在此以前，吴越国名义上向中原朝廷称臣纳贡，实际上是并起并坐的两个国家，后唐使者甚至还在钱镠面前拜舞称臣。但到淮南之役以后，情况就起了变化。显德五年（958）八月，曹彬出使吴越，赐钱弘俶骑军钢甲二百、步军甲五千及其他兵器，吴越对他极其恭顺。原来吴越君主接见中原来使，是南面就座的，而此后，吴越君主与使者东西对坐。战争之后，吴越与中原王朝的陆上交通恢复，交纳贡赋激增。在淮南之役以前，吴越国还是一个相对独立的国家，而到淮南之役以后，吴越国成了中原王朝真正的藩属。

三、吴越国与宋灭南唐

开宝七年（974），宋太祖赵匡胤发动征讨南唐之役，吴越国又一次出兵相助。钱俶甚至一度亲至常州前线。开宝八年（975）十一月，宋与吴越联军灭南唐。吴越军出兵助战，攻克常、润二州。

吴越与宋的军事联系由来已久。建隆元年（960），宋至扬州讨伐李重进，钱俶命孙承祐率师至润州接应。乾德二年（964）十一月，宋伐后蜀，钱俶派孙承祐率兵相助。开宝三年（970），宋伐南汉，又命吴越出兵攻打富州，后以路远而罢。

宋太祖赵匡胤很早就有了吞并南唐的图谋。宋平南汉之后，当时赵匡胤登基已久，统治已经相当稳固，且自建隆四年（963）至开宝四年（971）间，次第平定湖南、荆南、后蜀、南汉。南方诸国只剩下南唐、吴越与割据泉、漳的陈洪进等三个势力。陈洪进地小力弱，吴越是宋的军事盟国。当时北方虽然还有一个北汉，但赵匡胤统一全国的战略是先南后北，加上他在开宝二年（969）、三年（970）攻打北汉未成，接下来的目标便转向南唐。但宋朝政府并没有在灭南汉一结束就对南唐下手，而是在事前做了很多准备工作，包括争取吴越相助。当时赵匡胤还在东京薰风门外建造府第，连亘数坊，栋宇宏丽，赐名礼贤宅，说李煜与钱俶，谁先来朝，即以此第赐之。

灭唐之战开始后，宋军兵分三路向南唐进攻。第一路以荆南为战略基地。开宝七年（974）十月壬辰，以曹彬为昇州西南面行营马步军战棹都部署，率主力从荆南向东进发，一路势如破竹，至闰十月壬戌日已屯兵采石矶，十一月渡过长江。第二路以潭州为战略基地，进攻江西。第三路以杭州为战略基地，以钱俶为昇州东南面行营招抚制置使，以丁德裕为监军，进攻常、润二州。开宝八年（975）四月，钱俶攻占常州。其间曹彬所部宋军主力也小有斩获，但始终未能攻克金陵。这年七月，赵匡胤下令暂缓攻势，派人招降李煜，钱俶也趁这一间歇回到杭州。九月，吴越大将沈承礼与宋将丁德裕攻克润州，并同曹彬所率主力会合。十一月，宋与吴越联军攻克金陵。

吴越这次军事行动与周世宗征淮南之役相比，进展要顺利得多。究其原因，一则是南唐自淮南之役后，国势日蹙。吴越军队能够攻克常、润二州，皆由南唐军内不稳所致。钱俶率兵围攻常州，刺史禹万成拒守，大将金成礼劫万成以城降。当吴越军队进攻润州时，当时南唐方面镇守润州的是李煜的心腹刘澄。但刘澄却心怀向背，吴越军队兵临城下，他举城投降。二是从军事上而言，经过内部的整顿，中原王朝对南方诸国具有不可抗衡的优势。在宋灭南唐之役即将开始时，对于是否应该参与此役，吴越内部也曾有过激烈的争论，丞相沈虎子反对出兵，认为出兵援宋无异于自撤其藩蔽，但钱俶不听劝阻，并罢免了他丞相的职务。在战争进行的过程中，李煜曾给钱俶写信，说："今日无我，明日岂有君？明天子一旦易地酬勋，王亦大梁一布衣耳。"[①] 结果钱俶把这封信交给了宋朝廷。而且，在具体军事行动中，吴越助宋灭南唐，与吴越助周征淮南又有所不同。吴越虽然帮助周世宗攻打淮南，但独立行动，到吴越助宋灭南唐的时候，宋遣客省使丁德裕以禁兵步骑千人为吴越军的前锋，且监其军，吴越的军事行动受到了宋朝方面的监督。

四、钱俶入朝与纳土

（一）钱俶入朝

开宝八年（975）十一月，宋与吴越联军灭南唐。开宝九年（976）正月，钱俶入开封朝觐。二月，到达开封。三月，钱俶离开开封。四月，回到杭州。

钱俶入朝事见于众多宋人笔记中，但其记载的正确性不免真假互见。

钱俶在开封期间，备享荣遇。在入朝之前，宋太祖遣皇子赵德昭到睢阳迎劳；入朝之后，他两次临幸钱俶所住的礼贤宅，在长春殿、大明殿多次大宴款待，又数次召钱俶父子入苑宴射，甚至让钱俶与自己的弟弟赵光义、赵廷美叙兄弟之礼，后因钱俶叩头坚辞才罢。其间，宋太祖还不顾臣下的反对，将钱俶之妻孙氏册封为吴越国王妃。

但是，钱俶为这次入朝也付出了沉重的代价，其所贡奉亦增倍于前。

据说，在开封期间，宋太祖曾对他许下了"尽我一世，尽你一世"的诺言。但赵匡胤并不是真的不想吞灭吴越国，只是时机未到。况且，他的话中尽留着行动的余地。更妙的是，在钱俶回国之前，赵匡胤很神秘地送给他一个黄色包袱，封识甚严，嘱他途中密视。钱俶途中一看，原来全是乞留钱俶的章疏。赵匡胤这一手恩威并施，效果的确非常好，据说钱俶看了后"益感惧"。[②]

① 〔宋〕李焘：《续资治通鉴长编》卷一五宋太祖开宝七年八月丁亥条，中华书局1995年版，第328页。

② 《续资治通鉴长编》卷一七宋太祖开宝九年三月辛未条，第366页。

（二）吴越纳土

钱俶回杭不过半年，宋太祖去世，宋太宗登极。当年力主把钱俶留在开封的诸大臣中，为首之人就是赵光义。太平兴国三年（978）二月，钱俶第二次入京朝觐。三月，到达开封。

当时，宋朝重新统一中国的趋势已经非常明显，钱俶也预料到此行可能意味着吴越国的终结。临行前，他哭祭宗庙，说："嗣孙俶不孝，不能守祭祀，又不能死社稷，今去国修觐，还邦未期，万一不能再扫松槚，愿王英德各遂所安，无恤坠绪。"① 尽管如此，他还是希望保持吴越国的独立地位，入朝前"尽辇其府实而行"，希望能取悦宋廷。

当时同时来京朝觐的还有割据漳、泉二州的陈洪进。四月，陈洪进纳土。宋朝的宰相卢多逊也竭力劝宋太宗扣留钱俶。钱俶企图返国，故厚其贡奉，以取悦朝廷，但未能收到成效，他又上表乞罢所封吴越国王及解天下兵马大元帅之职，寝书诏不名之制，且求归本道，也遭到了宋朝廷的拒绝。五月，钱俶纳土。

在纳土之前，吴越国大臣内部曾有过一番激烈的争论，以崔仁冀为代表的一些人主张纳土，光禄大夫张质等大部分臣下反对纳土。最后，钱俶听从了崔仁冀的意见。

五、钱俶之死

钱俶归宋后改封淮海国王。雍熙四年（987）后改封南阳国王，又改许王、邓王，赴南阳任职。端拱元年（988）八月，即在归朝十年之后，钱俶离开人间，终年六十岁。追册为秦国王，谥曰忠懿。端拱二年（989）正月葬于洛阳。

钱俶去世之日，正是八月二十四日，刚好在他生日当天。当时宋太宗恰遣使赐生辰礼物，《五代诗话》谓南唐李煜因"小楼昨夜又东风，故国不堪

① 〔宋〕释文莹：《玉壶清话》卷七，中华书局 1984 年版，第 69 页。

回首月明中”之句遭杀身之祸，而钱俶也有“帝乡烟雨锁春愁，故国山川空泪眼”这样的感时伤事之作，怀疑钱俶是被宋太宗毒死的。但现在学者大多不认同这种看法。

钱俶生性谨慎，归宋后很少参与政治，唯与卢多逊交游甚密，似被纠入涪陵狱事。卢多逊结交秦王赵廷美事发，据查“阎怀忠尝为廷美所遣，诣淮海王俶求犀玉带、金酒器，怀忠受俶私遗白金百两、釦器、绢扇等”。[①]又据钱惟演《家王故事》，卢多逊罢相后，赵普曾召钱俶子惟濬到中书，对他说：“朝廷知卢多逊求取元帅财物甚多，今未亟行者，为元帅故也。请具所遗之物列状上之。”[②]钱惟濬回来告诉钱俶，怀疑这可能是宋太宗本人的意思，钱俶立即焚毁与朝廷大臣交往、赂遗簿籍。此事可能引起宋太宗的反感，但无法证明宋太宗曾杀钱俶。

① 《续资治通鉴长编》卷二三太平兴国七年四月戊辰条，第 517 页。

② 〔宋〕钱惟演：《家王故事・焚案账》，载《全宋笔记》第 10 编第 12 册，大象出版社 2018 年版，第 57 页。

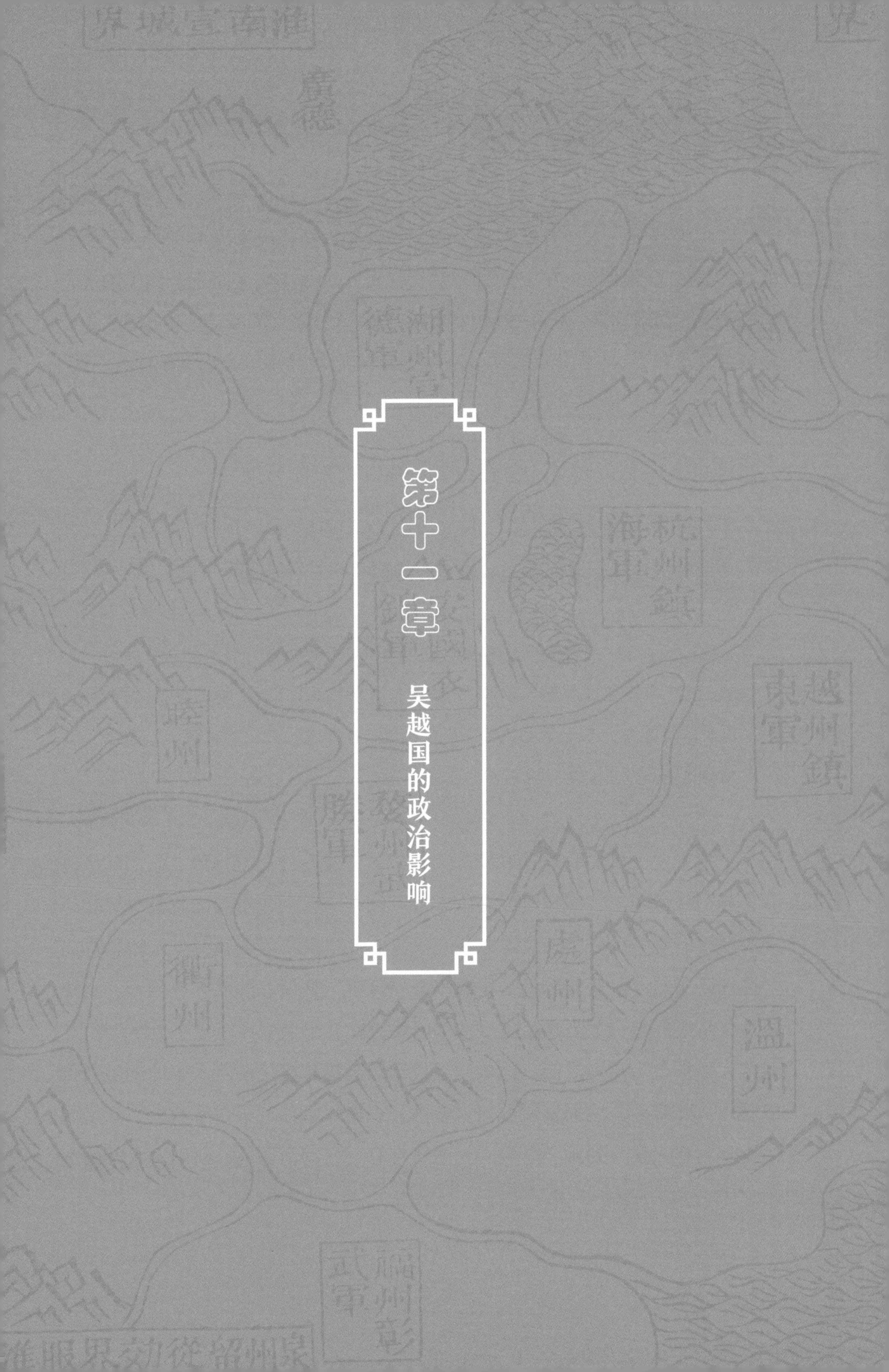

第十一章

吴越国的政治影响

吴越国纳土归宋，有重大政治影响。首先，从钱氏家族本身而言，吴越纳土，造就了钱氏家族在宋代的兴盛。其次，从两浙地区而言，钱氏纳土，造就了宋代两浙地区的经济繁荣与两浙官僚士大夫阶层的崛起。最重要的是，吴越国纳土归宋，是中国和平统一的典型历史事件，体现了中华文明的统一性。

一、钱氏外戚与科举家族

（一）功勋家族

《续资治通鉴长编》卷二〇太平兴国四年正月乙未条有一则记载：

> ［宋太宗］宴潘美等于长春殿，上亲授方略以遣之。时刘鋹及淮海王俶、武宁节度使陈洪进等皆与，鋹因言："朝廷威灵及远，四方僭窃之主，今日尽在座中。旦夕平太原，刘继元又至，臣率先来朝，愿得执梃，为诸国降王长。"上大笑，赏赐甚厚，鋹诙谐类此。[①]

这件事发生在太平兴国四年（979）。在此前一年，割据漳、泉的陈洪进和吴越国钱俶纳土，宋朝完成对南方地区的统一，五代十国诸政权中只剩下北汉还没有统一。宋太宗决定北伐北汉，为北伐大将潘美饯行。刘鋹自称为"诸国降王长"，而实际上，在座三个"降王"钱俶、陈洪进与刘鋹，刘鋹的地位是最低的。钱俶、陈洪进因有纳土之功，并未像刘鋹一样被当作"降王"对待，而被视为功勋之臣。这从原五代十国割据政权统治者入宋后的官爵可以看出，降宋后，后蜀皇帝孟昶封秦国公，南汉皇帝刘鋹封恩赦侯，江南国主李煜封违命侯。刘鋹、李煜的封爵还带有一定的侮辱性。而纳土入朝的钱

① 《续资治通鉴长编》卷二〇太平兴国四年己未条，第443—444页。

俶由吴越国王改封为淮海国王，陈洪进由清源节度使改封为武宁节度使，相当于平级调动。钱俶在所有“降王”中官爵是最高的。太平兴国八年（983），钱俶请求罢免自身官职时曾自述身上兼职：

> 臣以蕞尔之躯，蒙被恩宠，赋禄百万，兼职数四。元帅之任实本于兵权，国王之号盖屏于帝室，尚书总百揆之重，中书掌八柄之繁，维师冠于上台，开府当于极品。[①]

有学者认为，“当时钱俶的职、爵、散官、检校官均达顶峰。他在宋代官僚体系中的崇高地位可想而知。”[②]《宋史》本传也说：“［钱］俶任太师、尚书令兼中书令四十年,为元帅三十五年。……善始令终,穷极富贵,福履之盛,近代无比。”[③]这是功臣地位的反映。

就在钱俶纳土之时，宋太宗颁下诏书，说钱俶“大勋于策府”，[④]肯定了钱俶功臣地位。端拱元年（988），钱俶去世，宋太宗追封为秦国王，封赠册词说“尽献土壤，来归阙庭，予嘉乃功，荐锡殊宠”，[⑤]进一步肯定了钱俶功勋之臣的地位。钱俶去世后，朝廷给予美谥“忠懿”。当时太常礼院议谥后，吏部考功司的覆状中有一句“亢龙无悔”,曾引起一番争议。有大臣认为钱俶“未尝略居尊位，终是藩臣”，不能用“亢龙无悔”这样的词句。但当时判考功的张洎认为，“太常礼院稽其功行，定兹嘉谥，考功详覆之际，率遵至公”，钱俶位居“人臣之极”，“居亢无悔”，[⑥]当得起这样的美谥。

钱俶去世后，钱氏子弟也多宣传钱俶的纳土功绩。钱俨撰《吴越备史》《忠

---

① 〔元〕脱脱等:《宋史》卷四八〇《吴越世家·钱俶》，中华书局 1977 年版，第 13905 页。

② 曾成：《唐末五代王爵考》，载《魏晋南北朝隋唐史资料（第 28 辑）》，武汉大学出版社 2012 年版。

③ 《宋史》卷四八〇《吴越世家·钱俶》，第 13907 页。

④ 《宋史》卷四八〇《吴越世家·钱俶》，第 13903 页。

⑤ 《宋史》卷四八〇《吴越世家·钱俶》，第 13906 页。

⑥ 《宋史》卷二六七《张洎传》，第 9210 页。

懿王勋业志》，都包含着这样的动机。至宋仁宗时，钱俶之子、时任枢密使的钱惟演上书朝廷，说钱俶“亲率王徒，平百年之僭伪；躬持国籍，献千里之封疆”，请求配享太宗庙庭。宋仁宗虽然（实际是当时垂帘听政的刘太后）没有批准，但下诏让两制官讨论，命崇文院检讨，并命礼官共同详议时，以翰林学士承旨李维为首的一众官员都支持让钱俶配享太宗庙庭。[①]这说明，钱俶的功臣地位，在当时是得到广泛认可的。至宋哲宗时，苏轼知杭州，上奏朝廷要求修改表忠观以及钱氏坟庙，说“钱氏之忠，著于甲令，朝野共知”。[②]

因此，钱氏家族在宋朝也普遍被认为是勋贵之家，而非“降王”之家。宋朝崇尚宽容，对后周与十国遗族，采取了十分优容的政策。甚至到了宋真宗时，还下令“唐李氏、梁朱氏、后唐李氏、晋石氏、汉刘氏、周郭氏、柴氏宗支子孙未仕者，委所在求访，及许自陈，特与甄叙，已有官者与迁官”，[③]又下令“两浙钱氏、泉州陈氏、伪蜀孟氏、江南李氏、湖南马氏、荆州高氏、广南刘氏、河东刘氏子孙未仕者，择其近属一人，特录用之”。[④]尽管如此，十国后裔大多衍没不振，只有吴越钱氏，在钱俶纳土后，即“令两浙发俶缌麻以上亲及管内官吏悉归朝，凡舟一千四十四艘，所过以兵护送”。[⑤]这些钱氏子弟入宋后都被授予官职。

（二）外戚家族

吴越钱氏在宋代的另一个身份是外戚家族。钱俶去世之后，钱氏家族渐从功勋之族演变为外戚家族。

实际上，在钱俶纳土归宋后，钱氏家族与赵宋宗室有很多联姻事例，如钱俶长子、曾为吴越世子的钱惟濬，他的孙子钱恕就娶了宋太宗的孙女、曹

---

① 《续资治通鉴长编》卷一〇〇宋仁宗天圣元年二月庚申条，第 2317 页。

② 〔宋〕苏轼：《苏轼文集》卷三二《乞桩管钱氏地利房钱修表忠观及坟庙状》，第 905 页。

③ 〔清〕徐松：《宋会要辑稿·崇儒七·有先代后》，上海古籍出版社 2014 年版，第 2923 页。

④ 《宋会要辑稿·崇儒七·有先代后》，第 2923 页。

⑤ 《宋史》卷四八〇《吴越世家·钱俶》，第 13904 页。

王赵元偁的女儿长安县主。[①]钱俶的一个孙女嫁给宋太宗的孙子赵允迪，封昭国夫人。

在钱氏家族向外戚家族转变过程中起关键作用的人物是钱俶之子钱惟演。

钱俶去世后，钱氏家族中当家的人应该是曾经为吴越国世子的钱惟濬。钱惟濬在宋平南唐之役中曾跟随钱俶攻打常州，以功加平章事。太平兴国二年（977），加镇东大将军。钱俶纳土后徙淮南节度使，加检校太师。雍熙元年（984），改山南东道节度使。钱俶去世后，加兼中书令。淳化元年（990），钱惟濬上钱氏家庙所藏唐、后梁以来累朝所赐玉册、竹册、铁券。次年，得疾暴卒。陆游在《跋唐昭宗赐钱武肃王铁券文》中说："时忠懿王已薨，太宗皇帝复以册券赐王之子安僖王惟濬。安僖王薨，券归文僖公惟演。"[②]可见后来宋太宗又将铁券归还钱氏，铁券最后由钱惟演保管。钱惟演后来官至枢密使，成为钱氏家族中政治地位最高的人，自然取代钱惟濬一系成为家族领导人。

钱惟演像

钱惟演是北宋西昆体诗人代表人物，早年以博学能文著名，所作诗辞藻清丽。钱惟演在宋朝换为文秩，他的身份也从功勋贵戚演变为文官。真宗时，钱惟演为太仆少卿，献《咸平圣政录》，命直秘阁。后预修类书《册府元龟》，诏与杨亿分为之序。景德间，钱惟演常与杨亿、刘筠等相唱和，诗作编成《西昆酬唱集》，因称"西昆体"。

① 《宋史》卷四八〇《吴越世家·钱惟濬传》，第13910页。

② 〔宋〕陆游：《陆游集》卷三一《跋唐昭宗赐钱武肃王铁券文》，中华书局1976年版，第2284—2285页。

钱惟演后来仕途得志，平步青云，是和宋真宗的刘皇后分不开的。刘后，四川华阳人，从小孤寒无依，嫁给了比她大八岁的银匠龚美。后来随夫北上，流寓京师，一个偶然的机会遇见了宋真宗。当时宋真宗赵恒以皇太子任开封尹。赵恒遇见刘后大悦，不知经过一番怎样的交涉，龚美把妻子献了上去。赵恒对刘氏非常宠幸。宋太宗在赵恒乳母那里查出了真相，下令将刘氏逐出府门。赵恒无奈，只得把她送到殿侍张旻家里暂时安置。若干年后，宋太宗驾崩，赵恒即皇帝位，他余情未了，将刘氏纳入宫中，封为美人。刘美人的前夫龚美改姓刘氏，摇身一变成了刘美人之兄。景德四年（1007），宋真宗的郭皇后去世，刘氏从此独尊内庭，但寒微的出身却成为她角逐中宫的巨大障碍。尽管很受宋真宗的宠幸，但由于大臣们的激烈反对，刘氏到大中祥符五年（1012）才被册立为皇后。这时中宫已经虚悬长达五年之久，而刘后也已经是 43 岁的中年人了。即使做了皇后，寒微的门第仍是她的一块心病，她曾经要求与门第显赫的官员刘综、刘烨联谱，却遭到了拒绝。而钱惟演贵为王子，出身功勋之家，他把妹妹嫁给刘美，或可稍稍弥补刘后心头的缺憾。更重要的是，刘后“性警悟，晓书史，闻朝廷事，能记其本末……”[①] 随着宋真宗晚年风眩日重，刘后逐步控制了朝政。自古以来，女后主政常常要借助宦官或外戚的力量，但她那银匠出身的兄长根本帮不上什么忙。钱惟演有一定政治历练，可助她一臂之力。到仁宗时，刘美已死，钱氏从吴兴郡夫人进封越国夫人。《宋史》本传说钱惟演“既与刘美亲，又为其子暧娶郭后妹，至是，又欲与庄懿太后族为婚”[②]，钱惟演同时与三个皇后的家族联姻。但刘后去世后，郭后被废，因此他策划与“庄懿太后”家族联姻，“庄懿太后”指宋仁宗的生母李宸妃。

在宋真宗后半期政治上占主导地位的是后人称之为“小人”的两个利益集团：一个是王钦若之党，一个是丁谓之党。王钦若一党在天书封祀的喧闹中粉墨登场，主要成员是五个人，王钦若、丁谓、陈彭年、林特与宦官刘承规，

① 《宋史》卷二四二《后妃上》，第 8613 页。

② 《宋史》卷三一七《钱惟演传》，第 10341—10342 页。

时人号为“五鬼”。钱惟演当时似乎还没有介入到政治斗争中去，他的政治倾向因此也不得而知。王钦若失势之后，丁谓便成了王钦若第二。丁谓依附在刘后身边，比附成党。钱惟演既是刘后亲戚，看到丁谓权盛时，又与他结成亲家，成为其中一个核心分子。后来，丁谓与刘后产生矛盾，刘后将丁谓贬逐出朝，钱惟演虽未能进一步成为宰相，但也没有受到很大打击。他晚年镇守随州、洛阳等地，都带节度使衔，号为使相，有很高的政治地位。

钱惟演与皇家联姻，在他孙子这一代得到延续。钱惟演子钱晦的妻子是宋朝勋臣李崇矩的孙女、驸马都尉李遵勖的女儿、宋太宗的外孙女、宋真宗的外甥女延安郡主李氏。钱晦的孙女、钱景祥之女嫁宗室赵令烽，墓志铭称“女为宗妇，珪组蝉联”。钱惟演非常重视家族的政治联姻，除与皇家联姻之外，他的一个儿子娶宰相丁谓之女。盛度是钱俶的女婿，但他与钱惟演在政治上不睦，后钱惟演贬官诰词就是由盛度写的，他在诰词中责备钱惟演“三星之媾，多戚里之家；百两所迎，皆权要之女”，说的就是钱惟演经营政治婚姻。

钱氏家族与皇室的婚姻被钱惟演的子孙所继续。宋英宗治平四年（1067），钱惟演之孙、钱暄之子钱景臻娶宋仁宗之女秦鲁国公主。宋神宗时，秦鲁国大长公主生下儿子钱忱，宋神宗亲自赐名。宋徽宗时，秦鲁国长公主改封秦魏国大长公主，特封她与钱景臻所生女信都郡主，嫁给宋仁宗生母李氏之侄、驸马都尉李玮之子李承徽。

宋朝钱氏家族与皇室联姻的事例尚有很多，如钱俶的曾孙女、卫州防御使钱惟渲的孙女、文思副使钱象舆之女嫁某宗室为右监门卫将军夫人，封金堂县君。吴越王之后、供奉官钱隆祐之女嫁宋太祖四世孙赵世享，封金城县君。但其中最显赫、最接近宋朝权力中心的自然是钱惟演这一支系。

靖康之祸，宋朝宗室戚属大多被掳北上，秦鲁国大长公主因是先朝皇帝的女儿，金人不知她的身份，侥幸逃过一劫。当此国家危难之时，秦鲁国大长公主“尽输家财以充军帑”。后听说赵构在河北，又“首纳表劝速正大号”。赵构即位后，封为秦鲁国大长公主。秦鲁国大长公主携子南迁，后迁居台州。因她是宋高宗赵构的曾祖姑，是赵氏宗室中少数仅存的亲属，在南宋很受皇帝尊崇。绍兴七年（1137），秦鲁国大长公主入朝，宋高宗亲自接见，并对大臣曰："大长公主今日入内，朕以仁宗皇帝之女，朕之曾祖姑，待遇加礼，每入内，朕必迎见声喏。朕惟仁宗深仁厚泽，涵濡海内，大长公主眉寿康强，亦仁宗盛德遗泽之所致。"[①] 秦鲁国大长公主去世终丧后，"子孙迁官者十有一人，授官者十有六人"。[②]

宋秦鲁国大长公主像

秦鲁国大长公主的孙子钱端礼后官至参知政事，在南宋政坛产生了较大影响。钱端礼早年以荫入仕，累迁知临安府。绍兴三十一年（1161），钱端礼权户部侍郎兼枢密都承旨，经画用楮为币，分为六务，出纳有法。宋孝宗发动北伐，隆兴元年（1163），符离战败，钱端礼附汤思退倡和议。后任淮东宣谕使，弹劾志大才疏的主战大臣张浚。隆兴二年（1164），赐同进士出身，除签书枢密院事兼权参知政事，力赞和议，寻进参知政事兼权知枢密院事。当时朝中缺相，钱端礼成为事实上的政府首脑。在钱端礼时，钱氏家族又与皇室联姻，他的女儿嫁给宋孝宗之子、太子赵愭，成为太子妃。乾道元年（1165），钱端礼引嫌辞职，提举洞霄宫。后赵愭早逝，钱端礼之女未能成为皇后，但钱氏家族的外戚地位却愈加巩固。

钱端礼之孙钱象祖后官至右丞相。在宋宁宗时，他曾联络禁军将领夏震，参与史弥远诛杀韩侂胄的活动，在南宋中期政局中扮演了重要角色。钱象祖的孙子钱应孙，官至太府少卿，曾知温州、徽州，自号"宝庆老人"，有《宝

① 〔宋〕李心传：《建炎以来系年要录》卷一一五绍兴七年冬十月壬子条，中华书局2013年版，第2155页。

② 《建炎以来系年要录》卷一五四绍兴十五年冬十一月癸卯条，第2916页。

庆集》行世。虽没有祖父那样显赫的权位，也不失为一时高官。

（三）科举家族

钱氏家族在宋代能够兴盛，更重要的原因恐怕是家族对文化教育与科举的重视，吴越钱氏是宋朝著名的科举家族。

钱氏家族在宋代不仅是一个外戚家族，也是一个科举家族。钱俶入宋不久，就让孙子走科举道路。钱惟治是忠逊王钱弘倧之子，后过继给钱俶为子。钱惟治之子钱丕，“幼好学”，钱俶向宋太宗请求让钱丕“举进士”，但宋太宗没有答应，仅让他改为文秩，任秘书丞。[①]

科举的作用在忠逊王钱弘倧一支系体现得特别明显。他的两个儿子钱昆、钱易都走科举道路而成为一代显宦。《宋史》记载“（钱）俶归朝，群从悉补官，（钱）易与兄（钱）昆不见录，遂刻志读书”。事实上，据钱倧妻江氏的墓志铭，钱倧诸子，也有很多在吴越入宋之后被录用为官的，如钱昂，宋真宗咸平二年（999）“巡警荆渚，与蛮贼战死”；钱映，宋太宗淳化中为渝州监军，“蜀有乱，城守不辱以没”。但钱昆、钱易、钱若虚、钱混四个儿子却在“当纳土陛见之际，深自陈，愿从进士试举，不录，就环卫官”，走了科举道路。最后，钱昆中进士甲科，官至谏议大夫，钱易举进士第二，贤良第一，官至翰林学士、知制诰；钱混也登进士第，官至都官员外郎。钱若虚虽然没有登进士第，但通过“献策”入仕，官至诸路提点刑狱，也是文官。钱弘倧诸子中，钱易文名最盛，三举进士，在宋代科场留下美名。他第一次参加科举考试，文笔太快，三篇试文，“日未中而就”，被人弹劾而罢。第二次再参加科举考试，开封府试第二。他说自己应为第一，被有司压制才成第二，上书讥讽，被宋真宗降为第三。第二年参加科举，以第二名中第。[②]史称钱易“才学赡敏过人，数千百言，援笔立就”。著作有《金闺》《瀛州》《青云总录》《青云新录》《南部新书》以及《西垣制集》一百五十卷、《洞微志》一百三十卷。

① 《宋史》卷四八〇《吴越世家·钱丕传》，第13913页。

② 〔宋〕胡寅：《斐然集》卷二六《吴越国济阳郡夫人江氏墓表》，文渊阁《四库全书》本。

钱易在宋初以诗著名。宋太宗曾叹宋朝无李白，苏易简说：“今进士钱易，为歌诗殆不下白。”他的两个儿子钱彦远、钱明逸后来也都中制科。钱明逸后曾担任右正言、知谏院、翰林学士、知开封府。在庆历变法时期，他党附吕夷简，是弹劾范仲淹、反对庆历新政的先锋，曾在宋朝政坛产生较大影响。因钱易、钱彦远、钱明逸父子三人皆中制科，故史称“宋兴以来，父子兄弟制策登科者，钱氏一家而已”。实际上，钱易家族中制科者不仅只有钱易父子兄弟三人，后来钱彦远之子钱勰才十三岁就“制举之业成”，加上钱俨的曾孙钱藻也参加“贤良方正直言极谏”入等。制举是由皇帝亲自主持的非常规的科举考试，通过者一般会获得崇高荣耀。钱勰十二子，其中钱杲卿、钱东美、钱朝隐、钱鲁望相继登科，钱德舆、钱伯言赐上舍第，兄弟六人在科举仕途上取得成功。[①]钱伯言也是宋朝名宦，南宋时曾任枢密直学士、知杭州。

钱惟演虽未参加科举考试，但在宋朝为官，也经历了“弃武从文”经历。宋朝勋贵入仕一般都是武官。钱俶入朝，诸子也都任武职。钱俶死后，慎知礼为撰墓志铭，记录了钱俶诸子的任职情况：

> 钱惟濬：安远军节度使、开府仪同三司、检校太师兼中书令、萧国公
>
> 钱惟治：镇国军节度使、特进、检校太师
>
> 钱惟渲：潍州团练使
>
> 钱惟灏：昭州刺史
>
> 钱惟溍：武卫将军
>
> 释净照：
>
> 钱惟演：衙内都指挥使
>
> 钱惟济：衙内指挥使。

钱俶八子，除一子出家为僧外，其余皆任武职。钱俶去世时，钱惟演的

① 〔宋〕李纲：《李纲全集》卷一六七《宋故追复龙图阁直学士赠少师钱公墓志铭》，岳麓书社 2004 年版，第 1543—1549 页。

职务是“衙内都指挥使”。据《宋史》本传，钱惟演还曾担任右屯卫将军、右神武军将军，都是武职。但钱惟演却在宋真宗时通过学士院考试改为文秩，任太仆少卿。虽然钱惟演积极经营家族婚姻，使钱氏成为宋朝外戚，但子弟中却仍有很多人走科举道路。如他的一个孙子钱景臻成为宋仁宗的驸马，但另一个孙子钱景谌“由殿直巡辖两京马递中进士第”，开始时也是担任武官，最后却走了科举道路。

钱弘倧后裔中，钱昆这一系的后代没有钱易那样显赫，但其子钱孟回曾任守大理评事、通判顺安军。[①] 虽不知是否登进士第，但从官名看，也是文官。

与钱惟演类似改换文秩的还有他的堂兄、忠献王钱弘佐的长子钱昱。钱昱在宋朝征讨南唐时曾任“东面水陆行营应援使”。吴越入宋后，同样通过“学士院召试制诰三篇”，改任秘书监，成为文官。[②] 史载钱昱“好学，多聚书，喜吟咏，多与中朝卿大夫唱酬”，撰有《竹谱》三卷，有文集二十卷。但据《宋史》，钱昱历任诸州，皆乏善政，不为宋太宗所喜，最后被任命为郢州团练使，强行回任武秩。但到钱昱之子钱涉，“雍熙中进士及第”，忠献王一系最终也成功走了科举道路。

钱昱、钱易、钱惟演皆为王子，但最终都通过各种方式“弃武从文”，走上以科举为主的文官道路，赶上了宋朝文官政治发展的历史潮流。其余钱氏家族的重要支系，如钱俨的后人，其子钱昭慈曾任昭化军节度使，去世后赠左卫将军，孙子钱顺之，曾任左侍禁、阁门祇候，皆为武官。但到他的曾孙钱藻，“应说书进士、贤良方正能直言极谏，皆中其科”，通过科举走上文官道路。钱顺之生前担任武职，去世后却赠官“尚书刑部侍郎”，可能也是出于对钱藻的恩典。

钱氏另一支系，钱元璙之后，其孙钱喆曾任左赞善大夫，去世后赠太常少卿；曾孙钱中孚，曾以集贤殿修撰为梓州路计度转运使，去世后赠中

① 李中：《宋彭城钱氏夫人墓志铭》，江西丰城市博物馆藏墓志。

② 《宋史》卷四八〇《吴越世家·钱昱传》，第13915—13916页。

散大夫；钱中孚子钱承，曾任通州军事判官。[①]从他们的职务可以看出，都是文官。钱喆、钱中孚官位不低，很可能也是登进士第后为官的。

还有一些传承不详的支系，如钱即，《宋史·钱惟演传》有附传，世系不详，为“吴越王诸孙”。[②]钱即的曾祖父钱子节，随钱俶入朝，任右班殿直，为低级武官。他的祖父钱昌济，似乎没有担任过官职。他的父亲钱垂范，曾任朝散郎、知太平州。钱即熙宁九年（1076）中进士第，[③]宋徽宗时曾为鄜延经略使，后官至龙图阁学士，死后赠金紫光禄大夫，谥忠定。从钱即父亲钱垂范的官职看，以朝散郎知太平州，很可能也是通过科举入仕的。

钱惟演曾为其从子的文集《梦草集》作序：

> 矧惟吾家，代抚东国，忠信奉王室，慈仁安下民。功高德深，源长庆远，子孙繁昌，英俊纷委。怀黄垂紫，盈于朝阙；搞华换藻，充于家庭。其间名闻而官达者，叔父行则有故金帅太尉公，兄弟行则有故华帅侍中公、工部二卿及今紫微舍人希白、常山太守山品夫，皆文高于世，为公卿大夫之所标准。下洎诸子之列，文士愈多，抱槧怀铅者有矣，发策决科者有矣。[④]

说明宋初钱氏家族文士辈出的情况，钱氏家族是宋代仅见的由勋贵转型士大夫家族的成功典型，钱氏家族到宋代已成为一个地地道道的科举家族。

（四）宋人对钱氏家族的评论

钱氏家族在宋代人才之盛在当时就受到广泛注意。如欧阳修在为钱家一位女儿作墓志铭时这样写道：

---

① 〔宋〕程俱：《北山小集》卷三二《宋故尚书吏部员外郎郑公安人钱氏墓志铭》，《四部丛刊》本。

② 《宋史》卷三一七《钱惟演传》附《钱即传》，第10350页。

③ 〔宋〕杨时：《龟山集》卷三三《钱忠定公墓志铭》，文渊阁《四库全书》本。

④ 《国朝二百家名贤文粹》卷一四九，北京图书馆出版社2005年版。

钱氏自五代以来，尊中国，效臣顺，世称其忠。子孙蕃昌，至今不衰。[①]

著名书法家蔡襄在为钱氏一位儿媳延安郡主李氏作墓志铭时这样写道：

钱氏自忠懿王举所承袭十有三州之籍上于朝廷，而其人民数十百万不罹兵革之役，以至太平。阴施深长，勋美盖世……其族植笏而通省户者以百数，门阑厮役，青紫群列，号为贵显。[②]

著名科学家、一代名臣苏颂说：

惟钱氏世自武肃王宅有吴越，方五季纷扰，群雄割据，擅胜兵，僭称号，戕害生聚，毒甚涂炭。独吴越一方，包贡不绝，朝廷策命恩礼如平时。元帅避贤逊位，有季子之节。忠懿王最先入朝，蒙郗仪之褒。弭乱戢兵，恭顺不失，阴德有后，今为信然。故二家子孙，累叶显赫，近世罕伦。[③]

宋朝著名政治家王安石为一位钱氏孙子写墓志铭这样写道：

至宋受命，欲一天下，吴越王即帅其属朝京师，而尽献其地。天子受其地，王之淮海，而褒题其子孙。盖至于今百年，钱氏之有籍于朝廷者，殆不可胜数，而以才称于世，尝任事者，比比出焉。[④]

① 〔宋〕欧阳修：《欧阳修全集》卷三七《右监门卫将军夫人金堂县君钱氏墓志铭》，中华书局2001年版，第551页。

② 〔宋〕《蔡襄集》卷三九《延安郡主李氏墓志铭》，上海古籍出版社1996年版，第708—709页。

③ 〔宋〕苏颂：《苏颂全集》卷五二《钱起居神道碑》，国家图书馆出版社2020年版，第627页。

④ 〔宋〕王安石：《王安石全集·临川先生文集》卷九四《内殿崇班钱君墓碣》，复旦大学出版社2017年版，第1628页。

宋代另一名相李纲为钱勰作墓志铭，这样写道：

> 惟钱氏当唐末，以武功起东南，据有二浙，而能尊中国，效臣顺，以膺宠命，金印玉册，世祚王爵，以抚吴越。及宋兴，知天命所在，顿首自归，不烦干戈，一方士民克保其生，弗识兵革。阴功盛德，庆流子孙，枝叶扶疏，冠冕蝉联，膺受福禄，不可胜纪。……［钱勰］致位通显，衣冠世族，儒学之盛，甲于本朝。天之报施，讵不信哉！[①]

而且，他们都无一例外地将钱氏子孙为官之盛归功于吴越纳土之功。甚至当时人在书写钱氏子孙封官告词时，也多追溯钱氏纳土功绩。如苏辙撰写钱勰父封赠告词：

> 钱氏举国内附，俾吴越之人，免兵革之乱。子孙受封，带河砺山，藏在盟府。矧其后世，贤杰间出，赫奕相望，其于追崇，安可复后。[②]

甚至到了明朝，钱氏子弟为官，人们仍将源头追溯到钱氏尊崇中朝、纳土归宋的功业。如贝琼撰《送钱子予序》：

> 武肃、文穆二王，功德在吴越人，宜其子孙久而益蕃。当时，若淮南之杨行密、荆南之高季兴、湖南之马殷、蜀之王建、闽之王审知，与武肃比肩而起者，后皆剪于大国，岂若钱氏一门之盛，与宋始终，至都高位、享厚禄，铁券犹存。[③]

---

① 〔宋〕李纲：《李纲全集》卷一六七《宋故追复龙图阁直学士赠少师钱公墓志铭》，岳麓书社 2004 年版，第 1548 页。

② 〔宋〕苏辙：《苏辙集》卷三二《钱勰父母告词》，中华书局 2004 年版，第 547 页。

③ 〔明〕贝琼：《贝琼集・清江贝先生文集》卷二十九《中都稿・送钱子予序》，浙江古籍出版社 2019 年版，第 332 页。

又如袁桷撰写《书钱王板授某官长洲县》谓：

> 五代扰攘，十国各有年号。独武肃不以数十州之地自负，崎岖航海，入贡中土。其设心置虑良远。至再传则亦建立元号，良繇更易不常，尊重其一方者，不得不尔。唐末多板授官，于此见之。唐有敕授官，与此亡异，隆杀有等，唯钱氏能守之，相时以行。一门盛事，上极宰辅，内为都尉，与宋同为终始。吁，盛矣哉！①

二、两浙繁荣与两浙士大夫阶层的崛起

（一）宋代两浙地区的繁荣

纳土归宋造就了宋代两浙地区的繁荣，为南宋定都杭州奠定了坚实的经济基础。

960年，赵匡胤趁着后周朝廷主幼国疑的局面，在陈桥驿黄袍加身，登上皇帝的宝座，建立了宋朝。当时中国经过唐末战乱和五代割据，还没有重新统一：北方有契丹铁骑在阴山脚下虎视眈眈，又有北汉政权雄踞河东，互为犄角；南方更有南唐、吴越、楚、后蜀、南汉等许多的割据政权。其中的吴越国以杭州为国都，由于地处一隅，境内相对来说较少战乱，加上统治者应对得当，致力于经济的发展，使这个地方成为南方一个繁华的国度。

吴越国三世五王实行保境政策对于两浙地区的发展具有非常重要的意义，使两浙能够长时期免受战乱之苦，为两浙地区尤其是杭州经济文化的发展提供了一个和平环境。唐时东南地区的大都市，“约可分为三等：属于第一等的是全国的经济首府扬州，属于第二等的是两浙的政治重心苏州与越州

① 〔元〕袁桷：《清容居士集》卷四十六《书钱王授某官长州县》，浙江古籍出版社2015年版，第1068页。

（今绍兴），第三等才能数到杭州”[①]。扬州在唐末五代的战乱中遭到毁灭性的打击，史载：“江淮之间，广陵大镇，富甲天下。自［毕］师铎、秦彦之后，孙儒、［杨］行密继踵相攻，四五年间，连兵不息，庐舍焚荡，民户丧亡，广陵之雄富扫地矣。”[②]后来南唐立国，即将其政治中心从扬州迁至江宁。苏州，也从浙西的中心城市沦为吴越与吴（南唐）之间的边境城市，也屡遭战争的浩劫。而杭州，其城区除在吴越国建国过程中一度遭受徐许之乱外，直至吴越国终结的八十年间，一直没有受到战争的破坏。而且，在北宋重新统一中国的过程中，由于吴越国遵循其尊崇中原的一贯政策，纳土入朝，也使杭州再一次免遭战乱之害。在五代南方诸国中，南唐的繁荣富盛不在吴越之下，但南唐首都金陵在北宋时没有成为东南第一大都市，这个位置被杭州取而代之，究其原因，是由于江宁在宋与南唐的战争中遭到的巨大破坏。欧阳修《有美堂记》谓：“若乃四方之所聚，百货之所交，物盛人众，为一都会，而又能兼有山水之美，以资富贵之娱者，惟金陵、钱塘。然二邦皆僭窃于乱世。及圣宋受命，海内为一，金陵以后服见诛，今其江山虽在，而颓垣废址，荒烟野草，过而览者，莫不为之踌躇而凄怆。独钱塘自五代时，知尊中国，效臣顺，及其亡也，顿首请命，不烦干戈，今其民幸富完安乐。又其俗习工巧，邑屋华丽，盖十余万家。环以湖山，左右映带。而闽商海贾，风帆浪舶，出入于江涛浩渺、烟云杳蔼之间，可谓盛矣。”[③]道出了其中的真相。

后苏轼作《表忠观碑》云：

> 故武肃王镠，始以乡兵破走黄巢，名闻江淮。复以八都兵讨刘汉宏，并越州，以奉董昌，而自居于杭。及昌以越叛，则诛昌而并越，尽有浙东西之地。传其子文穆王元瓘。至其孙忠显王仁佐，遂破李景兵，取福州。

---

① 谭其骧：《杭州都市发展之经过》，载谭其骧：《长水集》，人民出版社 1987 年版，第 422 页。

② 《旧唐书》卷一八二《秦彦传》，第 4716 页。

③ 《欧阳修全集》卷四十《有美堂记》，第 585 页。

而仁佐之弟忠懿王俶，又大出兵攻景，以迎周世宗之师。其后卒以国入觐。三世四王，与五代相终始。天下大乱，豪杰蜂起，方是时，以数州之地盗名字者，不可胜数。既覆其族，延及于无辜之民，罔有孑遗。而吴越地方千里，带甲十万，铸山煮海，象犀珠玉之富，甲于天下，然终不失臣节，贡献相望于道。是以其民至于老死不识兵革，四时嬉游歌鼓之声相闻，至于今不废，其有德于斯民甚厚。皇宋受命，四方僭乱以次削平。而蜀、江南负其险远，兵至城下，力屈势穷，然后束手。而河东刘氏，百战守死以抗王师，积骸为城，洒血为池，竭天下之力，仅乃克之。独吴越不待告命，封府库，籍郡县，请吏于朝。视去其国，如去传舍，其有功于朝廷甚大。[①]

在“保境”的同时，钱镠也采取一系列措施推行安民之策。钱氏政权采取减税薄赋措施，大力发展经济。如《资治通鉴》中有几处有关吴越国蠲租赦荒的记载：

传瓘既袭位……除民田荒绝者租税。

弘佐即王位……民有献嘉禾者，弘佐问仓吏：“今蓄积几何？”对曰：“十年。”王曰：“然则军食足矣，可以宽吾民。”乃命复其境内税三年。

吴越王弘俶募民能垦荒田者，勿收其税，由是境内无弃田。或请纠民遗丁以增赋，仍自掌其事；弘俶杖之国门，国人皆悦。

吴越国发展经济的另一措施就是开垦土地。钱镠《武肃王八训》中说：“两国管内绫绢绸棉等贱，盖谓吾广种桑麻。斗米十文，盖谓吾遍开荒亩。”说明了他对开垦土地的重视。上引《资治通鉴》说钱俶“募民能垦荒田者，勿收其税，由是境内无弃田”。宋人王洋《东牟集》卷九《正诡名法札子》，提到吴越国一则故事：

① 《苏轼文集》卷十七《表忠观碑》，第499—500页。

> 尝闻钱氏之有国也，有一族子弟领郡，民有讼盗种官田者，钱氏子弟怒而杖之，且曰："有国者之富，独患地有遗利，岂以官、民为异道哉？使地皆垦辟，即稼穑之盛，非有国者之利乎？"由是二浙之地，鲜有旷土。[①]

这也从侧面印证了《资治通鉴》的记载。

尽管吴越诸王的安民之策存在一定的局限性，但与后来的宋朝相比，吴越国的赋税还算是比较轻的。吴越入宋后，其苛捐杂税屡经整顿，但收到的成效并不是很大，成效保持的时间不是很长。而且，入宋之后不久，又滋生出很多新的名目繁多的掊敛手段。所以朱熹说："古者刻剥之法，本朝皆备"，又说："国家承五季之敝，祖宗创业之初，日不暇给，未及大为经制，故其所以取于民者，比之前代已为过厚。重以熙丰变法，颇有增加，而建炎以来，地削兵多，权宜科须，又复数倍，供输日久，民力已殚。"朱熹又说："唐时州县上供少，故州县富。兵在藩镇，朝廷无甚养兵之费。自本朝罢了藩镇，州郡之财已多归于上。"[②]对两浙地方来说，唐代的两浙富于宋朝，而吴越又要富于唐代的两浙。因为，唐代州县上供虽然较之宋代为少，毕竟还要上供，但到吴越国，在很长时期之内，它作为一个相对独立的王国，连这点无偿的义务也免了。而且，吴越国的赋税虽然很重，也有不少财政被用于统治者的奢侈个人消费中，但类似的侈靡享受在宋朝皇帝、贵臣中也是存在的，如宋徽宗，在这方面的行为则又远过吴越诸王之上了。

谭其骧在谈到杭州在五代时崛起的原因时，认为除了政区的变动、免受战争的破坏两点外，还有一些事情对杭州的发展亦具有相当的重要性：一是海岸石塘的修筑，二是城区运河的整治，三是市舶司的设置，四是手工业的发达。谭氏有关吴越国设置市舶司的说法与史实不符，但吴越国时杭州对外

① 〔宋〕王洋：《东牟集》卷九《正诡名法札子》，《景印文渊阁四库全书》第1132册，第450页。

② 〔宋〕朱熹：《朱子语类》，载《未子全书》第18册，安徽教育出版社、上海古籍出版社200年版，第3549页。

贸易发达则是可以肯定的。除此之外，西湖的整治、杭州城扩建，都是重要原因。像这些大型的工程，需要大量的人力、物力和财力的投入，不是一般百姓所能支付得起的，在当时的情况下只有凭借政府的力量才能实现，也只有凭借政府的力量才能得到维护。

尽管吴越国一定程度上存在着重敛现象，但与唐、宋时相比，它的赋税相对来说较轻。而且，由于中央与地方利益取舍有所不同之故，宋朝立国之初，鉴于唐朝藩镇之患，全面削弱地方权力。表现在财政上即是增加财赋中归中央直接使用部分的比例，加强对地方财政的控制和监督，消除藩镇割据的经济基础。结果，大量财赋或是辇运京师，或是调拨边疆，即使有些物资留在地方，但地方无权使用，有等于无，结果大大削弱地方进行扩大再生产的能力。而吴越国对中原王朝虽有朝贡，但除其亡国前一段时间外，这些朝贡大多带有贸易的性质，并非无偿的交纳，因此赋税能有较大部分留存地方。因此，吴越国的一些地方工程，在吴越国统治时期能够得到维护，或得到基本上的维护，但入宋之后由于政府缺少财政投入而一蹶不振。比较典型的例子，即是太湖流域的圩田，缪启愉在谈到这个问题时便痛心疾首地指出："北宋封建统治阶级只知一味搜刮人民血汗，这里不足，又转到那里，不但不修筑圩田，而且还破坏整个吴越水系建设，到仁宗以后，它的恶果总暴露了：水灾延长到五十余年还在扩展，低田常常千里一白，而高田则常年闹旱，成为历史上最严重的水旱灾害。"①

北宋之时，杭州的政治、经济地位尽管比吴越时有所不如，但由于吴越国深厚的积淀，它仍能保持"东南第一州"的地位。

《两浙金石志》卷七《杭州临安县净土院新建释迦殿记》这样说：

唐之末世，实生具美，为武肃王，至其气象先见于牛斗间，则其地势之雄奇可知矣。武肃既贵，乃名其城为安国衣锦军。而钱氏兼有吴越，四

① 缪启愉：《吴越钱氏在太湖地区的圩田制度和水利系统》，《宋史研究集刊》第2册。

> 世相授，历唐、晋、汉、周，袭王爵者几百年，不亦盛哉。逮真人勃兴，四表臣妾，钱氏知天命之会，达人事之变，鉴诸国之桀骜，兵连祸结，卒墟其宗庙，于是束兵卷甲，纳境效顺。吴越之民赖以不见屠戮之伤，而室家相保完安至今者，此钱氏之遗德也。[①]

文章并非出于名家。可见，吴越纳土对两浙地区经济发展的作用，已成为民间的普遍共识。后来南宋定都杭州，吴越国打下的经济基础无疑是一个重要原因。

（二）北宋两浙士大夫阶层的崛起

吴越国对两浙地区的另一重大影响是培育了宋代两浙的士大夫阶层，造就了宋代两浙士大夫阶层的崛起。

吴越国并未实行科举制度，但对教育还是比较重视的。蔡襄在《福州修庙学记》中说，福州历史上的学校建设是从吴越国开始的，“自五代钱吴越王专制瓯治，分子弟以莅之，乃作新宫，号为使学”。[②] 而吴越国时期，民间也有一些士大夫隐居乡野，从事儒学教学。

北宋时期出自两浙地区的公卿名臣，很多出自吴越旧族。其中最著名的则要数苏州的丁、陈、范、谢四大家族。吴越国钱镠之子钱元璙任中吴节度使，手下有四大幕僚：丁守节、陈赞明、范梦龄、谢崇礼。丁守节是宋朝宰相丁谓的祖父，范梦龄是一代名臣范仲淹的曾祖父，而陈、谢二人的子孙陈之奇、谢涛也都是北宋显官。

这四大家族中，最有名的自然是范仲淹家族。范氏祖先范隋咸通十一年（870）为处州丽水县丞。范隋之孙范梦龄在吴越国时曾任苏州粮料判官，他就是范仲淹的祖父。范梦龄六子，范坚、范埛、范墉、范坟、范埴、范昌言

① 〔宋〕阮元：《两浙金石志》卷七《杭州临安县净土院新建释迦殿记》，浙江古籍出版社2012年版，第149页。

② 〔宋〕蔡襄：《蔡襄全集》卷二五《福州修庙学记》，上海古籍出版社1986年版，第492页。

随钱俶入朝，“仕宦四方”。[①] 其中范墉就是范仲淹的父亲，从吴越王钱俶归宋，历任成德、武信、武宁等节度掌书记。

谢氏祖先谢希图在唐时为官钱塘，成为钱塘人。其子孙仕吴越国，谢廷徽曾任“国子司业、越州观察判官”，谢廷徽之子谢懿文曾任“秘书郎、杭州盐官县令”。谢懿文去世后葬于富阳，谢氏从此成为富阳人。谢懿文之子谢崇礼从钱俶归朝，为泰宁军节度掌书记、检校左散骑常侍。[②] 谢崇礼之子谢涛，在宋朝官至太子宾客、陈留公，赠礼部尚书。谢涛之子谢绛《宋史》有传，在宋朝以文学著名，钱惟演留守洛阳时曾任职通判，当时幕府中欧阳修、尹洙、梅尧臣等文人云集，一时号为盛事。谢绛诸子谢景初、谢景温、谢景平也都著名当时，尤其谢景平“著诗书传说数十篇”。[③]

苏州崛起于吴越国的士大夫家族还有朱氏。朱长文是宋代著名书法家，著有《吴郡图经续集》《琴台记》《乐圃余稿》《乐圃集》等著作。朱氏家族在高祖朱滋时隐居越州剡县，到朱长文的曾祖父朱琼时始“仕钱氏”。朱长文的祖父朱亿，“钱氏以宗子守明州，高选僚属，仕于四明”。这里的钱氏宗子，当指钱亿。朱亿曾为钱亿僚属。朱亿后从钱俶入朝，官至知州。朱长文父亲朱公绰，官至光禄卿、知舒州，“为时名儒”。

宋代苏州叶氏也崛起于吴越国。北宋另一名臣叶清臣，他的祖父叶逵也“尝为钱氏霸府从事”。[④] 南宋著名诗人叶梦得称叶清臣为“曾从叔祖”，[⑤] 后来叶梦得购得苏州南园，是钱元璙镇守苏州时所造的“旧圃”。[⑥]

杭州为吴越国首都，宋代杭州崛起于吴越国的士大夫家族更多。除上述

① 〔宋〕范仲淹：《范文正公集补编》卷一《续家谱序》，载《范仲淹全集》，四川大学出版社2002年版，第731页。

② 〔宋〕范纯仁：《范忠宣公集》卷一三《朝散大夫谢公墓志铭》。《紫金鱼袋谢公行状》，载《宋集珍本丛刊》，第468页。

③ 《宋史》卷二九五《谢绛传》，第9847页。

④ 〔宋〕宋祁：《宋景文集》卷五九《故光禄卿叶府君墓志铭》，《丛书集成初编》第1881册，第793页。

⑤ 叶梦得：《避暑录话》卷下，《全宋笔记》第2编第2册，大象出版社2006年版，第291页。

⑥ 叶梦得：《石林诗话》卷下，《丛书集成初编》第78册，第353页。

富阳谢氏外，著名的家族尚有元氏、唐氏、盛氏。

元氏家族，元绛、元奉宗，他们的曾祖父危仔昌，曾是唐末割据江西信州的军阀。危仔昌败于吴国后投奔吴越国，改姓元氏。危仔昌之子元德昭曾任吴越国丞相，官至尚书左仆射兼侍中。元德昭生九子，皆为显官。元德昭之孙元绛、元奉宗，在宋朝都是显官。元绛官至资政殿学士、太子少保。元绛之母燕国夫人钱氏，可能是钱氏王室之女。

唐氏家族，祖上唐熊唐末为唐山令，遇战乱寓居南方，为余杭人，其子孙出仕吴越国。至唐仁恭时，曾任吴越国的盐铁巡官、尚书水部员外郎。唐肃七岁时因“能诵五经”，在吴越国非常有名。[①] 入宋后官至龙图阁待制、登闻检院，知审刑院。唐肃子唐询官至给事中，著有《砚录》三卷。唐询子唐坰，曾为监察御史里行，是王安石新党的成员。[②] 唐氏另一支，唐仁恭子唐渭入宋为尚书职方郎中，唐渭子唐拱为左班殿直，唐拱子唐介曾官御史、参知政事，以善谏著称，为宋一代名臣。他的儿子唐淑问也曾官御史，正直能言。他的一个女儿嫁给谢氏家族的谢景温。

又如余杭盛氏家族，盛玿，“仕钱氏为余杭县令”。盛玿子盛豫，“从钱俶入朝”，官至尚书度支郎中。盛豫子盛度娶钱俶之女为妻，入宋后举进士，官至翰林学士、参知政事。任翰林学士时曾起草罢免钱惟演的制书。盛度之子盛申甫，官至尚书兵部郎中、集贤校理，曾任福建转运使。盛度的从兄盛京，也是显宦，以尚书工部侍郎致仕。[③] 余杭盛氏另一支，盛蟠时仕吴越国，“爵位通显”。吴越国纳土后徙居建德。盛蟠之孙盛卞，入宋为漳州兵马监押。盛卞之子盛侨，曾任左朝奉大夫、直集贤院、知越州。盛侨之子盛允升官至朝请大夫。[④]

① 《宋史》卷三〇三《唐肃传》，第10041页。

② 《宋史》卷三〇三《唐询传》，第10042—10043页。

③ 《宋史》卷二九二《盛度传》，第9759—9761页。

④ 〔宋〕楼钥：《楼钥集》卷一〇〇《盛夫人墓志铭》，浙江古籍出版社2010年版，第1849—1850页。

又如钱塘林氏家族，宋初著名隐逸诗人林逋的祖父林克己，曾“仕钱氏为通儒院学士”。[①]

除苏州、杭州外，宋代两浙地区的其他士大夫家族，也有很多起于吴越国时。如衢州慎氏家族，世仕吴越，慎知礼官至工部侍郎。钱俶去世，由他撰写墓志铭。慎知礼子慎从吉，官至给事中，娶钱俶之女为妻。慎从吉之子慎宗杰，官至朝奉大夫。[②]

又如北宋另一名臣胡则，因蠲免婺州衢州地区身丁钱被后世怀念，至今浙江很多地区有“胡公大帝”的信仰。胡则有一位同族侄女后来嫁给钱惟演的儿子钱暄。这位胡氏夫人曾祖胡激官大理寺丞，祖父胡承师官尚书吏部郎中，父亲胡赍官至右班殿直。从时间上推断，其曾祖、祖父可能曾在吴越国为官。胡氏家族不仅与钱氏王室有婚姻关系，胡则与另一出身吴越旧族、同样与钱氏王室有婚姻关系的宰相丁谓素来交厚。丁谓年轻时曾往求见胡则，“胡待之甚厚”，丁谓还曾向胡则“投诗索米”。胡则任三司使时被人讥为丁谓之党。[③]从这种种情形看，胡则家族与吴越国同样有很深的渊源。

北宋的吴越旧族，最有代表性的当数钱塘沈氏家族，北宋著名科学家沈括即出自这个家族。因沈氏郡望在吴兴，这个家族也被称为吴兴沈氏。沈括的曾祖父沈承庆，曾任吴越国的营田使。[④]入宋后，沈承庆任崇信军节度掌书记。太平兴国八年（983）七月，改大理寺丞，分司西京。[⑤]沈括的祖父叫沈英，却没做官，后来因为子孙发达了，赠兵部尚书。[⑥]

沈英有两子，长子沈同，次子沈周。沈周即沈括的父亲。沈同是咸平三

---

① 〔宋〕林逋：《林和靖诗集》附录，浙江古籍出版社 1986 年版，第 189—190 页。

② 〔宋〕杨杰：《无为集》卷一二《故通议大夫慎公墓志铭》，文渊阁《四库全书》本。

③ 《宋史》卷二九七《鞠咏传》，第 9887 页。

④ 〔宋〕沈辽：《云巢编》卷一〇《伯少卿埋铭》，《四部丛刊》本。

⑤ 〔宋〕王安石：《王安石全集》卷九三《太常少卿分司南京沈公墓志铭》：“王父某，官咸平、端拱间，至大理寺丞。”谓其任大理寺丞时间在咸平、端拱间，似误。

⑥ 兵部尚书，据《曾巩集》卷四五《寿昌县太君许氏墓志铭》及《王文公文集》卷九四《内翰沈公墓志铭》，《云巢编》卷一〇《伯少卿埋铭》作吏部尚书。

年（1000）进士，官至太常少卿，赠吏部尚书，他曾在真宗天禧年间知邛州，得到了吕夷简的推荐，朝廷令记其名以备擢用。[①]沈同在仁宗天圣年间知明州，又在景祐元年（1034）知宣州。除此之外，他可能还担任过广南西路的提点刑狱。

沈同有二子，长子沈振，次子沈扶。沈振，字发之，[②]以父荫起家，先后担任上高、临淮二县主簿，及茶陵县令。在茶陵任上，他的父亲沈同去世，沈振解官守孝，复出后任星子县令。大约在仁宗庆历年间，沈振担任剡县令。他在剡县修造学舍，又作碑畜水，溉田五千顷。这个水碑后来被人称为"沈郎碑"，用了三十多年都没坏。大约皇祐年间（1049—1054），沈振任金华县令，重建了县治。沈振娶潘汝士之女为妻，潘汝士是南唐旧臣潘谨修之子、北宋宰相丁谓之婿。如前文所述，丁谓也出自苏州的吴越旧族。沈振有二子，其中次子沈述曾任许州司户参军、监杭州杨村盐场，又曾任西京军巡判官。沈述的岳父叫钱彦远，是吴越国王钱倧的孙子，他的岳母盛氏出自吴越望门盛豫、盛度一族。[③]

沈扶曾任国子博士、金部员外郎和司勋员外郎，嘉祐年间任江浙等路提点铸钱公事，宋英宗时任河北路提点刑狱。沈扶有二子，一名沈遘，一名沈辽，与沈括并称为沈氏三先生，皆以才艺著称当时，是沈氏家族中最为卓绝的人物。

以上所讲都是沈括的父系亲属，下面看看沈括的母系亲属。沈括的母亲姓许，出生于苏州吴县的一个官僚家庭。她的父亲叫许仲容，祖父叫许延寿。许仲容官至太子洗马。她还有两个哥哥，一个叫许洸，一个叫许洞。据《元史》卷一八九《许谦传》，许洸没有做过官，他的儿子许寔曾师事宋初名儒胡瑗，他的七世孙许谦是元初著名的理学家。许洞著有《虎钤经》，是我国历史上有名的一部军事理论著作。许洞以文章著名于时，但命运坎坷，年仅四十二岁就已离开人世。[④]沈括的文集中有一则《虞部员外郎许君墓志铭》，

① 《续资治通鉴长编》卷九六真宗天禧四年七月庚戌，第2册，第2204页。

② 有关沈振生平的叙述，未注明出处者，皆出自《云巢编》卷一〇《伯少卿埋铭》。

③ 〔宋〕苏颂：《苏魏公文集》卷五二《钱起居神道碑》，中华书局1988年版，第788—795页。

④ 《宋史》卷四四一《许洞传》，第13044页。

记录了母族许氏另一个支系，说五代后梁时，有个叫许延祚的，任常熟县令（一说知常熟县），从此许氏才开始在苏州定居。当时苏州正在吴越国的辖内。许延祚生子许仲庄，赠官光禄卿。许仲庄生子许试，许试生子许正。沈括为许正作墓志铭，称“某于君，诸舅之子也”。可见，许延祚与许延寿本是一家，两人可能是兄弟，也可能是从兄弟。从中可以看出，沈括母族也是出自吴越国的一个官僚家庭。许仲容有二子二女，除许洸、许洞及沈括的母亲外，另有一女，嫁与谢涛为妻。这个谢涛不是别人，正是前文所述吴越国苏州四大幕僚之一的中吴军节度推官谢崇礼的后人。

吴兴沈氏另一支，钱俶入宋后迁居到广德，其后人有沈凭，是王安石新党的成员。

在唐末五代，经过一系列的战争洗礼，旧时的贵族阶级衰落了，新兴的官僚阶级产生了。吴越国兴起于两浙，一些新兴的士大夫阶级便随着这个政权的诞生而繁盛壮大。而在此后的宋朝统一战争中，由于吴越国是主动纳土归顺，吴越国的官员入宋之后不但可以保住官位，而且还能得到赏赐和升迁。这使得两浙地区的士大夫在改朝换代的变革中受到较少冲击，与其他地区相比保持了很大的延续性。北宋时期很多的名臣显宦，追溯家族的兴起，往往可以追溯到吴越国时期，便是这个原因。

三、和平统一，泽被千年

2023 年 6 月 2 日，习近平同志在文化传承发展座谈会上发表重要讲话，对中华文明的特性做了精准而全面的概括，认为中华文明具有突出的连续性、创新性、统一性、包容性与和平性。其中，讲到统一性时，习近平这样阐述：

> 中华文明具有突出的统一性。中华文明长期的大一统传统，形成了多元一体、团结集中的统一性。“向内凝聚”的统一性追求，是文明连续的前提，也是文明连续的结果。团结统一是福，分裂动荡是祸，是中国人用

> 血的代价换来的宝贵经验教训。中华文明的统一性，从根本上决定了中华民族各民族文化融为一体、即使遭遇重大挫折也牢固凝聚，决定了国土不可分、国家不可乱、民族不可散、文明不可断的共同信念，决定了国家统一永远是中国核心利益的核心，决定了一个坚强统一的国家是各族人民的命运所系。[①]

吴越国纳土归宋正是中华文明统一性的集中体现。总结钱俶纳土决策的历史，大致有以下几点：

第一是钱俶希望国家民族统一的观念。这既是一种民族感情，也是一种政治信仰，自秦汉以后，就根植在大部分中国人心中。中国历史上最早系统论述大一统的思想家是西汉董仲舒，他说："《春秋》大一统者，天地之常经，古今之通谊也。"但这种思想的起源远在董仲舒之前。董仲舒就是从孔子那里找到了他的理论依据。中国古代大一统思想，包含四个层面的内涵：一是思想上的大一统，二是制度上的大一统，三是民族的大一统，四是国土的大一统。而国土的统一是思想统一、制度统一与民族统一的基础。《诗经·小雅·北山之什·北山》中有"溥天之下，莫非王土；率土之滨，莫非王臣"之句，说明中国人疆土统一的思想由来已久。秦汉中央集权体制的建立与郡县制的推行，奠定了大一统的制度基础。秦汉以后的思想家，将大一统思想与政治正统结合起来，远溯上古三代，构建道统体系。从此，大一统观念成为中国人的文化基因。中国历史虽有多次分裂，但每次分裂之后都能重新统一，一直遵循分久必合的规律。宋平南唐时，南唐后主李煜派徐铉出使宋朝。宋太祖对他说："不须多言，江南亦有何罪？但天下一家，卧榻之侧，岂容他人鼾睡乎！"[②]正是这种思想的体现，而钱俶纳土同样是这种大一统思想的体现。

第二是钱俶的爱民情怀，钱俶希望百姓生灵免受战争之苦，因此选择纳

① 习近平：《在文化传承发展座谈会上的讲话》，《求是》2023年第17期。

② 《续资治通鉴长编》卷一六宋太祖开宝八年十一月辛未，第350页。

土。钱镠身前留下遗训，其中多条讲到“爱民”：

> 十四州百姓，系吴越之根本。圣人有言：“敬事而信，节用而爱人，使民以时。”又云：“恭则不侮，宽则得众，信则民任焉，敏则有功，惠则足以使人。”又云：“省刑罚，薄税敛。”
>
> 将吏士卒，期于宽严并济，举措得宜，则国家兴隆。
>
> 余理政钱塘五十余年如一日，孜孜兀兀，视万姓三军，并是一家之体。
>
> 多设养济院，收养无告四民，添设育婴堂，稽察乳媪。勿致阳奉阴违，凌虐幼孩。
>
> 吴越境内绫绢绸绵，皆余教人广种桑麻。斗米十文，亦余教人开辟荒亩。凡此一丝一粒，皆民人汗积辛勤，才得岁岁丰盈。汝等莫爱财无厌征收，毋图安乐逸豫，毋恃势力而作威，毋得罪于群臣百姓。[①]

钱俶是一个佛教徒，受佛教文化影响很深。史称他“性谦和，未尝忤物”，又说“然甚俭素，自奉尤薄，常服大帛之衣，帏帐茵褥皆用紫绝，食不重味”。他从爱民的角度选择纳土归宋，也是一个自然而然的结果。[②]

第三是钱氏祖训的影响。

传世钱镠遗训中多处说到要尊崇中央王朝以及归附王室：

> 余固心存唐室，惟以顺天，而不敢违者，实恐生民涂炭，因负不臣之名。而恭顺新朝，此余之隐痛也。
>
> 凡中国之君，虽易异姓，宜善事之。
>
> 要度德量力，而识事务，如遇真主，宜速归附。圣人云顺天者存。又云民为贵，社稷次之。免动干戈，即所以爱民也。如违吾语，立见消亡。

① 《钱氏家乘》卷六《武肃王遗训》，第 141 页。

② 《宋史》卷四八〇《吴越世家·钱俶》，第 13907 页。

依我训言，世代可受光荣。[①]

钱镠本人这样说，也这样做。他所制定的尊崇中央王朝的政策，就是他这种思想的体现。钱俶纳土归宋明显是受到他祖父的影响。而且，从制度上讲，吴越国因其本来就未建立帝国，纳土归宋是自然而然、水到渠成的一种结果。

第四是钱俶对当时整个局势的理性分析。中原王朝经周世宗、宋太祖改革，国家综合实力尤其是军事力量不断增强。而南唐自其建国之后，历经三朝，一直党争不断，李璟时多次发动对外战争，都以失败告终。南唐的内耗、虚弱和腐朽在这些战争中被淋漓尽致地展现于世人面前。当时南方其他几个政权也很糟，甚至不如南唐。以当时实力，即使吴越与南唐联盟，也不可能是宋朝的对手。钱俶作为一个政治家，对此自然有一个清醒的认识。

第五是钱俶对自己与家族利益的思考。钱俶为自己的政治安全与家族延续，纳土是一个明智的选择。

宋朝统一战争中，大部分割据政权都是通过战争解决的，荆南是兵临城下时主动投降的，只有吴越国与漳、泉是主动纳土。但漳、泉土地面积狭小，纳土的意义与影响远不能与吴越国相比。而且，吴越国不仅主动纳土，还是后周、北宋统一行动的参与者。后周、北宋征伐南唐，吴越国都出兵相助。钱俶纳土，虽是遵循祖先遗训，但更多是他作为一个政治家对当时局势的理性分析与决策，是钱俶看清楚宋与南唐、吴越的实力对比，看清楚吴越与宋开战会带来的破坏和苦难，看清楚纳土归宋才是符合吴越人民利益的正确选择。

回顾中国历史，这样的事例并不多见。天圣元年（1023），钱惟演上书请求将钱俶配享太庙，其中说到汉代的两个事例："吴芮归汉，甲令书勋；窦融入朝，云台画像。"苏轼在《表忠观碑》中也说到窦融的事例："昔窦融以河西归汉，光武诏右扶风修理其祖父坟茔，祠以太牢。今钱氏功德，殆

① 《钱氏家乘》卷六《武肃王遗训》，第 141 页。

过于融。”苏轼在杭州时，游览功臣寺，作诗回顾吴越国纳土功绩说：“窦融既入朝，吴芮空记面。”也将钱俶比作窦融与吴芮。

吴芮是汉初的长沙王。西汉初年的异姓诸侯王，大多涉于谋反，不得善终，只有吴芮自始至终忠于朝廷，王爵得以长传子孙。班固在《汉书》中评价曰：“昔高祖定天下，功臣异姓而王者八国。张耳、吴芮、彭越、黥布、臧荼、卢绾与两韩信，皆徼一时之权变，以诈力成功，咸得裂土，南面称孤。见疑强大，怀不自安，事穷势迫，卒谋叛逆，终于灭亡。张耳以智全，至子亦失国。唯吴芮之起，不失正道，故能传号五世，以无嗣绝，庆流支庶。有以矣夫，著于甲令而称忠也！”[①] 吴芮之忠于汉朝与吴越尊崇中央王朝确有相似处，但吴芮是西汉已经实现大一统情况下的诸侯王。当时郡国并存，长沙国与一般郡县无异。而吴越国是中国处于分裂时期的诸侯王，建国置官，具有较强的独立性。相比之下，吴越国之尊崇中央王朝更显得难能可贵。

历史上与吴越国比较相似的是东晋十六国时期的前凉。前凉的奠基人是西晋时任命的凉州刺史张轨。前凉从张轨到张天锡，传九主，也没有自建年号，与吴越国有些类似。但东晋建立后，张氏政权仍沿用晋愍帝的建兴年号，对东晋表示了抗拒，拒不承认东晋的合法性。后张祚夺位时期，也曾短暂称帝，与吴越国存在较大差距。五代时期与吴越国类似的是楚国与闽国，它们都曾和吴越国一样实行尊奉中央王朝的政策，但都没有坚持长久，最后为南唐所灭。

窦融归汉是中国历史上与钱氏纳土相媲美的一则历史典故。窦融原先是王莽新朝的官员，早期曾与刘秀作战。刘玄更始政权建立后降于更始政权。受刘玄之命为张掖属国都尉，割据河西五郡。河西民俗质朴，窦融“政亦宽和”，“上下相亲，晏然富殖”，“安定、北地、上郡流民避凶饥者，归之不绝”。但窦融也没有像吴越国明确建国置官，其地位与陈洪进比较类似。而且，从窦融割据河西到归附东汉，前后不过数年，历史影响远不及吴越国。因此，苏轼才说“钱氏功德，殆过于融”。

① 〔汉〕班固：《汉书》卷三四《吴芮转》，中华书局 1964 年版，第 1895 页。

中国历史上与吴越国纳土类似事件还有南朝时期的后梁入朝于隋。南梁侯景之乱后，萧氏子孙争立，西魏与北齐都介入南梁乱局。西魏攻陷江陵，杀梁元帝，扶立昭明太子萧统之子萧詧称帝，是为后梁。后梁先后向西魏、北周与隋朝称藩，至萧琮在位时，隋文帝杨坚征召萧琮入朝，后梁灭亡，其国土自然归隋。这种情形与钱俶入朝纳土也有些类似，但后梁自其建立开始就是西魏、北周、隋朝的傀儡政权，其政权的自主性与吴越国有较大差距。

因此，吴越国纳土是中国历史上最经典的实现和平统一的历史事件。纳土归宋是钱俶符合国家和人民利益的战略选择，也是今天两岸人民应引以为鉴的历史。

而且，为了尊崇中央王朝，吴越国在国家治理与政治制度上进行了很多创新。吴越国是五代十国时期少数坚持不称帝的政权之一，因此吴越国在政治体制上非常特殊。一方面，因为不称帝，不能建立皇帝制度，更不能建立与皇帝制度相应的一套的官僚体制；另一方面，吴越国的地方州县虽被纳入中原王朝的行政区划编制，但不纳入中央王朝的官员任命体系，不受中央王朝直接统治。如何在不称帝的情况下实行国家治理呢？吴越国在这方面有很多制度上的创新，如建立堂院制度、世子府制度，又仿照汉朝建立丞相制度，设置了知机务、择能院、通儒院等政府机构。特别是在地方行政制度上，吴越国更是进行了多方面的创新，如让刺史与知州名实分离，重复设置节度州，设置府与安抚使等等，一方面尽力淡化吴越国君主地方官员的形象，强化其国君权威，另一方面也向中原王朝显示臣服的态度。吴越国的制度创新体现了吴越国王的政治智慧，在当时对维护吴越国的政局稳定起到了重要作用。

参考文献

一、古代文献

〔汉〕班固：《汉书》，北京：中华书局点校本，1962年。

〔南朝宋〕范晔撰，〔唐〕李贤等注：《后汉书》，北京：中华书局点校本，1965年。

〔南朝梁〕沈约：《宋书》，北京：中华书局点校本，1974年。

〔唐〕元结：《元次山文集》，《四部丛刊》本，上海：商务印书馆，1919年。

〔唐〕李吉甫：《元和郡县图志》，北京：中华书局点校本，1983年。

〔唐〕罗隐：《罗隐集》，北京：中华书局点校本，1988年。

〔唐〕罗隐著，潘慧惠校注：《罗隐集校注》，杭州：浙江古籍出版社，1995年。

〔后唐〕冯贽撰，张力伟点校：《云仙散录》，北京：中华书局，1998年。

〔后晋〕刘昫等：《旧唐书》，北京：中华书局点校本，1975年。

〔宋〕陆游：《南唐书》，《丛书集成初编》本，上海：商务印书馆，1935年。

〔宋〕欧阳忞：《舆地广记》，《丛书集成初编》本，上海：商务印书馆，1935年。

〔宋〕宋祁：《景文集》，《丛书集成初编》本，上海：商务印书馆，1935年。

〔宋〕楼钥：《攻媿集》，《丛书集成初编》本，上海：商务印书馆，1935年。

〔宋〕陆佃：《陶山集》，《丛书集成初编》排印本，上海：商务印书馆，1935年。

〔宋〕佚名：《宣和书谱》，《丛书集成初编》本，上海：商务印书馆，1935年。

〔宋〕沈括：《长兴集》，《四部丛刊三编》本，上海：商务印书馆，1936年。

〔宋〕司马光编著，胡三省音注，标点资治通鉴小组校点：《资治通鉴》，北京：中华书局，1956年。

〔宋〕胡仔纂集，廖德明校点：《苕溪渔隐丛话》，北京：人民文学出版社，1962年。

〔宋〕欧阳修：《新五代史》，北京：中华书局点校本，1974年。

〔宋〕宋祁、欧阳修等：《新唐书》，北京：中华书局点校本，1975年。

〔宋〕薛居正等：《旧五代史》，北京：中华书局点校本，1976年。

〔宋〕陆游：《陆游集》，北京：中华书局，1976年。

〔宋〕王溥：《五代会要》，上海：上海古籍出版社，1978年。

〔宋〕周密撰，张茂鹏点校：《齐东野语》，北京：中华书局，1983年。

〔宋〕王存撰，王文楚、魏嵩山点校：《元丰九域志》，北京：中华书局，1984年。

〔宋〕释文莹撰，郑世刚、杨立扬点校：《玉壶清话》，北京：中华书局，1984年。

〔宋〕吴处厚撰，李裕民点校：《青箱杂记》，北京：中华书局，1985年。

〔宋〕林逋著，沈幼征校注：《林和靖诗集》，杭州：浙江古籍出版社，1986年。

〔宋〕司马光撰，邓广铭、张希清点校：《涑水记闻》，北京：中华书局，1989年。

〔宋〕周淙纂修：《乾道临安志》，《宋元方志丛刊》影印清咸丰四年宋元四明六志本，北京：中华书局，1990年。

〔宋〕张津等修纂：《乾道四明图经》，《宋元方志丛刊》影印清咸丰四年宋元四明六志本，北京：中华书局，1990 年。

〔宋〕孙应时纂修，鲍廉增补，卢镇续修：《琴川志》，《宋元方志丛刊》影印明毛氏汲古阁刻本，北京：中华书局，1990 年。

〔宋〕沈作宾修，施宿等纂：《嘉泰会稽志》，《宋元方志丛刊》影印清嘉庆十三年刻本，北京：中华书局，1990 年。

〔宋〕潜说友纂修：《咸淳临安志》，《宋元方志丛刊》影印清道光十年钱塘汪氏振绮堂刻本，北京：中华书局，1990 年。

〔宋〕钱可则修，郑瑶、方仁荣纂：《景定严州续志》，《宋元方志丛刊》影印清光绪二十二年浙西村舍汇刻本，北京：中华书局，1990 年。

〔宋〕冯泽修，袁桷纂：《延祐四明志》，《宋元方志丛刊》影印清咸丰四年宋元四明六志本，北京：中华书局，1990 年。

〔宋〕谈钥纂修：《嘉泰吴兴志》，《宋元方志丛刊》影印民国三年吴兴丛书本，北京：中华书局，1990 年。

〔宋〕胡榘修，方万里、罗濬纂：《宝庆四明志》，《宋元方志丛刊》影印清咸丰四年宋元四明六志本，北京：中华书局，1990 年。

〔宋〕陈公亮修，刘文富纂：《淳熙严州图经》，《宋元方志丛刊》影印清光绪二十二年浙西村舍汇刻本，北京：中华书局，1990 年。

〔宋〕齐硕等修，陈耆卿纂：《嘉定赤城志》，《宋元方志丛刊》影印台州丛书本，北京：中华书局，1990 年。

〔宋〕李焘撰，上海师范大学古籍整理研究所、华东师范大学古籍研究所点校：《续资治通鉴长编》，北京：中华书局，1995 年。

〔宋〕蔡襄：《蔡襄全集》，福州：福建人民出版社，1999 年。

〔宋〕钱易撰，黄寿成点校：《南部新书》，北京：中华书局，2002 年。

〔宋〕朱熹撰，朱杰人、严佐之、刘永翔主编：《朱子全书》，上海：上海古籍出版社，合肥：安徽教育出版社，2002 年。

〔宋〕范仲淹撰，李勇先、王蓉贵校点：《范仲淹全集》，成都：四川大学出版社，2002 年。

〔宋〕陶谷撰，郑村声、俞钢整理：《清异录》，收入上海师范大学古籍整理研究所编：《全宋笔记》第一编第二册，郑州：大象出版社，2003 年。

〔宋〕范纯仁：《范忠宣公集》，收入四川大学古籍研究所编：《宋集珍本丛刊》影印元刻明修本，北京：线装书局，2004 年。

〔宋〕李光：《庄简集》，收入四川大学古籍研究所编：《宋集珍本丛刊》影印清乾隆翰林院钞本，北京：线装书局，2004 年。

〔宋〕王安礼：《王魏公集》，收入四川大学古籍研究所编：《宋集珍本丛刊》影印清翰林院钞本，北京：线装书局，2004 年。

〔宋〕范祖禹：《范太史集》，收入四川大学古籍研究所编：《宋集珍本丛刊》影印清钞本，北京：线装书局，2004 年。

〔宋〕张方平：《乐全先生文集》，收入四川大学古籍研究所编：《宋集珍本丛刊》影印清钞本，北京：线装书局，2004 年。

〔宋〕陈纂撰，冉旭校点：《葆光录》，收入傅璇琮、徐海荣、徐吉军主编：《五代史书汇编》，杭州：杭州出版社，2004 年。

〔宋〕钱俨：《吴越备史》，收入傅璇琮、徐海荣、徐吉军主编：《五代史书汇编（拾）》，杭州：杭州出版社，2004 年。

〔宋〕路振：《九国志》，收入傅璇琮、徐海荣、徐吉军主编：《五代史书汇编（陆）》，杭州：杭州出版社，2004 年。

〔宋〕洪迈撰，孔凡礼点校：《容斋随笔》，北京：中华书局，2005 年。

〔宋〕王钦若等编纂，周勋初等校订：《册府元龟》，凤凰出版社，2006 年。

〔宋〕叶梦得撰，徐时仪整理：《避暑录话》，收入上海师范大学古籍整理研究所编：《全宋笔记》第二编第二册，郑州：大象出版社，2006 年。

〔宋〕乐史撰，王文楚等点校：《太平寰宇记》，北京：中华书局，2007 年。

〔宋〕邹浩：《道乡集》，收入《景印文渊阁四库全书》本，台北：商务印书馆股份有限公司，2008 年。

〔宋〕郑獬：《郑獬集》，收入《景印文渊阁四库全书》本，台北：商务印书馆股份有限公司，2008 年。

〔宋〕朱长文：《乐圃余稿》，收入《景印文渊阁四库全书》本，台北：商务印书馆股份有限公司，2008 年。

〔宋〕苏轼撰，张志烈等校注：《苏轼全集校注》，石家庄：河北人民出版社，2010 年。

〔宋〕吴坰撰，黄宝华整理：《五总志》，收入上海师范大学古籍整理研究所编：《全宋笔记》第五编第一册，郑州：大象出版社，2012 年。

〔宋〕王明清撰，戴建国、赵龙整理：《玉照新志》，收入上海师范大学古籍整理研究所编:《全宋笔记》第六编第二册，郑州：大象出版社，2013 年。

〔宋〕沈括撰，金良年点校：《梦溪笔谈》，北京：中华书局，2015 年。

〔宋〕钱惟演撰，刘宇等整理：《家王故事》，收入上海师范大学古籍整理研究所编：《全宋笔记》第十编第十二册，郑州：大象出版社，2018 年。

〔宋〕李心传撰，辛更儒点校：《建炎以来系年要录》，上海：上海古籍出版社，2018 年。

〔宋〕释延寿：《宗镜录》，大正藏本。

〔元〕夏文彦：《图绘宝鉴》，《丛书集成初编》本，上海：商务印书馆，1935 年。

〔元〕脱脱等：《宋史》，北京：中华书局点校本，1977 年。

〔元〕陆友：《研北杂志》，《丛书集成新编》本，台北：新文丰出版公司，1985 年版。

〔明〕刘应钶修，沈尧中等纂：《（万历）嘉兴府志》，《中国方志丛书》影印万历二十八年刊本，台北：成文出版社有限公司，1983 年。

〔明〕杨守仁修：《（万历）严州府志》，《日本藏中国见地方志丛刊》影印明万历六年刻本，北京：书目文献出版社，2002 年。

〔明〕萧良幹等修，张元忭等纂：《绍兴府志》，《中国方志丛书》影印明万历十五年刊本，台北：成文出版社有限公司，1983 年。

〔明〕张燧：《千百年眼》，《丛书集成三编》本，台北：新文丰出版公司，

1997年。

〔明〕佚名：《（永乐）乐清县志》，《天一阁藏明代方志选刊》影印本，上海：上海书店出版社，2014年。

〔明〕田琯纂修：《（万历）新昌县志》，《天一阁藏明代方志选刊》影印本，上海：上海书店出版社，2014年。

〔清〕纪昀等：《续通典》，杭州：浙江古籍出版社，1988年。

〔清〕吴任臣撰，徐敏霞、周莹点校：《十国春秋》，北京：中华书局点校本，1983年。

〔清〕顾祖禹撰，贺次君、施和金点校：《读史方舆纪要》，北京：中华书局，2005年。

〔清〕徐松辑，刘琳、刁忠民、舒大刚、尹波等校点：《宋会要辑稿》，上海：上海古籍出版社，2014年。

二、近人论著

张国刚：《唐代藩镇研究》，长沙：湖南教育出版社，1987年。

诸葛计、银玉珍：《吴越史事编年》，杭州：浙江古籍出版社，1989年。

任爽：《南唐史》，长春：东北师范大学出版社，1995年。

钱文选辑：《钱氏家乘》，上海：上海书店出版社，1996年。

何勇强：《钱氏吴越国史论稿》，杭州：浙江大学出版社，2002年。

任牮时：《南宋以前杭州城郭考》，浙江大学硕士学位论文，2002年。

陈志坚：《杭州初史论稿》，杭州：杭州出版社，2010年。

刁鸿翔：《关于钱镠铁券的流传问题》，《文物参考资料》1958年第12期。

黄天钟：《关于钱镠铁券流传问题的补充》，《文物》1959年第4期。

侯云龙：《谢灵运年谱》，《吉林师范大学学报（人文社会科学版）》2005年第5期。

习近平：《在文化传承发展座谈会上的讲话》，《求是》2023年第17期。

［日］日野開三郎：《唐代藩鎮の支配体制》，《日野開三郎東洋史学論集》

第一卷，三一书房，1980年。

［日］日野開三郎：《五代史の基調》，《日野開三郎東洋史学論集》第二卷，三一书房，1980年。

后 记

三十年前，我考上杭州大学研究生，从杨渭生师习史。当时杨师正应钱致榕先生之邀研究吴越钱氏家族史。为此，他特地在研究生课程中开设了《中国古代家族史》课程。我从此与钱氏家族、与吴越国结下了不解之缘。后从梁太济师读博士，便选择了以吴越国史为研究对象。2002 年，我的博士论文以《钱氏吴越国史论稿》为名出版。

此次撰写《吴越国政治研究》，相当于《钱氏吴越国史论稿》旧作，主要改动有以下四点：一是内容的增加，如政治群体与政治人物的分析、政区易置原因的分析，以及吴越国的政治影响等内容，是旧作中所没有的。二是写作风格的改动。《吴越国政治研究》是杭州市临安区吴越国基础研究的一个课题项目，为配合整个课题写作风格的需要，我对《吴越国政治研究》中与《钱氏吴越国史论稿》相同部分作了改写，尽量使文辞更加简洁，删去了很多烦琐考证的内容。唯《政区沿革》一章，因在审稿过程中有专家提出应尽量参考李晓杰《中国行政区划通史・五代十国卷》一书，李著是近年关于五代十国政区研究的大著作，其引征史料之丰富，考证之扎实，让人钦佩。但李著中关于吴越国的小部分内容是我所不认同的。因此，在书稿修改时在有关政区沿革部分保留并增加了考证的内容，并绘制了多幅吴越国政区示意图。三是写作视角的改变。《钱氏吴越国史论稿》主要是以吴越国的视角来进行研究，《吴越国政治研究》则是从整个五代十国历史的视角来审视吴越国。因此，《吴越国政治研究》中提出了一些关于五代十国政治史的粗浅见解。当然，有些想法可能是不那么成熟的，有待同行和史学爱好者批评指正。四是引用了一些新史料，改变了某些提法。

书稿完成送审时，审稿专家们给我提出很好的修改意见。这些意见，有关于文字表述的，有关于史料引用的，有关于篇章结构的，也有直接对我的观点提出疑问的。他们的学术意见让我避免了很多错误，在此向他们表达我真诚的谢意。

本书写作，得到我工作单位浙江省社会科学院及文化所领导的关心帮助，得到课题组织者杭州市临安区委宣传部大力支持，在此向他们表示衷心感谢。陶初阳同志是我的课题联系人，从课题立项到后期跟进，他都倾注了大量心血。他认真负责、细致周到的工作态度也深深让我感动，在此一并向他致谢。

何勇强

2024 年 3 月 12 日